Archipel Aquitanien

Daß es Aquitanien eigentlich gar nicht gibt, beweist schon die vergebliche Suche nach Begriffen, in denen das Wort auftaucht. Man nehme nur die aquitanische Kopfbedeckung, die Baskenmütze heißt und vielleicht das einzige ist, was einer aus dem Baskenland mit einem aus der Dordogne gemein hat. Aquitanien, so groß wie die Schweiz, ist das Produkt einer Verwaltungsreform: fünf Départements, die einander fremd gegenüberstehen. Fünf Départements? Nein, tausend Inseln, denn *aqua,* Wasser, zerlegt die Region mit Flüssen und Flüßchen in ein filigranes Mosaik.

Und die Aquitanier? Sie sind Insulaner, weit entfernt von der Effekthascherei der Pariser. Souverän genießen sie den Geruch ihrer alten Mauern, atmen sie den Duft von Harz, Ginster und Mimosen. Eigensinnig beharren sie auf ihren regionalen Eigenheiten, ihren Dialekten. Sie sind rotbackig, geschichtsbewußt und stolz. Zu Recht. Denn in der Dordogne stehen ihre Häuser über prähistorischen Grotten, von denen man sagt, hier sei die Kunst entstanden; im Bordelais blicken sie auf Weinreben, von denen man in der ganzen Welt spricht, und in Biarritz oder St-Jean-de-Luz baden sie an Stränden, an denen sich einst Könige drängelten. Die Tafeln, an denen sie mit ihren alten und neuen Freunden die Abende verbringen, sind wie auf Brueghelschen Bildern von den Früchten ihrer Felder überladen. Die Aquitanier schielen nicht nach rechts oder links, entschlossen wenden sie dem übrigen Frankreich den Rücken zu. Sie verlassen sich auf ihre eigenen Quellen der Lebenslust, amüsieren sich mit selbsterfundenen Spielen, die ihnen wichtiger sind als der Kirchgang. □

Wein von glücklichen Winzern – der in Bordeaux geborene Karikaturist Jean-Jacques Sempé illustrierte diesen MERIAN mit Skizzen und Cartoons. Das Titelfoto von Bruno Barbey zeigt den Hafen von St-Jean-de-Luz

sempé

3

MERIAN
Inhalt

Rund vierzig Kilometer von Bordeaux liegt Saint-Emilion – nur eine Stunde vom eleganten 18. Jahrhundert bis ins Mittelalter. Inmitten des verwinkelten Gassengewirrs erhebt sich auf einem tief ausgehöhlten Felshang der Turm der Eglise monolithe. Die Höhlenkirche wurde seit dem 9. Jahrhundert Stück für Stück aus dem Fels gehauen. Der gotische Glockenturm wurde ihr erst im 14. Jahrhundert aufgepfropft

AQUITANIEN

GEDANKENFLÜGE IN GUMMISTIEFELN

Von Pierre Veilletet

Unter Aquitanien stellen sich viele einen grünen Naturpark vor, in dem der Cromagnonmensch seine Höhle nur verläßt, um zusammen mit den Burgfräulein aus dem Dordognetal auf die Jagd zu gehen ... Andere haben eine mehrere hundert Meter lange gedeckte Tafel vor Augen, überladen mit jenen Austern aus der Bucht von Arcachon, die Rabelais schon dutzendweise hinunterschlang, mit dunklen Bergen von Trüffeln, Girlanden von Trauben und Schalotten, mit Alleen von Kuchen und umgeben von frisch angestochenen Zwei-Hektoliter-Fäßchen: genug, um sich den Mund damit auszuspülen ... Wieder andere sehen Aquitanien als das ideale Ferienland, wo das balsamische Fluidum des Waldes seine wohltuenden Wirkungen mit der sanften Liebkosung der Wellen vereint, das Solarium Europas, in dem jeden Sommer zweitausend Tonnen Sonnenöl verbraten werden.

Dies alles sind anekdotische Illusionen von Aquitanien, übrigens schmeichelhafte. Der Einheimische aber weiß, daß die Substanz seines Heimatlandes von einer ganz anderen Natur ist, die sich weder durch die Geschichte noch durch die Traditionen und erst recht nicht so leicht durch das sommerliche Gebaren fassen läßt.

Die Wahrheit wird Sie vielleicht überraschen: Aquitanien ist ein Schwamm. Gäbe es einen Rundflug über Aquitanien, so sollte man dabei – wenn schon nicht Stille, die allem anderen vorzuziehen wäre – Musik aus Joseph Haydns »Schöpfung« hören: »Und Gott sprach ›Es sammle sich das Wasser unter dem Himmel zusammen an einem Platz ...‹« Genau dies geschieht da unten. Der alte Ozean wälzt seine Sandfracht vor sich her und verschlingt sie gierig wieder; so zerrt er am Land, unermüdlich, kraft seines uralten Elans und der Launen des Mondes. Ebbe und Flut, auf die das rhythmische Wogen einer durchfeuchteten Erde antwortet. Das jahrtausendealte Rinnen und Rieseln von den Pyrenäen und dem Zentralmassiv herab nimmt kein Ende, und wo noch deren geringste Sekrete zusammenfließen, liegt Aquitanien. »Seht: Hier ist das Reich der Gewässer.«

Die Bekleideten haben vielleicht unrecht, wenn sie über die nackten Rücken der Feriengäste spotten. Im Adamskostüm auf den Stränden des Médoc wandeln – heißt das nicht gewissermaßen dem paradiesischen Bild des Ortes gerecht werden, sich eine verlorene Landschaft zu eigen machen, die noch so ist, als wäre sie am zweiten Schöpfungstag stehengeblieben? Als hätte der Schöpfer die eben noch in Betrieb gewesene Baustelle verlassen und sich nicht weiter bemüht, das Trockene sauber vom Feuchten zu scheiden, und ein sich entwickelndes Land seinen eigenen Metamorphosen preisgegeben.

Das Reich der Gewässer begreift man am besten außerhalb der Saison. So müßten Sie jetzt im September, während ich diese Zeilen schreibe, hier sein. Seit zehn Tagen wälzen sich die Brecher einer Springflut, auffallend weiß und ungewöhnlich nah, wütend gegen die Küste. Die Nordwestböen speien ihre Windhosen in die breite Flußmündung hinein. In Bordeaux tanzen die kupfernen Straßenlaternen Pirouetten um ihre Hängedrähte, als wären es epileptische Turner; Stromausfälle hüllen den Nachmittag in Finsternis; die Fensterläden klappern unheilverkündend; die Flaggen an den Konsulaten schlagen wie nasse Wäsche; von den Autos steigt Dampf auf wie von Heißwasserkesseln; die Esplanade des Quinconces wirft Wellen: Der Atem des Monsuns verirrt sich auf die Veranden des Okzidents.

Und der Regen fällt doppelt dicht. Wie schwere Decken legen sich die Wasserbahnen um die Schultern. Um vierzehn Uhr ist es tiefe Nacht, und dann, plötzlich und ohne Übergang, zerreißen die düsteren Trauerbehänge und lassen kleine Flecken eines Himmels sehen, der so blau ist wie die Blüten von Immergrün. Die Sonne zeigt sich wieder, und dann regnet es erst recht Bindfaden. Hier sagt man: »Der Teufel schlägt seine Frau.«

Die Temperatur bleibt dabei eher mild; die Luft schmeckt ein bißchen wie Likör, und es gießt ununterbrochen weiter. Es ist, als bewahrheite sich die uralte Wahnvorstellung der gallischen Stämme: Der Himmel stürzt auf unsere Häupter hernieder.

Nach einer Woche unter der Herrschaft des Regens kommen die Ratten, auf den Bürgersteigen sprudeln kleine Quellen, die Wände wirken weinerlich, die Steine schwitzen beißenden Salpeter aus, sprießendes Moos verstopft die Abflußrohre. Alles ist schmierig und klebrig; die hohen Patrizierhäuser an den Quais von Bordeaux und die verlorenen Gehöfte in der Heide verströmen den gleichen schimmligen Muff.

Die Menge der Niederschläge nimmt vor allem im Herbst und im Frühjahr zuweilen tragische Formen an. Ich weiß nicht, ob es 1875, 1930 und 1952 wirklich vierzig Tage und vierzig Nächte geregnet hat, aber die Ereignisse damals glichen jedesmal so sehr der Sintflut, daß sich Stimmen erhoben, die den Fluch Gottes zu bannen suchten.

Damals traten Flüsse und Bäche über die Ufer, von der plötzlichen Wut ihrer kleinen Zuflüsse zum Mord angestiftet. Wieder war Aquitanien von Wassern bedeckt, von einer wütenden, dunklen Brühe, todbringend für Mensch und Tier.

»Die Gironde«, schrieb der Schriftsteller Pierre Benoit, »brachte in ihrer trüben Flut Teile aller Bäume aus den von ihr und den Nebenflüssen durchströmten Gebieten zutage: dunkle Tannen aus den Pyrenäen, Birken vom Zentralmassiv, Eichen, auf den nackten Hochebenen des Lot aus dem

mend und springend, im Kreise wirbelnd, völlig von Sinnen und außer sich.« Die Wasser der Pyrenäen, von Höhlenschlünden eingesogen, sind stets dabei, die Wände ihrer Zellen im Dunkeln zu formen. Sie irren durch das Labyrinth unterirdischer Wasserläufe. Sie verharren hinter Staudämmen. Sie werden in Kanäle gepreßt und müssen Kilowatt erzeugen. Oder sie stürzen sich in endlosen Wasserfällen tosend in die Tiefe. Der Frost der Gletscher läßt sie zu Stein erstarren. Sie schlafen, auf ewig gefangen, im bläulich-vollkommenen Rund der Seen.

Was die Seen anbelangt, ist das Flachland auch nicht so ohne... Betrachten wir zunächst die Bucht von Arcachon. Es ist kein See und erst recht kein Privatmeer, das nur zum Vergnügen der Bordelesen geschaffen wurde. Bei 85 Kilometer Umfang hat die Bucht bei Ebbe kaum 5000 Hektar Wasserfläche; und es sind dreimal soviel, wenn sie durch die engen Durchlässe 370 Millionen Kubikmeter Salzwasser aufnimmt: ein blonder Mündungstrichter, an dem der »Everest der Dünen« wächst, eine Bucht der Austern und des mondänen Lebens, eine duftende Lagune, in der ein ausschließlich Vögeln und Najaden geweihtes Inselchen schwimmt – das ist die Bucht von Arcachon (siehe auch Seite 124).

Zwischen den Ausläufern des Limousin und der spanischen Grenze ist der Stoff, aus dem Aquitanien besteht, ebenso durchlöchert wie das Wams der Compostelapilger, die hier von Wasserstelle zu Wasserstelle durchgewandert sind... Verborgene Seen um Nontron in der Dordogne oder im Forêt de la Double, nordöstlich von Bordeaux, schwarz wie die Kessel von Hexen, riesengroße *étangs* (Seen) im Médoc und in den meernahen Landes, über die ganze Wellen von Windsurfern hereingebrochen sind. Die größten – Carcans, Lacanau, Cazaux, Biscarrosse, Soustons – sind den Touristen vertraut. Doch in der Reihe der Perlen, die längs der Côte d'Argent aufschimmern, gibt es auch winzige oder ganz entlegene mit herrlichem Wasser, die nur Eingeweihte kennen.

Zwischen diesen Wundern natürlichen Gleichgewichts gehen die *courants* (Bäche) wie Verschwörer ein und aus. Der Courant d'Huchet, der bekannteste, bahnt sich seinen Weg durch ein liebliches Louisiana. Die anderen, flink und golden, blühen halb im Verborgenen. Sie lassen sich kaum erahnen, diese so winzigen Zeugen unermeßlicher, unter der Erdoberfläche ruhender Fluten. Beim geringsten Anlaß erinnern einen die Landes daran, daß sie ein ungeheures Sumpfgebiet waren, in dem man – es ist noch gar nicht so lange her – riesige Schildkröten fing und auf Stelzen spazierte. Zwei unterirdische Flüsse strömen inkognito unterm Pflaster von Bordeaux dahin. Tut ein Gewitter noch das Seine hinzu, sprengen sie Siele und Schächte. Binnen einiger Minuten nimmt Bordeaux dann venezianische Züge an... Und es gab wirklich einmal Gondeln in Bordeaux, dessen Erbauer zu ihrem Schaden und auf unsere Kosten lernten, daß es wie eine Pfahlbausiedlung im Wasser steht.

Wir gehen auf Wasser, und unter unseren Fersen entspringen Quellen. Sie meinen es gut mit uns. Durch die römische Kolonie in Mode gekommen und im Zweiten Kaiserreich wiederentdeckt (Eaux-Chaudes, Eaux-Bonnes, Eugénie-les-Bains und so weiter), sind die Thermalbäder ebenso vielfältig und alt wie unsere Leiden, von dem asketischsten – ein Wasserhahn, drei Trinkbecher und vielleicht noch eine Bank – bis zum zweitbesten Kurort Frankreichs: Dax. In Lurbe-Saint-Christau sind die Wassertropfen mit Kupferpartikeln durchsetzt. Salies-de-Béarn hat nicht die Eleganz von Baden-Baden, doch seinen Quellen – dreimal so salzig wie Meerwasser – ist der Bayonner Schinken zu verdanken. Wo sonst wird Fleischwaren solche Pflege zuteil?

In seiner Weisheit hat der höchste Quellenmeister mit dem Wasser eine Arznei gespendet, die er für nützlich hielt; ein Geschlecht, das bei jeder Gelegenheit sein Glas »Bordeaux« oder »Armagnac« erhebt, das seine Könige mit »Jurançon« tauft und den Sonntagsgottesdienst zum Auftakt für den Apéritif macht, kurzum, ein Geschlecht, das dafür bekannt ist, daß es zwischen zwei Weinen hin- und hersegelt, benötigte mehr als eine Sorte Wasser, um gesundheitlich wieder auf die Höhe zu kommen.

In Dax bringt die heiße Quelle abgeschlaffte Hoheiten seit dem Altertum wieder zu Kräften. Ihre Heilwirkungen sind unvergleichlich. Ein müder Graubart kommt an, wird ins Wasser gesteckt, und heraus steigt ein Torero... Was mich an die wundertätigen Quellen erinnert. Vielleicht entdecken Sie eine beim Spaziergang in einem abgelegenen Tal oder Wald; eine armselige Quelle, die von ein paar Votivtäfelchen geschmückt, unter Brombeerbüschen hervorrinnt; eine eben erst angezündete Kerze brennt, ein Schatten entschwindet... Jede Familie hat da ihre geheimen Adressen. Als Kind mußte ich in eine unter Efeu versteckte, bemooste und weitab von jeder Behausung liegende Bodenvertiefung hinabsteigen. Dort stand unpassenderweise die Nachbildung eines Tempels. Es war die Fontaine Saint-Martin, die, wie man mir später sagte, entscheidend für meine Genesung vom Keuchhusten war... Erinnern Sie sich an die Botschaft von Lourdes? »Trinket von diesem Wasser.«

Flüsse, Flüßchen, Bäche, Seen, Teiche, Quellen, Sümpfe: Das Reich der Gewässer führt uns zusammen und trennt uns. Es hat die Region in ein komplexes Mosaik zerlegt, hat ein Überangebot an »Heimat« erzeugt, hat unsere insularen Gedanken gefördert. Man sollte eigentlich nicht von Aquitanien, sondern vom Archipel Aquitanien sprechen... Und zwar auch deswegen, weil wir auf einem Schwamm leben, weil wir uns hundert Tage im Jahr durch tiefe Nebel tasten, in denen unsere Atlantis-Nostalgien Oberwasser haben. Weil wir wasserdurchlässig sind bis auf die Knochen und darüber hinaus. Und weil uns die starre Vorstellung von Ländern aus Granit so sehr zuwider ist.

Der tolerante Montaigne »griff zum Wasser«, um gesund zu werden; Montesquieu erklärt die Relativität seiner Feststellungen mit dem Einfluß des Klimas... Man nennt uns wirr, skeptisch, unentschlossen, ja heuchlerisch; und ohne Zweifel stimmt das alles – weil wir Amphibien sind.

Ideen und Frauen oder auch Hab und Gut entgleiten unseren Händen wie Forellen in Wildbächen. Wir mögen keine eindeutigen Konturen; unser Zorn ähnelt Gewittern, und unsere Gewißheiten sind schwankend. Wir sind geneigt, dem Gefälle folgend dahinzuströmen, nur um unser Bett zu verlassen. Wir mißtrauen dem, der schläft. Wir haben gemerkt, daß das Feuer nicht am stärksten ist, daß es etwas gibt, das zugleich reinigen und töten kann, je nachdem.

Sie wundern sich: Welche Konsistenz können so wechselhafte, so unstete Wesen denn haben...? Ich stelle Ihnen die Gegenfrage: Woraus besteht denn der Mensch...? Zu siebzig Prozent aus Wasser! Zu Ihren Diensten... □

FRANZÖSISCHES KALIFORNIEN

Schnurgerade zieht sich der
längste Sandstrand Europas über
240 Kilometer von der Gironde-
bis zur Adourmündung hin. An die
dahinterliegenden Dünen grenzt
das größte geschlossene Waldgebiet
Frankreichs, ein Kiefernwald,
der im 19. Jahrhundert angelegt
wurde. Er gilt als das erste
Beispiel geplanter ökonomischer
Rekultivierung. Eine ideale
Ferienlandschaft, monoton, aber
faszinierend durch den ständigen Duft
von Harz, Erde und Meer.
Zwischen den schmalen Straßen, die
sich wie mit dem Lineal gezogen
am Horizont verlieren, wiederholen
sich die immer gleichen regionalen Leidenschaften: Jagd, Rugby und
die Vorliebe für Volksfeste, die
hier eine bedeutende Angelegenheit
sind (siehe Beitrag auf Seite 38)

Boden gerissen, Platanen aus der Gegend von Bazas, Weiderich aus dem Périgord. Vom Bec d'Ambès an verschmolz das alles, verhedderte sich zu einem Knäuel aus tausend Ästen und Zweigen; das dann stromabwärts trieb, zusammen mit dem Zubehör gekenterter Boote, dem Inhalt aufgebrochener Kisten, mit Brettern und Fässern, die auf dem Weg durch Bordeaux mitgerissen worden waren. Diese Armee aus Wracks, die unaufhörlich anwuchs, prallte dann mit dumpfen Schlägen an die Steilufer bei Blaye und die Flußböschungen im Médoc. Sie riß dort große Erdblöcke los, die auf einmal ins Wanken gerieten und in sich zusammenstürzten.«

Die Anwohner im Garonne- und Adour-Tal haben gelernt, sich mit den Überschwemmungen ihres Flusses abzufinden, denn Dämme bauen, das konnten und wollten sie nicht; die Bändigung des Hochwassers ist noch immer ein nützliches Wahlversprechen.

Der Wert einer Wiese oder einer Flußaue richtet sich hier nach der Wahrscheinlichkeit drohender Überschwemmungen. Bei uns ist von jeher vieles von Überflutung bedroht, anscheinend einschließlich mancher Seelen.

Wenn die neuere Etymologie – die dieser Interpretation skeptisch gegenübersteht – nicht allzuviel dagegen hat, so strömt hier in allem reichlich Wasser, und zwar selbst noch in den Eigennamen, mit denen man uns bezeichnet und einordnet: Aus *girus undae*, Wasserstrudel, wurde einst Gironde; Aquitanien erinnert an *aqua*, Bordeaux klingt wie *bord de l'eau*, Ufer des Wassers. Die Endungen von Orten wie Soulac, Beynac und Bergerac erinnern daran, daß man nahe am Wasser gebaut hat. Dax leitet sich von dem lokativen Ablativ Plural *aquis*, das heißt Wasserkurort, her; das Marensin erinnert vielleicht an das *mare in sinu*, das mit einer Bucht endende Meer, während die Landschaft Born dem ursprünglichen Sinn des germanischen Wortes entsprechend das Land der Quellen ist. Ist man beim Namen Adour nicht versucht, darin das Wort *our*, das baskische Wort für Wasser, zu lesen? Und das wirre Gedränge von Hügeln zwischen Garonne und Dordogne – trägt es nicht die stolze Bezeichnung Entre-Deux-Mers, zwischen zwei »Meeren«? Prosaischer gesagt: Die napoleonische Verwaltung hat unsere Départements nach dem Wasserlauf getauft, der in der Nähe floß: Lot-et-Garonne, Dordogne, Gironde – wir bewohnen unsere Flüsse!

Die Geographen freilich haben kein Vokabular, das feucht oder wellenbewegt genug wäre, um Aquitanien richtig zu bezeichnen; dieses »Sedimentbassin«, dieses Becken alluvialer Ablagerungen, wird von der Talrinne der Garonne bewässert, die die Gewässer des Zentralmassivs, der Cevennen und der Pyrenäen aufnimmt. Ein gutes Drittel der auf Frankreich fallenden Niederschläge fließt in dieses »Sammelsurium«, und das unterliegt zudem ständig dem »Zustrom feuchter Meeresluft«, allen »Tiefs atlantischen Ursprungs«, dem »frühjahrsbedingten Eisgang«, der eine Folge der Schneeschmelze und die Ursache dafür ist, daß die Flüsse über ihre Ufer treten.

»Endlose Strudel . . . Immerfort kreisende Wirbel . . .« Fliegen wir wieder höher! Was wir unten sehen, bestätigt das Beschriebene: Wohin der Blick auch fällt, nimmt Wellenglitzern ihn gefangen. Das sprüht und blinkt in der Sonne . . ., denn auch die Sonne, tatsächlich, die Sonne ist da! Sie scheint hier zweitausend Stunden pro Jahr . . . Zumindest am äußersten Saum scheint auch ein langer Streifen Meer noch am Land teilzuhaben, scheint ihm eine sich ständig umformende Terrasse anzufügen.

Dann begleitet der Blick das ruhige Schreiten der Garonne, des großen Flusses. Als spanischer Hidalgo geboren und darum ehrgeizig, bezieht er seinen Mut aus der Kraft seiner kleineren zufließenden Geschwister in den Pyrenäen. An seinem Unterlauf beschreibt er Mäander von italienischer Eleganz bis zu dem Augenblick, in dem er, mit der Dordogne vereint, sich für das Meer selber hält und nun stolzgeschwellt majestätisch dahinströmt. Elf Kilometer breit ist er auf der Höhe von Saint-Vivien-de-Médoc; sechs Kilometer breit gähnt dann zwischen der Pointe de Grave und Royan sein Maul, durch das er Tag für Tag hundertdreißig Millionen Kubikmeter ins Meer speit.

Um diese Vereinigung von Fluß und Meer zu beleuchten, steht der Leuchtturm von Cordouan eingerammt in den aufgewühlten Fluten, die einzige Kerze einer Unvernunft-Heirat. Die Flut dringt mit Wucht bis in die Eingeweide des Flusses; es kommt vor, daß der Druck ihrer Strömung bis hinauf nach La Réole zu spüren ist, das selbst vom Gedanken ans Meer so weit entfernt ist!

Die Garonne überträgt ihren Wellenschlag und ihr lyrisches Erschauern auf Aquitanien; und sie trägt auch seine Geschichte in sich. Die herrliche Dordogne mit den arsenhaltigen Quellen strömt, eine noch edlere Schleife ziehend, Stück für Stück an der Vorgeschichte vorbei. Der Adour, im Sommer durch Bergbäche erfrischt, verfügt über eine unverbaubare Aussicht auf die Pyrenäenkette. Fünf Jahrhunderte lang erfreute er sich des Privilegs, zwischen verschiedenen Mündungsarmen herumzutrödeln . . . Die Garonne ist Fruchtbringerin und Schrecknis, ist der »gleichgültige Fluß«, ist unser Ganges, unser Mississippi, unser Jangtse, die magische Achse, der ehedem mit Segeln bestückte königliche Weg, der seine träge, schwarzbraun-honigfarbene Masse gen Sonnenuntergang wälzt.

Der Aquitanier zeichnet sich durch Baskenmütze, Gewehr und Geschicklichkeit bei jedem Spiel aus: ein kleiner Franzose also, ein großer Jäger und ein wilder Rugbyspieler. Bevor der Regenmantel allgemein üblich wurde, war sein Attribut jedoch eher der Regenschirm, schwarz oder blau, immer recht umfänglich, ein *pébroc*, wie er genannt wurde, der ihn auf Hochzeiten und Begräbnissen, an Sportnachmittagen und auf Pilzsuche, ja sogar ins Café begleitete. Niemals habe ich meinen aus den Landes stammenden Großvater aus dem Haus gehen sehen ohne seinen »Paraplü«, den er am Rahmen eines wackligen Fahrrades befestigte.

Der Aquitanier hat die Füße in der Pfütze und den Schädel in den Wolken . . . Bevor er seine ersten Bergschuhe zu schnüren weiß, kann er schon ein kleines Boot handhaben, und es müßte mit dem Teufel zugehen, wenn er nicht schon zwei oder drei Belgier vor dem Ertrinken gerettet hat. Und außerdem – auch wenn er sich dessen weniger rühmt – geht er fast ebensoviel fischen wie jagen. Jeder besitzt seine »Superstelle« zum Angeln, sein verborgenes Wasserloch; ich möchte fast sagen: jedem Aquitanier sein Flüßchen . . .!

Magere gascognische Flüßchen, kalte, herumstreunende Mädchen; Bäche voll Sand, feuerrot vom Brauneisenstein; geschwätzige Wasserfälle in den stummen Tälern des Béarn; baskische Rinnsale, die ihren Ausweg suchen; tropische Flußläufe mit knisternden Geräuschen in der Nähe der Sümpfe; Bächlein im Wald der Landes, kurz, aber nie versiegend – wie soll ich sie zählen, sie alle beim Namen nennen, da doch das Ansehen selbst der bekanntesten unter ihnen über eine bezirksinterne Zuneigung nicht hinausgeht . . .?

Vergessen habe ich noch die Wildbäche, aus den Pyrenäen und darum eigensinnig, die der berühmte Elisée Reclus (siehe Seite 111) beschreibt: »Grollend und donnernd, lär-

Michel Guillard

FRANZÖSISCHES SCHLARAFFENLAND

Wer die Gewohnheiten des Landlebens liebt, wer gerne raffiniert und üppig ißt, wer es schätzt, auf kleinen alten Märkten von »seinem« Bauern bedient zu werden und den Gottesdienst in einer romanischen Kirche als Auftakt zum Aperitif zu betrachten, der sollte sich ein Schloß in der Dordogne kaufen, wie die alte Grafschaft Périgord seit 1790 genannt wird. Die Auswahl an alten Gemäuern ist groß, und manches ist schon für wenige Francs zu haben, aber ein neues Dach allein kann schon eine Million Mark kosten. Unser Foto zeigt die Schlösser Castelnaud (Mitte) und de Fayrac (rechts) im Tal der Dordogne bei Beynac (siehe Seiten 54 bis 71)

DAS ENGLISCHE FRANKREICH

Henri Amouroux über die Geschichte Aquitaniens

Aquitanien ergäbe, würde es von Frankreich getrennt, mit der Vielfalt seiner Menschen, Landschaften und Möglichkeiten eine perfekte Kurzfassung Frankreichs. Das Gebirge liegt hier direkt am Meer; edelste Rebstöcke vertragen sich mit Ölquellen; drei Sportarten, die zugleich auch Abbild dreier Kulturen sind – Rugby, Fußball und Corrida –, entfesseln gleiche Leidenschaften, und auf den Märkten von Périgueux oder Sarlat sitzen schwarzgekleidete Frauen hinter Weidenkörben mit Eiern, während ihre Söhne Überschall-Kampfflugzeuge konstruieren.

Aquitanien ist vielseitig, und es wurde weniger von der Geschichte als von der Administration zusammengefügt, der gegenüber jedes Département seine Originalität und sein Temperament eifersüchtig bewahrt. Es hat lange Zeit eine eigene Volkssprache gehabt, bekennt sich stolz zu den Eigenheiten seiner Départements und steht immer in der Versuchung eines intellektuellen Separatismus, einer in sich selbst verhockten Haltung, akzeptiert aber letzten Endes doch im Namen der wirtschaftlichen Vernunft, »das Spiel mitzuspielen«, das Spiel, als eine Region aufzutreten.

Die Départements Dordogne, Pyrénées-Atlantiques, Landes, Gironde und Lot-et-Garonne gehören zwar in dieselbe historische Umgebung, haben die Geschichte aber über lange Zeit hinweg auf unterschiedliche Weise erlebt. Und das eigentlich schon seit der Frühzeit – zu der die Grotten und die geheimnisvollen Höhlensysteme längs der Dordogne und der Vézère die einzigen Orte gewesen zu sein scheinen, wo von den ersten Menschen wohl einige der allerersten gelebt, geliebt und – gleichsam, um entfernten Nachfahren Spuren ihres Daseins zu hinterlassen – ihre Zeichnungen geschaffen haben (siehe Seiten 66 und 148).

Lascaux, die 17000 Jahre lang vergessene »Sixtinische Kapelle der Vorgeschichte«, Rouffignac und das Duell, das sich dort zwei Mammutherden auf dem Stein noch immer liefern, Les Eyzies, Cro-Magnon, das den Menschen, die vor nunmehr 30000 Jahren im Périgord lebten, seinen Namen gab, Laussel, wo eine Venus (Foto Seite 147) gefunden wurde, Brüste und Leib prall von Leben, doch mit derselben verschämten Handbewegung wie die Venus, die Hunderte von Jahrhunderten später ein Botticelli malte – weder Gironde noch Landes, weder Pyrénées-Atlantiques noch Lot-et-Garonne können sich einer vergleichbaren Fülle vorgeschichtlicher Reichtümer rühmen, so als wäre lediglich einigen Tälern, Feldern und Höhlen in der Dordogne das Privileg vorbehalten gewesen, den Menschen am Anfang der Weltgeschichte die Waffen aus behauenen Steinen zu liefern, mit denen sie Büffel, Bären und Wildpferde jagten, und ihnen die Felsenlöcher zum Leben, Lieben und Sterben zu bieten.

Mit Beginn der Eiszeit wird alles anders. Innerhalb dessen, was einmal Frankreich heißen wird, ist das, was sich einmal Aquitanien nennen wird, kein hermetisch abgeschlossenes Gebiet. Im Gegenteil: Völkerschaften aus dem Norden dringen allmählich ins Land hinein und machen das künftige Aquitanien zu einer zunehmend bevölkerten Gegend. Zu Beginn des dritten vorchristlichen Jahrhunderts entstehen jene Städte, die man später Agen, Périgueux und Bordeaux nennen wird. Von Bordeaux spricht man als einem Marktort mit Handelsbeziehungen sowohl nach Nantes als auch nach Narbonne, von wo die schweren Amphoren voll Wein aus dem Mittelmeerraum kommen.

Und als Caesar Gallien erobert, bildet sich zwischen den Aquitaniern eine feine, aber dennoch feste und haltbare Grenzlinie. Von nun an gibt es Aquitanier, die mit Rom kollaborieren und denen der Einfluß der Fremden nützlich ist und solche, die ihn ablehnen; das sind die Bewohner der armen Landstriche, der in sich abgekapselten Dörfer und der tiefen Wälder, in denen noch bis zu Anfang des 20. Jahrhunderts Wölfe hausten.

Lange bevor die Aquitanier die Engländer nachahmen, kopieren sie die Lateiner, die damaligen Herren der Welt, und sie tun es bis zu den Namen hin: Sie nennen sich Pomposius Paternus und Julius Equester; und lange bevor sie ihre Söhne nach London schicken, schicken sie sie nach Rom.

Übergeht man die Jahrhunderte nach dem Niedergang Roms, in denen Aquitanien, hin und her gerissen zwischen Knechtschaft und Freiheit, Gebiete verliert und zurückgewinnt und es außerdem erleben muß, daß Wandalen, Westgoten und Basken von der anderen Seite der Pyrenäen gewaltsam durchs Land ziehen, daß Normannen vom Meer her flußaufwärts fahren und sengend, brennend und mordend nacheinander alle Städte erobern, übergeht man diese Jahrhunderte, muß man Eleonore von Aquitanien gedenken, einer ihre Zeit überragenden Gestalt (siehe Seite 86). In ihrem langen Leben (etwa 1122–1204) fehlt nichts: Krieg, Kreuzzug, gefährliche Reisen, Heiraten, mönchische Weltflucht, Entscheidungen der Innen- wie auch der Außenpolitik, die das Schicksal der Region auf lange Zeit hinaus verändern sollten. Sie heiratet 1152 Heinrich von Plantagenet, den zukünftigen König von England. Und so wird Aquitanien englisch.

Unter Eleonores Einfluß setzen die Engländer eine Politik wohlüberlegter Verführung ein: Bordeaux-Weine werden bei der Ausfuhr von jeglichem Zoll befreit; es wird sichergestellt, daß ihnen vor dem 25. Dezember jeden Jahres nicht durch Zufuhr ausländischer Weine Konkurrenz gemacht wird, und schon damit war manchen Bürgern von Bordeaux – die sich gleichzeitig Bürger von London nennen durften – ein Vermögen sicher. Der König von England ist weit davon entfernt, alles selbst lenken zu wollen, und so gibt er dem Statthalter in Bordeaux die Gerichtsgewalt über ein ausgedehntes Gebiet, in dem die Städte Bayonne, Dax, Périgueux, Limoges, Cahors und sogar Agen liegen. Zugleich darf der Vertreter der Krone in Bordeaux Münzen schlagen und Steuern erheben. Diese beiden hohen Amtsträger, von denen alles abhängt, sind wie die Mehrzahl der Beamten Einheimische.

Zehn Jahre, nachdem sie sich unter Philipp dem Schönen 1294 der Stadt Bordeaux bemächtigt hatten, werden die Franzosen durch einen Volksaufstand vertrieben. Denn für den lukrativen Handel mit England ist der Pariser Markt kein Ersatz. So ruft die Zunftversammlung von Bordeaux im Jahre 1355 ein englisches Expeditionskorps zu Hilfe, um Rebflächen und Weinernten vor einem französischen Angriff zu schützen. Und nun wird Bordeaux die wahre Hauptstadt jenes Prinzen von Wales, des Sohnes Eduards III., den man wegen seiner schwarzen Rüstung den »Schwarzen Prinzen« nennt. Von Bordeaux aus bricht er mit seinen Engländern und Gascognern zu einem Siegeszug auf, der ihn nach Toulouse, Carcassonne, Narbonne und Béziers führt. Er bringt Johann den Guten, den bei Poitiers besiegten König von Frankreich, nach Bordeaux. Und in Bordeaux wird auch der Waffenstillstand unterzeichnet, der im Jahre 1360 zu dem unseligen Vertrag von Brétigny führt. Durch ihn entsteht ein Aquitanien von ungeheurer Ausdehnung, denn der gefangene König von Frankreich ist bereit, Poitou, Périgord und Limousin abzutreten.

In einer Stadt, die im Wettstreit mit London und Paris liegt, nimmt der »Schwarze Prinz«, nunmehr Herzog von Aquitanien, die Huldigung aller adligen Herren, aller Barone, von hundertachtzig Bürgermeistern, Geschworenen und Bevollmächtigten aus vierzig Städten entgegen. Doch was der Krieg gebracht hat, holt sich der Krieg wieder. Im Jahre 1374 ist das englische Aquitanien etwa auf das heutige Maß geschrumpft. Aber es dauert noch mehr als ein Dreivierteljahrhundert, bis die französischen Lilien auf den Wappen überall wieder an die Stelle der englischen Leoparden getreten sind.

Das Schicksal der Engländer wird schließlich auf den Schlachtfeldern Nordfrankreichs besiegelt; der König von Frankreich ist durch Jeanne d'Arc seiner weltlichen und mystischen Gewalt sicherer geworden, und seine Heere sind reorganisiert. Aquitanien wird zum Feld wütender Kämpfe, von langen Waffenruhen unterbrochen. Erst im Juli 1453, mit der Niederlage bei Castillon, verliert England Bordeaux, Aquitanien – und den Hundertjährigen Krieg.

Seit damals wird alljährlich in Castillon-la-Bataille (Gironde) unweit des Schlachtfeldes, auf dem der englische Feldherr Talbot 1453 den Tod fand, die damalige Schlacht mit modernsten Mitteln der Technik rekonstruiert. Mehrere hundert Einwohner der kleinen Stadt schlüpfen dann für einige Abende in das Habit eines Bauern oder in die Rüstung eines Ritters aus dem 15. Jahrhundert und lassen mit langsamen Bewegungen im Rhythmus der Klosterglocken die Feldarbeit und mit heftigem Gestikulieren die Schlachten wieder aufleben. Aus dem ganzen Südwesten eilen Tausende von Zuschauern herbei und lauschen der Rechtfertigung für die Präsenz der Engländer im Lande und der rühmenden Darstellung des Lebens unter ihrem Regime, das dreihundert Jahre gedauert hat und um so unvergeßlicher ist, als König Karl VII. von Frankreich nach seinem Sieg die Privilegien, die den Aquitaniern viele Vorteile gebracht hatten, aufhob, den Weinexport mit drückenden Steuern belegte und in dem aufbegehrenden Land überall Burgen errichtete, um den inneren Feind niederzuzwingen. Bordeaux verlor in einem halben Jahrhundert die Hälfte seiner Einwohner; der Weinexport sank von hunderttausend auf zehntausend Faß, während in das verarmte, entvölkerte Land »Kolonisten« aus der Bretagne, dem Poitou, aus der Saintonge einströmten, um die verlassenen Dörfer zu besiedeln. In diesen Ereignissen liegt der Ursprung für das begreifliche Mißtrauen der Aquitanier gegenüber der Zentralgewalt. Aquitanien – das weder von den Religionskriegen noch von den Bauernaufständen verschont blieb – hat mehr als genug Gewaltsamkeit erlitten.

Sein glücklichstes Jahrhundert ist und bleibt das achtzehnte, als Louis Marquis de Tourny, als Verwaltungschef von Versailles hierher entsandt, Bordeaux zur »schönsten Stadt im Königreich« zu machen verspricht. Da werden die mittelalterlichen Stadtmauern mit breiten, geradlinigen Alleen von Ulmen umgeben, jenen Ulmen, die – wie in ganz Europa – inzwischen einer Pilzkrankheit zum Opfer gefallen sind. Da werden die alten, für den Krieg geschaffenen Stadttore durch Prunkportale ersetzt, der Jardin Royal (heute: Public) mitten im Chartrons-Viertel wird geschaffen. Und auf den Quais entsteht beiderseits der Börse die wunderbare *Grande Façade*, die sich über einen Kilometer weit ausdehnt.

Diese hingezogene, harmonische Häuserfront bildete lange Zeit einen Paravent, hinter dem sich finstere, durch schmale Gassen schlecht mit der Außenwelt verbundene Stadtviertel drängten. Seit fast einem Jahrzehnt ist alles anders. Die Gassen sind noch immer so eng, aber sie sind nicht mehr finster. Die Wohngebäude sind renoviert. Sie wurden von Leuten gekauft, die Geschmack haben und gewinnen – ebenso wie in Paris das Marais-Viertel – ihre einstige Schönheit wieder.

Das 18. Jahrhundert ist der Triumph der Handelsherren, der Weingutbesitzer, der Kaufleute und Exporteure. Einer der großen Söhne Aquitaniens, der Schriftsteller und Staatstheoretiker Montesquieu – der andere ist Montaigne –, faßte die Philosophie dieses gehobenen Provinzbürgertums treffend zusammen, als er den (eher zu einem wirklichkeitsnahen Bauern als zu einem Philosophen passenden) Satz schrieb: »Der Grund, dessentwegen ich gern auf La Brède [das Schloß kann man heute noch besichtigen] weile, ist, daß in La Brède mein Geld mir unter den Füßen zu liegen scheint, in Paris ist mir, als läge es auf meinen Schultern. In Paris sage ich: ›Ich darf nur soviel ausgeben.‹ Auf meinem Landgut sage ich: ›Ich darf dies alles ausgeben.‹«

Aquitanien hat die Revolution nie sehr gemocht, ebensowenig wie es später das Kaiserreich mochte. Das Durcheinander der Revolutionszirkel und die napoleonische Ordnung hatten für seinen Handelsaustausch die gleichen verheerenden Folgen. Und doch – vielleicht ist das ein steter Charakterzug bei Menschen, die andere durch Beredsamkeit hinreißen und sich selber durch Beredsamkeit hinreißen lassen, die es jedoch verabscheuen, ihr Handeln konsequent bis zum Ende zu verfolgen –, und doch stimmen die Deputierten von der Gironde in der Nationalversammlung für den Tod König Ludwigs XVI. und stehen damit am Anfang einer Bewegung, die sie später zermalmen wird. Denn die zunächst verbündeten Jakobiner werden zunehmend radikaler, drängen die bürgerlichen Girondisten im Konvent in die Opposition und richten sie während der Schreckensherrschaft 1793/94 zum großen Teil hin.

Politisch abseits der großen Meinungsschwankungen, eher in der Mitte als an den Extremen des Waagebalkens, ist Aquitanien von jeher geprägt durch die Einteilung in bürgerliche Départements ohne starke Arbeiterbevölkerung wie Gironde und Lot-et-Garonne, in bäuerlich-christliche wie Pyrénées-Atlantiques und in Départements wie Landes und Dordogne, in denen die zahlreichen und fast immer armen Bauern häufig nicht mehr christlich und daher traditionell von den Ideen der Linken beeinflußt sind.

Und doch: Diese so fest in sich ruhende Provinz, wo Rebe und Pinie der Vorwand für Eheschließungen sind, die ebenso lange vorgeplant werden wie in einem Königshaus – diese Provinz entwickelt sich. Auf allen Ebenen.   □

DIE BUCHT VON ARCACHON

Wer die Dune du Pilat mühsam erklommen hat, wird mit einem weiten Blick auf die Bucht von Arcachon und den Atlantik belohnt. Die höchste Düne Europas ist ein wandernder Berg:

mehr als zwei Kilometer lang und
114 Meter hoch. In der eintönigen,
kilometerlangen Strandland-
schaft liegt sie breit, behäbig und
glänzend wie ein Riesenwal.
Die Bucht von Arcachon, eine

knappe Stunde von Bordeaux
entfernt, wird am Wochenende zur
Vorstadt von Bordeaux
und ist der Sommersalon des wohlhabenden Bürgertums
(siehe Beitrag auf Seite 124)

Bruno Barbey

Die Bucht von Arcachon ist durch eine schmale Rinne mit dem Meer verbunden. Mit dem Rhythmus der Gezeiten verschwinden mehr als 10 000 Hektar Sand und Schlamm des überwiegend

flachen Bassins – und tauchen wieder auf. Boote, die die tieferen Fahrrinnen zum Yachthafen von Arcachon verlassen und die Strömung bei beginnender Ebbe nicht beachten, stranden hier fast immer.

Auch die Vogelinsel (Foto), eine Sandbank in der Mitte der Bucht, ändert ihre Form. Bei Ebbe hat sie 16 bei Flut fünf Kilometer Umfang. Die beiden Stelzenhütten kann man bei Flut nur mit Booten erreichen.

Obwohl die wilden Austern von Arcachon, die *gravettes*, schon bei den alten Römern als Leckerbissen galten, begann man erst im 19. Jahrhundert mit der systematischen Austernzucht. Die bevorzugten portugiesischen Austern wurden vor etwa zehn Jahren von einem Virus befallen und viele gingen ein: eine Katastrophe für Gourmets und besonders für die 2500 Züchter. Sie siedelten daraufhin widerstandsfähigere Austern aus Japan an. Gegen Krabben, Seesterne, verschiedene Fischarten und Verschmutzung sind aber auch sie nicht gefeit. Jede fünfte Auster geht deshalb zugrunde

Bruno Barbey

BORDEAUX

Eine Stadt der Superlative:
das schönste Stadtensemble des
18. Jahrhunderts in Europa
und die englischste aller französischen Städte. Bordeaux hat
sich sein makelloses Gesicht etwas

kosten lassen. Der Wein machte es
möglich, daß die anglophile
»Korkenaristokratie« ihrem Selbst-
verständnis sichtbaren Ausdruck geben konnte. Entgegen dem
sonst üblichen Understatement

ließen es die Bordelesen dennoch
zu, daß die 126 000 Quadratmeter große Esplanade des Quinconces (Foto) mit dem Girondistendenkmal zum größten Platz
des Kontinents wurde

Das Grand Théâtre in Bordeaux

Blick von der Place de la Comédie durch den Cours

Der Treppenaufgang im Grand Théâtre

Die Place de la Bourse mit der Fontaine des Trois

Bordeaux ist keine Stadt für
den ersten Blick. Sie kann abweisend
und streng wirken; doch beim
zweiten Blick zeigt sie dem Kenner
ihre klassische Eleganz. Sie
verdankt sie Pariser Architekten.

So schuf Victor Louis, ein Be-
wunderer der Römer und Palladios,
den Bordelesen das schönste
Theater Frankreichs im neoklassi-
zistischen Stil. Und Jacques
Gabriel legte ihnen an der Hafen-

front das Hôtel de la Bourse
an, den würdigen Treffpunkt der
Winzer und Weinhändler.
»Nehmt Versailles und fügt Ant-
werpen hinzu – dann habt
ihr Bordeaux«, schrieb Victor Hugo

...du 30-Juillet auf das Girondistendenkmal

...Grâces

Die Esplanade des Quinconces mit den Bronzeskulpturen des Girondistendenkmals

Bruno Barbey

Bordeaux war einst der größte
Hafen an der französischen Atlantik-
küste. Ähnlich wie in Hamburg,
wo die Elbe den Zugang zum
Meer bildet, müssen auch hier die
Schiffe erst knapp hundert

Kilometer binnenländisches Ufer
passieren, ehe sie das Meer erreichen. Über die Garonne, die sich
mit der Dordogne zur breiten
Gironde vereint, gleiten aber heute
nur noch wenige Hochsee-

schiffe. Der 500 Meter lange Pont de
Pierre, den Napoleon 1810
in Auftrag gab, war die erste der drei
Brücken über die Garonne in
Bordeaux – eine stolze Kulisse für
das Leben der »kleinen Leute«

Stolz und Schandfleck von Bordeaux: die Kathedrale Saint-André und das moderne Mériadeck-Viertel

BORDEAUX IST EINE FARBE

Von Philippe Sollers

Der Schriftsteller Sollers lebt, wie fast alle französischen Intellektuellen, die aus der »Provinz« stammen, in Paris. Aber seine geistige Heimat ist die Stadt an der Gironde. Er skizziert, was Bordeaux, wo er seine Kindheit verbrachte, für ihn bedeutet, wie er ihr Wesen begreift und was es heißt, ein »Girondist« zu sein.

Der Nordost wehet,
Der liebste unter den Winden
Mir, weil er feurigen Geist
Und gute Fahrt verheißet den Schiffern.
Geh aber nun und grüße
Die schöne Garonne,
Und die Gärten von Bourdeaux
Dort, wo am scharfen Ufer
Hingehet der Steg und in den Strom
Tief fällt der Bach, darüber aber
Hinschauet ein edel Paar
Von Eichen und Silberpappeln;

Noch denket das mir wohl und wie
Die breiten Gipfel neiget
Der Ulmwald, über die Mühl',
Im Hofe aber wächset ein Feigenbaum.
An Feiertagen gehn
Die braunen Frauen daselbst
Auf seidnen Boden,
Zur Märzenzeit,
Wenn gleich ist Nacht und Tag,
Und über langsamen Stegen,
Von goldenen Träumen schwer,
Einwiegende Lüfte ziehen.

Es reiche aber,
Des dunkeln Lichtes voll,
Mir einer den duftenden Becher,
Damit ich ruhen möge; denn süß
Wär' unter Schatten der Schlummer.
Nicht ist es gut,
Seellos von sterblichen
Gedanken zu seyn. Doch gut
Ist ein Gespräch und zu sagen
Des Herzens Meinung, zu hören viel
Von Tagen der Lieb',
Und Thaten, welche geschehen.

Wo aber sind die Freunde? Bellarmin
Mit dem Gefährten? Mancher
Trägt Scheue, an die Quelle zu gehn;
Es beginnet nemlich der Reichtum
Im Meere. Sie,
Wie Mahler, bringen zusammen
Das Schöne der Erd' und verschmähn
Den geflügelten Krieg nicht, und
Zu wohnen einsam, jahrlang, unter
Dem entlaubten Mast, wo nicht die Nacht durchglänzen
Die Feiertage der Stadt,
Und Saitenspiel und eingeborener Tanz nicht.

Nun aber sind zu Indiern
Die Männer gegangen,
Dort an der luftigen Spiz'
An Traubenbergen, wo herab
Die Dordogne kommt,
Und zusammen mit der prächt'gen
Garonne meerbreit
Ausgehet der Strom. Es nehmet aber
Und giebt Gedächtniß die See,
Und die Lieb' auch heftet fleißig die Augen,
Was bleibet aber, stiften die Dichter.

»Andenken«, um 1803, von Friedrich Hölderlin

Wenn es darum geht, Bordeaux und seine Region zu begreifen, so gibt es für mich in der jüngeren Geschichte zwei Augen-»Blicke«, die den Schlüssel dazu liefern. Den ersten in Hölderlins berühmtem Gedicht »Andenken«, das mit einer erstaunlichen Genauigkeit die lichte, luftige Offenbarung beschreibt, die diesem großen deutschen Dichter zuteil wurde, als er Frankreichs Südwesten entdeckte. Und dann Stendhals »Mémoires d'un Touriste«, wo der Dichter 1838 schreibt: »Bordeaux ist zweifellos die schönste Stadt Frankreichs.«

Nach den revolutionären Wirren und dem Ende der »Welt des 18. Jahrhunderts« haben diese beiden Ereignisse eine prophetische Bedeutung. Aquitanien oder Guyenne, wie es zuvor hieß, und Bordeaux werden der – zugleich marginale und zentrale – magnetische Punkt für den Mythos einer Lebensart, die in Europa und der übrigen Welt zunehmend schwindet. Für alle *sudistes,* die Freunde des südlichen Frankreich, ist Bordeaux das Symbol dieser Lebensart.

Ich bin im *Grand Hôtel* und blicke direkt auf das von dem Architekten Victor Louis 1780 fertiggestellte Theater. Vor mir steht die Fassade mit den zwölf korinthischen Säulen und darüber, hoheitsvoll auf der Balustrade aufgereiht, die zwölf Skulpturen der Musen und Göttinnen. Sie scheinen prüfend in die Weite zu blicken, wie am Heck einer Fregatte, und fassen alles in sich zusammen: den Fluß und die Quais, die Matrosen beim Ankerlichten und das Takeln, als hier noch Masten, Taue, Segel und Lärm waren, als man mit Windjammern nach England, nach Amerika, nach Indien aufbrach. Plötzlich hat man den Eindruck, anderswo zu sein, gar nicht in Frankreich, jedenfalls sehr weit von Paris entfernt, eher in Italien – was übrigens schon Stendhal bemerkt, der die Biegung des Flusses mit einem Kai in Venedig vergleicht –, irgendwo zwischen England und Italien mit der kraftvoll-subtilen Note des Weins ringsherum. Bordeaux ist eine Farbe, und es ist auch die Hauptstadt des Feinsten, was man trinken kann. Überflüssig, darüber zu streiten: Im tiefsten Winkel seiner breiten Flußmündung, die einem großen, geschützten Schlund ähnelt, zeigt Bordeaux seinen Mund, die Zunge, den Gaumen, der zu genießen und zu beurteilen weiß.

Ich mache einen Spaziergang: Cours de l'Intendance, Rue Sainte-Catherine, Cours Victor Hugo mit dem Montaigne-Gymnasium. Und dann, auf dem Rückweg über die Quais, die Place de la Bourse (früher Place Royale), hinauf zum Jardin Public, durch die Rue Judaïque, die breiten Allées de Tourny . . . Und da ist sie, die pompöse weiße Säule mit ihrer grünen, geflügelten Freiheitsstatue, der Obelisk.

Ein Reiseführer: »Das Girondistendenkmal wurde zwischen 1894 und 1902 errichtet. Es ist 50 Meter hoch. Das Bassin auf der Seite zum Großen Theater hin symbolisiert den Triumph der Republik, auf der Seite zum Jardin Public den Triumph der Eintracht. Der gesamte Bronzekomplex wurde am 14. August 1943 demontiert und auf dem Grunde eines Sees versteckt. Die Wiederaufstellung der Brunnen, die aus 52 Tonnen Bronze bestehen, der 35 Figuren und der nahezu 70 Einzelteile wurde 1984 abgeschlossen.« Diese Daten sind gleichsam Symptome. In Bordeaux und in Aquitanien begreift man nichts, wenn man sich nicht daran erinnert, daß

die Region mit dem übrigen Frankreich und mit Paris immer Meinungsverschiedenheiten hatte, in offener oder stummer Revolte. Das beginnt mit der englischen Herrschaft (und der Regierung des berühmten »Schwarzen Prinzen«). Es setzt sich fort mit der Fronde gegen Ludwig XIV. Und dann, während der Revolution, mit den Girondisten. Seitdem zieht sich der Gegensatz zwischen Jakobinern und Girondisten durch das gesamte politische Leben Frankreichs.

Was bedeutet es, Girondist zu sein? Das ist ganz einfach. Es genügt, die Werke der drei hier heimischen großen Denker aufzuschlagen: La Boétie, Montesquieu, Montaigne (siehe Seite 96). Die grundlegende »Philosophie« Frankreichs wurde hier, auf diesem Boden, in diesem Licht, in diesem Klima erarbeitet. Und eines ist sicher, jedesmal, wenn in Paris die Regierung zusammenbricht, findet man sie im Exil in Bordeaux wieder: Bordeaux als Anklage, Bordeaux als Zufluchtsort. Hier besteht eine andere Auffassung von der Welt, von der Sprache, von den Angelegenheiten des Menschen, vom Begriff des Handelns, vom Empfinden. Als hätte sich die Wahrheit des Weins im Laufe der Zeit auf den Körper und auf den Gedanken, der ihm entspringt, übertragen. Läßt sich das Wesen des Départements Gironde in einem Satz zusammenfassen? Ja. Montaigne: »Wenn ich tanze, tanze ich; wenn ich schlafe, schlafe ich.«

Montaigne mußte bis 1981 warten, bis er feierlich zum offiziellen französischen Denker erklärt wurde: Auf der amtlichen Fotografie zeigt sich der neue Staatspräsident beim Lesen der »Essais«. Versteht er wirklich, was er liest?

Ich bin hier geboren, kurz vor dem Krieg, ganz nah bei den Weinstöcken von Château Haut-Brion. In der Erinnerung scheint mir meine Kindheit in Bordeaux wie das langsame, unerklärliche, stetige Wachsen einer untergründigen Stille. Ich finde diese ganz eigene Stille wieder, wann und wo ich will. Trinken Sie ein Glas Haut-Brion, dann werden Sie begreifen, was ich meine. Der Wein wendet sich an die intimen Bereiche Ihres Gedächtnisses und Ihrer Zellen; besser als irgendeine Droge weiß er Sie behutsam einzuhüllen, Sie zu begleiten, mit Ihnen zu schlafen, Ihr Erwachen vorzubereiten, Vergessenes in Ihnen zu erkunden. Nichts Spektakuläres; es ist eine lautlose Musik.

Die Weinberge, der Hafen. Eine Mondsichel am Wasser. Man riecht den Atlantik in der Ferne wie durch ein Sieb. Die Quais, heute nahezu verlassen, sind voller Erinnerungen. Gehen Sie in den großartigen Entrepôt Lainé, einen früheren Lagerhauskomplex, der vor kurzem in ein Museum für moderne Kunst umgewandelt wurde. Die Verlockung der hier einst gelagerten Gewürze ist noch zu spüren, die Düfte von Ingwer und Zimt, als entströmten sie den Wänden, an denen die abstrakt expressionistischen Gemälde von Cy Twombly hängen und erneut Assoziationen an Griechenland und Dionysos in uns hervorrufen. Vergangenheit und Gegenwart schieben sich vor unseren Augen plötzlich ineinander.

Nach langem Schlaf durch fast zwei Jahrhunderte scheint sich Bordeaux zu recken und zu strecken. Ein anderer Lauf der Geschichte wäre möglich gewesen und ist es immer noch. So wie ein anderes Europa.

Im Spätherbst 1802, als Hölderlin schon dem Wahnsinn nahe ist, dem sein Genius zum Opfer fallen wird, erinnert er sich in einem Brief an Casimir Ulrich von Böhlendorff ein letztes Mal an seinen halbjährigen Aufenthalt in Aquitanien. Dort, so sagt er, »hat mich das Wilde, Kriegerische interessiert, das rein Männliche, dem das Lebenslicht unmittelbar wird in den Augen und Gliedern und das im Todesgefühle sich wie in einer Virtuosität fühlt, mit neuem Durst, zu wissen, erfüllt.« Besser, meine ich, kann man es nicht sagen. □

DIE EINGEBILDETE SCHÖNE

August Graf Kageneck über Bordeaux

Stolz und snobistisch, aber auch ein wenig spießig und sehr sparsam – so charakterisiert unser Autor die Bewohner der Hafenstadt Bordeaux. »Hanseatische« Züge kommen da zum Vorschein, Burberrys und ein Französisch, das mit englischem Akzent gesprochen wird: Bordeaux, die Stadt im eleganten Kostüm des 18. Jahrhunderts, hat es zur rechten Zeit zu etwas gebracht.

Der Zug donnert durch eine enge Schlucht, an deren Rändern sich die Umrisse der ersten Vororthäuser vom Himmel abheben, huscht durch einen Eukalyptuswald, durch dessen schüttere Bäumchen schon die trägen Wasser der Garonne glitzern, legt sich mit kreischenden Rädern in eine weite Rechtskurve und wird von den stählernen Armen des Pont St-Charles verschluckt, der sich am Ende der Kurve über den Fluß spannt. Und da liegt Bordeaux, zieht sich unter einem seidenen bläulichen Himmel, einer lasziven Schönen gleich, die sich um ein Sofakissen schmiegt, in einem langen Bogen am flachen Ufer des Flusses hin, ruhig atmend, erhaben, schön und rätselhaft.

Noch großartiger ist der Blick für den Reisenden, der sich der Stadt auf der neuen Autobahn Paris–Tours–Bordeaux von Norden nähert. Denn er muß über den gigantischen Pont d'Aquitaine, der sich in 53 Meter Höhe über das Wasser spannt, da, wo sich die Garonne zur Girondemündung erweitert und nun, in majestätischer Breite, über hundert Kilometer lang an rebenbedeckten Hügeln und flachem Weideland vorbei, dem Atlantischen Ozean zuströmt. Von hier oben aus spiegeln sich die Dächer und Türme von Bordeaux in der südlichen Sonne Aquitaniens wie die Juwelen eines halbmondförmigen Diadems, und von hier aus ist der Eindruck, sich einer fremdartigen Schönen zu nähern, noch verwirrender. Denn Bordeaux ist unter Frankreichs Städten gewiß die diskreteste und stolzeste, und sie erschließt sich dem Fremden nicht so leicht wie Paris, Lyon oder Marseille.

Wenn man nach der langen Rampe der »Aquitanienbrücke« wieder festen Boden unter den Füßen hat, zeigt sich die Stadt zunächst mit dem Allerweltsgesicht der Moderne. Da glitzert ein riesiger künstlicher See, den man in die flachen Weiden des linken Garonneufers geschnitten hat: Tummelplatz für Wassersportfreunde in einer künstlichen Parklandschaft ohne Originalität. Um den See herum ragen Hotelburgen empor, bestückt mit den Leuchtschriften der berühmten Gaststätten-Ketten der Welt. Die *Bordelais,* wie sich die Einwohner von Bordeaux nennen, mögen dieses *Quartier du lac* nicht, dieses Seeviertel am Nordrand ihrer Stadt. Aber ihr ehrgeiziger Bürgermeister, Jacques Chaban-Delmas, hat Bordeaux 1970 zur internationalen Messestadt erhoben, um es aus dem Dornröschenschlaf zu wecken. Und natürlich brauchte die Stadt da neue Hotels mit internationalem Standard.

Auf dem Weg zur Stadt, am Flußufer entlang, fährt man am neuen Hafen vorbei. Er wurde ebenfalls nach Norden verlegt, an den äußeren Stadtrand, wo nun auch große Überseeschiffe anlegen können. Bordeaux sehnt sich nach den Erfolgen seiner Blütezeit im 16. und 17. Jahrhundert zurück; damals war es der größte Umschlagplatz an Frankreichs Atlantikküste. Aber davon ist es heute weiter denn je entfernt. Das industrielle Hinterland fehlt, obgleich sich im Südosten der Stadt die Luft-, Raumfahrt- und Rüstungsindustrie mit Windeseile entwickelt. Aber sie ist kaum auf den Seetransport angewiesen, und so bleibt es bei den alten Gütern, die hier schon seit langem umgeschlagen werden: Phosphat für die Chemie, Erdöl für die Raffinerien, Holz und Eisen für den Schiffbau. Die Mengen halten sich jedoch in Grenzen, denn die großen Industriegebiete Frankreichs liegen im Norden und Osten. Allerdings exportiert man hier das Nobelste, was Bordeaux der Welt zu bieten hat: Wein. Insgesamt zehn Millionen Tonnen betrug der Umschlag des Hafens 1983, das ist etwa ein Fünftel von Hamburg. Unter Frankreichs Seehäfen rangiert Bordeaux erst an sechster Stelle.

Die originellen Hafenanlagen der Innenstadt erinnern an die Zeit der Bourbonenkönige, zu der hier Segelschiffe anlegten, um ihre wertvolle Fracht aus Übersee, aus den neuen Kolonien in Amerika und Westindien, zu entladen. Kaffee, Gewürze, Südfrüchte und Sklaven aus Afrika, die man gegen Genußmittel tauschte, und die man schamhaft mit dem Wort Ebenholz umschrieb. Bordeaux wetteiferte im Sklavenhandel mit Nantes, der Rivalin an der Loiremündung. Hier wie da bildeten sich ungeheure Vermögen aus dem Elend der Unglücklichen, und die Ähnlichkeit der Ansichten beider Städte mit den gleichen pompösen Bürgerbauten jener Epoche ist frappierend: der gleiche, etwas verwitterte Reichtum, die gleiche Patina, die gleiche, ein wenig verschlossene Würde.

Bordeaux ist immer reich gewesen, und diesem Reichtum – besonders dem einiger Dutzend großer Familien – verdankt es seine exklusive, zuweilen hochmütige Fassade. Bordeaux ähnelt auch da wieder Hamburg mit seinem Bürgerstolz.

Die Stadt ist so großzügig und weiträumig angelegt wie kaum eine zweite in Frankreich. Um 1700 fingen die Weinhändler an, sich hochherrschaftliche Häuser bauen zu lassen. Sie hatten dabei einen Architekten ersten Ranges, Jacques Gabriel, zur Hand, den die Stadt zum Bau der Place de la Bourse, einem wahren Wunderwerk, herbeigeholt hat.

Das 18. Jahrhundert ist für Bordeaux das goldene Zeitalter. Was braucht eine Stadt, die prunken will? Ein Theater. Man holt einen anderen Pariser Architekten, Victor Louis, der dann zehn Jahre darauf verwendet, das Grand Théâtre zu bauen, innen mit lauter Balkonen wie die Mailänder Scala. Mitgebracht hat er auch seine Kunsttischlermeister mit ihren Werkstätten. Und so können sich nun alle Neureichen der Stadt mit Wohnungen und Möbeln fürstlich einrichten.

Es entsteht das bis heute schönste Stadtensemble des 18. Jahrhunderts in Europa, mit harmonischer Strenge, einheitlicher Gestaltung und eleganten Fassaden mit gewölbten Balkons. Es werden wunderschöne Parks und Plätze angelegt, Esplanaden und Promenaden wie in Mailand oder Venedig. Seit einigen Jahren werden die geschwärzten Fassaden mit großem Aufwand gesäubert und die schmiedeeisernen Tore in dem gleichen tiefen Hellblau gestrichen, in dem sie auch im 18. Jahrhundert leuchteten.

Mitten in der Stadt hat man inzwischen auch ein kühnes Exempel des modernen Urbanismus statuiert, das nicht jedermanns Geschmack ist, aber nicht einer gewissen Grandeur entbehrt: das Mériadeck-Viertel, das seinen merkwürdigen Namen von einem Bischof aus dem Hause Rohan herleitet. Mériadeck war bis 1975 der verrufenste Platz in Bordeaux, ein Konglomerat von Spelunken und Bordellen, ein Schandfleck, den auszumerzen Bürgermeister Chaban-Delmas auf die erste Stelle seiner Prioritätenliste gesetzt hatte. Manche sagen, es sei ein Schandfleck geblieben, diese nüchterne Mischung aus Wohn- und Bürohäusern, Hotels, Restaurants, Fußgängerzonen und schicken Läden, attraktiv höchstens für die Fremden, auf die man ja nicht verzichten möchte.

Stolzer ist man da schon auf die beiden wundervollen Zeugnisse des Hochmittelalters, die Basilika Saint-Michel (14./15. Jahrhundert) und die Kathedrale Saint-André, die fast die Ausmaße von Notre-Dame in Paris erreicht und in ihrem Ursprung aufs 11. Jahrhundert zurückgeht. Man versäume es nicht, den prachtvollen gotischen Figurenschmuck an den Portalen und den faszinierenden Gegensatz, den eine gotische Deckenwölbung zum romanischen Innenraum bildet, zu be-

wundern. Romanisches, vor allem Kapitele von einmaliger Schönheit, kann man im eben restaurierten Gotteshaus Saint-Seurin (11., 13. und 19. Jahrhundert) anschauen. Es liegt in der Nähe der Rue Judaïque, deren Namen auf die große jüdische Gemeinde der Stadt im Mittelalter hinweist. In Bordeaux blickt man zufrieden auf die eigene Geschichte.

Bordeaux war römische Siedlung, römischer Hafen, dann römische und später aquitanische Festung. Immer drohten Einfälle von See her. Im spätrömischen Reich war *Burdigala* Hauptstadt der Aquitania Secunda. Im 5. Jahrhundert kamen die Westgoten an den Atlantik, ein Jahrhundert später die Franken. Burdigala wurde bis auf die Grundmauern zerstört, als die Normannen 844 von Norden einfielen. Damals war die Stadt schon vier Jahrhunderte lang Sitz eines katholischen Erzbischofs. Nun aber wurden die Christen hingemetzelt, und es dauerte ein gutes Jahrhundert, bis sich der römische Glaube zwischen Pyrenäen und Gironde wieder ausbreiten konnte.

Und schließlich kamen, in der Mitte des 12. Jahrhunderts, die Engländer, Nachfahren der Normannen und keine Heiden mehr. Aus der Gascogne und aus Aquitanien wurde die *Guyenne anglaise,* die den ganzen Küstenstreifen von Biarritz bis zur Loire umfaßte. Die neuen Herren machten Bordeaux zur Hauptstadt ihres französischen »Reiches«, und wenn Bordeaux heute eine Metropole des Weinbaus ist, so hat es das paradoxerweise den Mannen aus dem rauhen Norden zu verdanken. Die Angelsachsen stießen auf Spuren griechischen und römischen Weinbaus und kamen so auf die Idee, überall am Südufer der Garonne Weingärten anzulegen, deren Produkt sie fleißig auf die heimatliche Insel exportierten.

Dem Wein ist es zu verdanken, daß die geistigen und sinnlichen Verwandtschaftsgefühle zwischen Bordeaux und England bis heute fortbestehen. So sagen die Bordelesen, daß die Entfernung nach Paris größer sei als die nach London. Spitze Zungen behaupten sogar, daß es in Bordeaux mehr Burberry-Läden gäbe als in London und daß man in vornehmen Kreisen, etwa bei den *Chartrons* (siehe Seite 137), dem Französisch einen englischen Akzent aufpfropfe. Wie auch immer, die Engländer lassen sich von allen Ausländern früher wie heute die größte Anzahl von Weinflaschen über den Kanal schicken, und man darf getrost davon ausgehen, daß sich dem köstlichen Naß, das durch die Kehle eines Londoner Gentleman rinnt, stets ein wenig Patriotismus beimischt.

Erst 1453 wurde Bordeaux wieder französisch: am Ende des gut hundert Jahre währenden Krieges zwischen dem Haus Valois und dem Hause Plantagenet. Seitdem wurde die Stadt von weiteren Kriegswirren weitgehend verschont und konnte ihrer eigentlichen Blüte entgegenwachsen.

Heute leben hier gut 200 000 Menschen, zusammen mit der Bevölkerung der Bannmeile sind es 600 000. Bordeaux ist immer noch Sitz eines Erzbischofs, außerdem eines Viersterne-Generals, der die wichtige IV. Militärregion mit ihrer atlantischen Öffnung, ihren Flugstützpunkten für die Atombomber der Force de frappe, ihren Raketenversuchsplätzen an der Atlantikküste befehligt und eines Appellationsgerichtshofes. Und Bordeaux beherbergt Frankreichs zweitgrößte Universität in seinen Mauern.

In den Museen Bordeaux' überwiegen die örtlichen Maler, Maler des Meeres, der Liebe, der Festivitäten und des guten Lebens, wie Albert Marquet oder Odilon Redon. Aber in den Sammlungen finden sich auch einige bemerkenswerte Werke von Henri Matisse oder Francisco Goya (»Die Tigerjagd«), der 1828 in Bordeaux im politischen Exil gestorben ist.

Die Entwicklung Bordeaux' zum drittgrößten Kunstplatz Frankreichs nach Paris und Lyon hat man drei Persönlichkeiten zu verdanken: Jacqueline Dupâquier, der Schöpferin und liebevollen Betreuerin des vielleicht originellsten und liebenswertesten Musentempels der Stadt, des *Musée des Arts Décoratifs,* in dem sie die schönsten Sammlungen von Möbeln, Bildern, Kunstgegenständen und vor allem Porzellan aus der reichen Geschichte Bordeaux' zu stilvollen Interieurs zusammengestellt hat; Gilberte Martin-Méry, die 1951 das Museum und die Galerie der schönen Künste, das *Musée des Beaux-Arts,* ins Leben rief und es zusammen mit dem jährlich stattfindenden »Mai Musical de Bordeaux« zu einem der großen nationalen Kulturereignisse Frankreichs machte; sowie Jean-Louis Froment, seit 1982 Animator des neuen Museums für zeitgenössische Kunst *(Musée des Arts Contemporains),* dem es wiederholt gelang, europäische und amerikanische Künstler mit ihren Werken nach Bordeaux zu holen, noch ehe sich Paris für sie interessierte.

Die drei Museumsleiter werden von Jacques Chaban-Delmas und seiner sehr kunstsinnigen Frau gefördert und unterstützt; wobei Monsieur eher die Kunst der Vergangenheit und Madame die Kunst der Gegenwart bevorzugt, was auch zu Konflikten zwischen den verschiedenen Museumsleuten führt. Doch darf man bezweifeln, daß es zur Scheidung kommt, solange Monsieur und Madame Chaban-Delmas noch verheiratet sind.

»Der Schick und die Tugend«, so qualifizierte einmal ein berühmter französischer Chronist das Eigentliche an Bordeaux. Die Stadt atmet förmlich beide Eigenschaften. Man hat seinen eigenen Stil, den bourgeoisen Stil der Gelassenheit und Selbstsicherheit, der sich nicht an dem anderer Weltstädte zu messen braucht. Es ist ein aristokratisches Lebensgefühl, das sich aus dem gewohnten Umgang mit Menschen aller Länder und Kontinente nährt und im Streben nach höchster Raffinesse der Gefühle seine erste Tugend sieht. So mancher Fremde hat die Menschen hier schon als spießig, verschlossen und weltfremd bezeichnet, weil er nicht in ihre Gesellschaft eindringen konnte. Und es ist in der Tat unmöglich, in den engen Gassen der feinen Viertel ·hinter die hohen Mauern zu blicken, die manches Bürgerpalais vor neugierigen Blicken abschirmen. Wer aber hineindringt, wird ein Universum von sublimem Geschmack und gediegener Weltanschauung, wird Menschen erleben, die ihr Vermögen seit Generationen mit nachgerade hanseatischer Sparsamkeit und Zuverlässigkeit verwalten, ein Vermögen, das aus der Herstellung und dem Vertrieb des Weins, immer noch Produkt Nummer eins dieser gesegneten Region, stammt. Die Verbindung von Bordeaux mit Bremen und Hamburg, den deutschen Importhäfen des Bordeaux-Weins, ist daher nur natürlich. Nicht von ungefähr stammen die Kruses, größte Weinhändler der Stadt, aus dem norddeutschen Segeberg, und noch heute sind sie stolz auf ihre holsteinischen und dänischen Vorfahren, die sich im 18. Jahrhundert an der Gironde niederließen. An der Gironde, die damals eine der Lebensadern Europas war und die heute nur noch wehmütige Erinnerungen wachruft an ein Frankreich, das die Trikolore einmal auf fünf Kontinenten aufgepflanzt hatte.

Blickt man vom Pont d'Aquitaine auf die oft schmutzigbräunlichen, quirlenden Fluten des majestätischen Stroms hinab, der nur noch selten von den Kielen großer Überseeschiffe gepflügt wird, neigt man zu trübsinniger Betrachtung über die *gloire,* die so schnell dahinwelkt wie junge Rosen und flüchtig ist wie der Hauch von Schwermut, den ein alter »Bordeaux« auf der Zunge hinterläßt. Frankreich hat seine Flagge fast überall eingezogen, und im fernen Neukaledonien schickt es sich an, einen letzten verzweifelten Kampf um die pazifischen Besitzungen zu einem guten Ende zu bringen. Aber es hat, wie Großbritannien, an europäischer Substanz gewonnen, und es besinnt sich wieder auf die Grandeur, die von seinen alten, stolzen Städten ausgeht. Bordeaux ist eine von ihnen. □

sempé

Pujols heißt das kleine Dorf mit siebenhundert Einwohnern, wohin sich unser Autor vor der Welt zurückgezogen hat. Es liegt vierzig Kilometer östlich von Bordeaux in der Provinz Entre-Deux-Mers – zwischen zwei Meeren, wie die Flüsse Dordogne und Garonne hier genannt werden, die noch breit und mächtig sind und bis ins Inland die Launen des Atlantik spüren lassen.

Ein Dorf auf der Höhe eines Hügels wie auf dem Kamm einer Welle, mit Häusern, aneinandergeduckt gleich verängstigten Vögeln, uralt, wächsern angegilbt von der Zeit, ein großer Platz mit arkadengeschmückten Wohnhäusern, ein Rathaus, samt dem Postamt in einem ehemaligen Schloß aus dem 12. Jahrhundert, ein Kurzwarengeschäft, gut assortiert

für Schüler und elegante junge Damen. Daneben eine romanische Kirche mit geheimnisvollen Kapitellen aus dem 10. Jahrhundert. Die Gewölberippen bergen ein Vogelnest. Welch ein Gurren zu Ostern!

Unterhalb der Kirche breitet sich ein liebliches Panorama aus. Es soll hier einen unterirdischen Gang gegeben haben, heute ist er verschüttet. Dicht dabei ein sehr alter Friedhof. Romanische Gräber wurden dort gefunden. Zwischen Maisfeldern und Weingärten träge in der Ferne die Dordogne.

Dies ist das althergebrachte Gesicht von Pujols, sein Paßbild. Ringsum Täler, ungewohnt kühl, im Herbst von der Sonne vergoldet. Weithin, endlos die Weinreben, anfällig, prächtig; sie fürchten sich vor Krankheiten, vor den Schwaden gefräßiger Vögel. Im Oktober kommen die Traubenpflücker, inzwischen sind es Maschinen. Der Wein ist köstlich, sinnlich,

UNGESCHMINKTES AUS PUJOLS

Von Jean Cayrol

purpurn; man wird ihn in Holland oder in den Vereinigten Staaten trinken. Er ist berühmt. Wenn die Ernte gut ist, sind die Winzer glückliche Menschen. Zwischen den Reihen von Rebstöcken wachsen im Frühling kleine Lauchpflanzen, die *Barragans*. Nach den ersten Nebeln sind es Pilze, die Rotkappen; gut für Omeletts.

Pujols reimt sich auf Cayrol.

Ich habe mir hier ein Nest gebaut, aber es ist kein Exil. Ich ziehe mich nicht in ein Universum der Sicherheit zurück, in das die Beben der Welt nur gedämpft dringen.

Ich lebe in einem Haus aus dem 18. Jahrhundert. Hier herrscht Solides, Widerstandsfähiges: Die Zeit bleibt mit den Steinen stehen, mit dem grob geschliffenen Parkett und dem Dach aus zwölf Tonnen römischer Ziegel. Eine altgewordene Kindheit beschützt mich hier. Die Insekten in meinem

Garten leben mit einer possierlichen Amsel, mit leichtsinnigen Meisen, Tausendfüßlern und roten Spinnen, die Nadelbäume fressen.

In der Nachbarschaft wohnen die Winzer; sie sind bodenständig und kennen die Gefahren und die Unberechenbarkeit dieses sich plötzlich zu Hagel oder Blitz entschließenden Himmels, der Geschwindigkeit des Windes; ihre Sonntage sind arbeitsreich.

Ich lerne meine Worte beschneiden wie man eine Rebe beschneidet; ich mache meinen Satz mit Weidenzweigen fest. Auch der Schriftsteller pflügt seinen Acker, denn er muß säen, um lieben zu können, um sich mitteilen zu können. Das Geschriebene ist jene grünende Kolumne, vor meinem Blick gezeichnet von Menschen, die nur die Sprache ihrer Keltern besitzen. Ist ein Buch nicht zugleich ein Familienstammbuch und von Nutzen für die Archive eines Lebens?

Ein renoviertes Café in zartem Grün, wo man diskutiert oder tanzt. Im Streit wächst kein guter Tropfen. Ein junger Metzger stellt köstliche Pasteten und fertige Gerichte her. Ein stattliches Kolonialwarengeschäft, geführt von einem gutmütigen, lachenden Paar, eine Bäckerei und Konditorei mit einer fröhlichen *patronne*. Ich liebe es, in der Nacht aufzuwachen; sie duftet nach Mehl, nach dem knusprigen Brot. Wie am Meer spielt die Zeit keine Rolle mehr. Die Sterne wogen in einem süßlichen Geruch von Rebholz und Reisig. Ich stehe gut mit meinen Nachbarn, vor allem mit meinem Freund Arino, der die Kelle des Maurers weggelegt hat, um sich seinen Weinstöcken zu widmen; sein Wein verzaubert mich und schenkt mir gute Laune. Mit Feuereifer pflegt er seine Trauben. Seine Schritte auf der Straße wecken mich auf, sagen mir genau, wie viele Stunden nach Mitternacht es ist. Ich glaube, er betrachtet mein Haus mit Wohlwollen, er hat es von der Schlacke befreit. Ich höre ihn gern sprechen, seine Worte sind knapp und natürlich.

Wir sind weitab vom Pariser Geschwätz, von der Sprunghaftigkeit der mondän-intellektuellen Konversation. Die Politik benutzt nur wenige Worte; man wagt es nicht, die Übel unserer Zeit, die Verirrungen der Parlamentarier zu enthüllen. Wir wissen, daß wir privilegiert sind, verwöhnt; nur das Fernsehen bringt uns die Abscheulichkeiten, die Gewalt, die Ungerechtigkeit, die zerfetzten Leichen nahe; wir empfinden Scham, verhalten uns reserviert, aber die Katastrophen, die irreparablen Fehler verursachen uns Übelkeit. Wir stellen dieser verquollenen Welt keine Fragen mehr, wir nehmen sie hin, ohne durch unsere Wut die der anderen zu vermehren. Wir sind Menschen des Abwartens, des Schweigens, des Ursprungs.

Es ist gut, dicht an der frisch gepflügten Erde, am Austrieb der Weinstöcke zu leben und nicht der nach einer Pflanze gierende Gourmand, der Parasit einer Lilie zu werden. Ich habe mich nicht in diese rechtschaffenen Tage hier verirrt, wo die so fragwürdige menschliche Arbeit mir eine friedliche, sanfte, zeitlose Erde schenkt.

> Ich schlage Wurzeln hier beim Acker mein,
> bind' meine Garbe und schnür' Laub hinein,
> ich will kein Mäuslein hintergehn im Feld;
> mein Wort ist's, das mich nährt und munter hält.

Sollen sich die Jahreszeiten doch recht oder schlecht gebärden mit ihren Blitzen, einer Tracht Regen, der ofenheißen Sonne! Rund um meinen Flecken, auf den Hügeln von Castillon, ist der Wein gut, ein Wein, der nicht »welk« wird: Er ist frisch und kräftig. Welche Freude für unsere Kehle! Das ist alles, was ich sagen kann, wenn ich, treu wie ein Kraut auf der Wiese, den Versuch wage, nichts anderes als das zu sein, was ich bin. Eigensinniges, hartnäckiges Pujols, schlaf nicht ein! Schlaf ist schlecht für deine alten Tage! □

DER LÄNGSTE STRAND EUROPAS

Von Jean-Claude Guillebauld

Unverbaut und weitgehend unverbraucht erstreckt sich über 240 Kilometer der goldgelbe aquitanische Sandstrand. Hier wird bewahrt und nicht erschlossen. Auch die Betonbunker der deutschen Wehrmacht in den Dünen haben nur noch das Meer zum Feind; sie sind zum Versteck für heimliche Sommerlieben geworden.

». . . und ich spüre deutlich, daß nun endlich die Zeit gekommen ist, wo wir die Touristen in unsere Gegend locken sollten. Dabei müssen wir unsere natürlichen Fähigkeiten zu Hilfe nehmen, nämlich unseren völligen Mangel an Organisation, unsere totale Ineffizienz und unsere tiefe Apathie.«

Es ist wirklich ein Wunder: Im verstädterten Europa der achtziger Jahre, dem Kontinent der verbauten Küsten, gibt es einen fast vergessenen, nur den Westwinden und rollenden Wogen ausgesetzten, unermeßlichen Strand. Und diese 240 Kilometer lange, schnurgerade Linie aus feinem weißen Sand, die von der Pointe de Graves bis zur Mündung des Adour verläuft, ist nicht nur einer der erstaunlichsten Naturschätze Frankreichs; der längste Strand Europas ist zugleich der einzige, der, abgesehen von einigen Badeorten bescheidenen Ausmaßes, nahezu menschenleer geblieben ist. Zwanzig Prozent aller französischen Strände liegen an der aquitanischen Küste, aber dennoch verbringen hier allsommerlich nur gut ein Prozent der Badegäste, nämlich etwa 300 000, ihre Ferien.

Für den, der sich die Karte ansieht, ist die Unberührtheit dieses ozeanischen *Far West* eigentlich ein unerklärlicher Glücksfall. Um so unerklärlicher, als der ungeheure, feinsandige Uferstreifen, an dem Surfen, Strandsegeln und einsames Nacktbaden überall möglich sind, nicht der einzige touristische Reichtum dieses heil gebliebenen Küstenlandes ist. Hinter dem Dünen- und Heidestreifen stehen unzählige Kiefern, liegt das größte Waldgebiet Frankreichs: sechshunderttausend Hektar zusammenhängender Waldbestand. Und das ist noch nicht alles: Von Hourtin über Lacanau, Cazaux, Biscarrosse, Aureilhan und Léon bis nach Soustons zieht sich, runde fünf Kilometer hinterm Meer, eine Kette fischreicher Seen entlang, die mich immer wieder an Kanada denken läßt. Die meisten haben eine Verbindung zum Meer, die an den schönsten Stellen – wie etwa bei Huchet – von üppiger Vegetation eingerahmt wird.

Die aquitanische Küste und ihr Hinterland locken vor allem Menschen, denen der Sinn nach Weite, Stille und Einsamkeit steht. Der Küstenstrich hat seine »fanatischen« Besucher, von denen die meisten aus dem Ausland, vor allem aus England, Skandinavien und Deutschland kommen. Die altbekannten Ferienorte wie Soulac-sur-Mer, Lacanau-Océan, Mimizan-Plage oder Hossegor oder jüngere wie Carcans-Plage, Seignosse oder Biscarrosse-Plage werden leider von Jahr zu Jahr voller. Und das *Centre hélio-marin* in Montalivet – das größte FKK-Camp Europas – hat international solchen Erfolg, daß man nun schon zwölf Monate im voraus reservieren muß, wenn man einen der kleinen Holzbungalows oder einen Platz zum Zelten haben möchte. Doch diese touristische Entwicklung ist, verglichen mit der des Languedoc-Roussillon, der Côte d'Azur, selbst der Strandorte in der Bretagne, bescheiden, ja – mit kaum 250 000 Betten – sogar schwach. Weshalb? Aus einem ebenso einfachen wie paradoxen Grund: Die aquitanische Küste ist, ebenso wie ihr Hinterland – trotz ihrer bestürzenden Schönheit und der rauhen Wildnis und obwohl sie unwiderstehlich an »vor-touristische« Zeiten erinnert –, eine noch junge Schöpfung des Menschen; eine erstaunliche und anfällige – oder noch besser gesagt: ein echter ökologischer »Fall«. Urteilen Sie selbst!

Der Pinienwald, der sich an ihr entlangzieht, wurde im 19. Jahrhundert gepflanzt, und zwar auf Moor- und Heideland, das der allerdürftigsten Art von Viehzucht diente: der Schafhaltung. Diesen Wald zu pflegen und zu schützen – vor allem

gegen Feuer in den trocken-heißen Sommern –, erfordert ständige Wachsamkeit.

Weniger bekannt ist, daß auch die Form des instabilen Ufers von den Menschen durch Befestigungsversuche künstlich beeinflußt wurde und daß das Ufer unablässig gegen das Vordringen des Meeres geschützt werden muß. Anhand von Landkarten aus dem 17. Jahrhundert läßt sich der Umfang dieses Geschehens erfassen.

Im Verlauf dreier Jahrhunderte hat sich die Küstenlinie in unvorstellbaren Ausmaßen verändert. Die einst mit dem Meer verbundenen Seen schlossen sich ab (außer dem von Hossegor), die breiten Flußmündungen verlagerten sich. Auch die jüngeren Daten sind erstaunlich. Zwischen 1875 und 1927 wich die Küste bei Montalivet um etwa 16 Meter zurück. Seit der ersten genauen Untersuchung im Jahre 1907 ist das Meer pro Jahr in Hourtin-Plage um 31 Zentimeter, in Contis-Plage um 180 Zentimeter, in Huchet um 15 Zentimeter vorgedrungen. Und dieses unerbittliche Nagen des Meeres am Ufer vollzieht sich im nördlichen Teil des Médoc noch schneller. Schon seit zwei Jahrhunderten bemüht man sich, die Kraft des Windes durch Bohlenwände zu zügeln und so die Gestalt der Dünen künstlich umzuformen. Das Ergebnis dieses hartnäckigen Bemühens ist ein komplexes Schutzsystem, das von Westen nach Osten wie folgt gegliedert ist: zunächst der Strand, dann der durch Anpflanzung von Strandhafer mehr oder weniger befestigte Dünengürtel, dahinter die dünennahe Heide und der äußere Waldstreifen, den man Schutzwald nennt und dessen Rolle darin besteht, den wegwehenden Sand aufzuhalten. Wird auch nur ein einziges Element dieses Systems geschädigt, wird beispielsweise Strandhafer durch zu viele Füße zertrampelt, führt dies früher oder später zu einem anderen Verlauf der Küstenlinie.

In den Départements Landes und Gironde hat die bedrohliche Instabilität von Strand und Dünen auch die Lebensweise der Menschen geprägt. Die alten Bauerndörfer liegen weitab von der Küste inmitten ihrer Ackerflächen; die Bauern unterhielten am Meer lediglich einige einfache Baracken als Unterkunft. Bis in die jüngste Zeit hinein wandte das Leben in den Landes oder der Gironde dem Meer entschlossen den Rücken zu.

Die erste bedeutsame und umfangreiche Errichtung massiver Bauten an der Küste erfolgte während des letzten Krieges durch die deutsche Wehrmacht. Rund einhundertfünfzig Betonbunker wurden für den »Atlantikwall« mit meerwärts gerichteten Schießscharten und Geschützen den Scheitelpunkten der höchsten Dünen aufgepfropft. Doch heute sind diese Bunker, die manchen Teenagern nach der Devise »Make love, not war« als Liebeslaube dienen, auf dem labilen Untergrund einfach umgekippt. Der Seewind Aquitaniens blies in vierzig Jahren den Sand davon, auf dem die Fundamente deutschen Wehrwillens ruhten; so geht der Atem der Geschichte.

Und in Pyla fielen die Bunker im Angriff des Meeres, zur Freude der Taucher, die in den kleinen Kämmerchen den Fischen nachjagen. Die Anliegergemeinden fordern mit schöner Regelmäßigkeit, die unschönen »Betonwarzen« müßten gesprengt werden. Doch das würde ein Vermögen kosten; pro Bunker fast 800 000 Francs, also über 250 000 Mark. Um die graue Tristesse der *blockhaus*, wie sie im Französischen heißen, zu lindern, haben Künstler einigen von ihnen eine bunte und originelle Bemalung verpaßt.

Der Kontrast zwischen dem potentiellen Wert des Strandes als touristischer »Goldgrube« und der großen Verletzbarkeit der Landschaft mußte früher oder später zu Konflikten führen. So liegen »Bewahrer« und »Erschließer« des Küstenstreifens in ständigem Streit. Vor längerer Zeit hatten die gewählten Vertreter der Region – im Bemühen, die vielen in Richtung Spanien durchbrausenden Touristen zum Bleiben zu bewegen – noch eine Erschließungsinitiative gefordert, wie sie im Languedoc-Roussillon unter der Ägide einer »Interministeriellen Planungsgruppe« und mit Hilfe öffentlicher Kredite durchgeführt worden war.

Von Bordeaux bis Mont-de-Marsan träumte man davon, dieses ungerechterweise »vernachlässigte französische Kalifornien« mit Hochdruck zu entwickeln, und stellte mit ebensoviel Optimismus wie Inkonsequenz phantastische Pläne auf. So sah ein im Jahre 1966 von der örtlichen Direktion des Ministeriums, das damals für die Entwicklung des Fremdenverkehrs zuständig war, in Auftrag gegebener Plan vor, an der Küste ein halbes Dutzend Touristenzentren zu schaffen und dadurch die Beherbergungskapazität um 800 000 Betten zu erhöhen. Im Oktober 1969 wurde dann vom Staat, ähnlich wie zuvor für das Languedoc, eine Planungsgruppe für Aquitanien ins Leben gerufen, die das touristische Fassungsvermögen der Region durch eine halbe Million Betten steigern wollte. Aber gleichzeitig entwickelte sich in Aquitanien – wie überall in Europa – der Naturschutz zu einer starken Bewegung.

In der Gironde, den Landes und den Westpyrenäen bemühten sich die Naturschutzbewegungen, Stimmen gegen naturzerstörende Programme (namentlich in Hourtin, Lacanau, auf Cap Ferret oder in Biscarrosse) zu sammeln. Komitees entstanden, die hier gegen ein Siedlungsvorhaben, dort gegen einen Yachthafen kämpften – und zehn zuweilen pittoreske Jahre hindurch öffnete die Lokalpresse diesem Kampf der Argumente bereitwillig ihre Spalten.

Die Initiatoren der Naturschutzkomitees entrüsteten sich darüber, wie man auch nur daran denken könne, hier genau die gleichen Fehler zu begehen, die sich schon in Südfrankreich oder an der Costa Brava als verhängnisvoll erwiesen hatten: Betonierung der Seefronten, übermäßig dichte Bebauung für Touristenunterkünfte, Zersiedlung der Restnatur. Sie kämpften für den Schutz der bedrohten Wassertiere oder für den regionalen Naturpark im Eyre-Tal. Anfangs eher unverstanden und von den gewählten Volksvertretern heftig kritisiert, bewirkten sie gleichwohl beharrlich jenen ökologischen Lernprozeß, der überall in Europa die Menschen umsichtiger im Verbrauch von Naturlandschaften werden ließ. Die Interministerielle Planungsgruppe selbst, die einige Jahre hindurch in dem Verdacht stand, sie nehme zuviel Rücksicht auf die Interessen der Bauplaner, machte sich inzwischen die zuvor als »romantisch« abgelehnten Gebote des Naturschutzes zu eigen.

Heute träumt niemand mehr davon, die aquitanische Küste zu betonieren. Die Erfahrungen mit der Parzellierung und Bebauung der Dünen – so in Lacanau, wo ein sechshundert Meter langer »Wall« von Ferienwohnungen errichtet wurde – waren nicht überzeugend. Das Verbot, in unmittelbarer Meeresnähe zu bauen, verscheuchte zahlreiche hungrige Baulöwen, und die Interministerielle Planungsgruppe hat sich auf die bescheidene Zahl von nur noch 300 000 zusätzlichen Betten einzurichten. In den vergangenen zehn Jahren wurde die Bettenzahl um zehntausend erhöht. Das offizielle Erschließungskonzept sieht heute nur noch vor, neun bereits bestehende Badeorte weiter auszubauen. Zwischen diesen Orten wurden »naturbelassene Gebiete« ausgewiesen, in denen der Naturschutz Vorrang hat. Die schrankenlose Bauwut, die in den letzten Jahren die meisten französischen, spanischen und italienischen Strände verunstaltet hat, blieb der Küste Aquitaniens erspart. Und es hat den Anschein, als werde auch in Zukunft der sanfte Schwung der Dünen hier die Skyline bilden – unverbaut und unverbraucht. □

40

EIN BALLSAAL AM UFER DES MEERES

Guy d'Arcangues über die baskische Küste

Die Geschichte der legendären Feste an der baskischen Küste reicht weit zurück. Aber erst Napoleon III., der letzte Franzosenkaiser, und seine Frau Eugenia verhalfen Biarritz zu Weltruhm und verwandelten es in den Strand der tanzenden Könige. Die Geschichte der Marquis d'Arcangues ist auch die Geschichte von Biarritz.

Ich habe mein Fenster geöffnet. Ich bin im Château d'Arcangues. Jenseits des sanftgewellten Wiesengeländes und eines Waldstücks mit gut dreihundertjährigen Eichen schlängelt sich, als schmales graues Band zwischen den Bäumen, die Straße; auf der einen Seite, westwärts, führt sie zur Küste und nach Biarritz und Bayonne, auf der anderen ins Innere des Baskenlandes bis nach Sare, Ascain, Aïnhoa und zur spanischen Grenze, der Schmugglergrenze. Sind die ersten Hügel vorbei, darunter der eine von Sainte-Barbe, eine Art Schanze, farnbedeckt, ein alter Zeuge der Kriege des römisch-deutschen Reiches, so heben sich in malvenrosenem Blau, das der Dichter als »Farbe eines Ringeltaubenflügels« beschrieben hat, vom klaren Himmel die letzten Ausläufer der Pyrenäen ab: die Montagne de la Rhune, deren überragende Masse Saint-Jean-de-Luz und Urrugn beherrscht, dann, schon in iberischen Landen, die gezackten Kämme der Trois Couronnes und des Jaïzquibel. Rechts von mir, nur wenige Kilometer entfernt, das Meer, eine sonnenflimmernde Lache, die auf Bidart, auf Guéthary, auf die Côte hindeutet.

Damit steht die Szenerie: Meer und Gebirge, ein gerafftes Bild der französischen Baskenküste vor dem Hintergrund der Pyrenäen, dreißig Kilometer weit Felsen oder feinsandige Strände unter dem Wellenschlag des Atlantik, von der Adour-Mündung bei Bayonne bis zum gewundenen Lauf der Bidassoa, die bei Biriatou und Hendaye die Grenze zu Spanien bestimmt.

Seit Jahrtausenden sieht diese Landschaft gleich aus, und die Basken leben hier schon seit urdenklichen Zeiten; dabei vertrieben sie hartnäckig einen nach dem anderen: die fränkischen Könige – Dagobert in der Schlacht von Cacueta und Karl den Großen, dessen Nachhut mitsamt Roland 778 in Roncesvalles niedergemetzelt wurde – ebenso wie die Mauren, die 1212 in der berühmten Schlacht von Las Navas de Tolosa geschlagen wurden. Diesen Basken ist es beiderseits der Pyrenäen gelungen, sich ihre Sprache zu bewahren, die einzigartig und so schwer zu erlernen ist, daß die Legende behauptet, selbst der Teufel habe es nach siebenjährigem Bemühen aufgeben müssen, ohne es auch nur so weit gebracht zu haben, daß er seinen Namen aussprechen konnte. Für uns, die d'Arcangues, beginnt die Geschichte im 12. Jahrhundert, in dem sich meine Familie gerade an der Stelle festsetzte, aus der dann das kleine Dorf Arcangues wurde.

Der erste Herr von Arcangues, Sancos, wird 1150 unter der Krypta der Kirche begraben, die kurz zuvor auf seinem Gebiet erbaut worden ist. Ein furchtgebietender Kriegsherr, Richard Löwenherz, später König von England, fällt mehrmals ins Gascognerland ein, ohne freilich die baskischen Edelleute zu Ustaritz, Bidache oder Arcangues aus ihren Schloßtürmen vertreiben zu können.

Die Bedeutung des Bayonner Hafens wächst durch den Handel mit den Engländern von Tag zu Tag. Während die Hirten an den Hängen der Pyrenäen in aller Ruhe ihre Ziegen- und Schafherden über Berge und Täler treiben, gründen baskische Seeleute, die große Walfänger sind, den Hafen Saint-Jean-de-Luz, der später Frankreichs erster Sardinenhafen wird. Hier, in diesem noch jungen Fischerhafen, landet im Jahre 1527, aus der Gefangenschaft zurückkehrend, der französische König Franz I., der nach der katastrophalen Niederlage bei Pavia von den Spaniern gefangengenommen worden war. An dem Fluß Bidassoa zählen vier Jahre später die Abgesandten Karls I. Stück für Stück die zwei Millionen Gold-taler ab, das Lösegeld für die Freilassung der beiden Söhne des Königs von Frankreich, die im Austausch für ihren Vater in Gefangenschaft gewesen waren.

Im 16. und 17. Jahrhundert treffen sich Könige und Königinnen beider Länder an der Baskenküste. 1565 kommt König Karl IX. von Frankreich mit seiner Mutter Katharina von Medici nach Bayonne, dann nach Saint-Jean-de-Luz. Sie wollen seiner Schwester, der Königin Elisabeth von Spanien, auf iberischem Gebiet, zu Hernani, einen Höflichkeitsbesuch abstatten. Victor Hugo kommt viel später darauf zurück, als der Ort ihn zu seinem Versdrama »Hernani« anregt. 1615 heiratet Anna, Infantin von Spanien, Ludwig XIII., und Elisabeth von Frankreich vermählt sich 1621 mit Philipp IV. von Spanien. Man hat diese Eheschließungen den »Infantinnentausch« genannt. Und es geht weiter: 1660 weilt hier wieder ein König. Ludwig XIV., damals noch nicht der »Sonnenkönig« – er ist erst 21 Jahre alt, aber schon voller Ungeduld –, heiratet in der Kirche von Saint-Jean-de-Luz Maria Theresia, Infantin von Spanien. Noch nie hatte man in dem kleinen Fischerhafen solchen Prunk erlebt und so viele hohe Persönlichkeiten dicht beieinander gesehen. Acht Tage dauern die Festlichkeiten. Zum Zeichen der Ehrerbietung für das hohe Paar wird das Portal, durch das die Monarchen die Kirche verlassen haben, für alle Zeiten zugemauert.

Von diesem prachtvollen Ereignis sind noch immer zahllose Zeugnisse erhalten, Gobelins, Stiche, Gemälde, Skulpturen und Halbreliefs, auch einige von den Goldstücken, die an jenem Jubeltag, dem 9. Juni 1660, vom König in die Menge geworfen wurden. Und wenn man heute in Saint-Jean-de-Luz spazierengeht, so ist es vielleicht das Bewegendste, manches noch ganz unversehrt vorzufinden: die große Kirche mit den drei holzgeschnitzten Emporen, an der die Vierung, der Chor noch ganz unverändert sind, die Rue Mazarin mit ihren alten Fassaden, das Haus der Infantin und der Quai de l'Infante, wo die Fischer heute lauthals ihren Thunfisch versteigern. So

Sempé

legendär sie auch gewesen sein mögen, die verschiedenen Aufenthalte der Könige an der Baskenküste – sie waren lediglich ein Vorgeschmack für das, was noch kommen sollte: die Verwandlung eines unbekannten kleinen Fischerhafens namens Biarritz, der in weniger als hundert Jahren zu einer Hauptstadt des Badelebens wird, die ihren Ruf als »Königin der Strände und Strand der Könige« verdiente.

Das Château d'Arcangues ist Bestandteil dieses majestätischen Panoramas. Von Biarritz acht Kilometer, von Bayonne neun, von Saint-Jean-de-Luz fünfzehn, von der spanischen Grenze 25 Kilometer entfernt, steht der alte Adelssitz durch Kriegszufälle und Fürstenlaunen fortwährend im Brennpunkt der Geschichte. Zwischendurch wurden die d'Arcangues – sowohl von spanischer als auch von französischer Seite – zu Marquis erhoben.

Denken wir uns ein kleines Fischerdorf von weniger als dreitausend Einwohnern. Sardinen- und Thunfischer, zuweilen Seeräuber, sind an die Stelle der einstigen Walfänger getreten. Nur ganz vereinzelt wagen sich Fremde dorthin, die von der Heilwirkung des Badens im Meer überzeugt sind. Sie tragen dazu die entsprechenden Badeanzüge, die vom Knöchel bis zum Hals reichen und zu denen auch, nicht zu vergessen, die Mütze gehört.

Biarritz ist sprachlos vor Staunen

Wir befinden uns im Jahre 1807, in der Glorie des Ersten Kaiserreichs. Der Hof ist fern, Napoleon ist zwischen Eylau und Friedland... Wer dächte wohl daran, in dieses verlorene Kaff zu kommen? Doch die junge Königin Hortense von Holland, Tochter von Joséphine de Beauharnais und Frau von Ludwig Bonaparte, trauert in dieser Zeit um ihren von der Diphtherie hingerafften Sohn Karl, und um ihren Kummer zu ersticken, beschließt sie, so weit wie möglich fortzureisen. So weit wie in Frankreich möglich – das heißt nach Biarritz. Sie mietet sich in Bayonne ein. Und da zu dieser Zeit noch keine Straße ans Meer führt, leiht sie sich einen Maulesel, auf dem sie zum Meer hinunterreitet, und zwar zu einer kleinen Bucht, die La Chambre d'Amour heißt, weil dort einst ein Liebespaar, von der steigenden Flut überrascht, den Tod fand.

Das großartige Schauspiel – die riesigen Wogen, die sich an den Felsen brechen, die blasse Linie des Himmels, eine untergehende Sonne, die blitzende Diamantsplitter über die Schaumkronen sprüht – erschüttert die Fürstin. Sie reitet auf den Atalayefelsen; er überragt auf der einen Seite den friedlichen alten Walfängerhafen, auf der anderen die Baskenküste mit dem langen Goldstreifen der Strände, der in der Ferne mit dem bläulichen Dunst der kantabrischen Küstengebirge verschmilzt. Sie lauscht dem furchtbaren Grollen, das ihr aus den Eingeweiden der Erde zu kommen scheint, dem dumpfen Laut der langen Wogen, die in unsichtbare Hohlräume branden. Königin Hortense kann diese Augenblicke nicht vergessen, und nach ihrer Rückkehr erzählt sie dem Kaiser und ihrer Familie: »Biarritz hat mir das Leben gerettet!«

Der Kaiser, der ein machiavellistisches Komplott anzettelt, um den Thronverzicht König Karls IV. und des Kronprinzen Ferdinand zu erreichen und seinen Bruder Joseph auf Spaniens Thron zu bringen, trifft am 15. April 1808 in Bayonne ein. Nach einer Auseinandersetzung mit seinen beiden Gästen, die zugleich seine Gefangenen sind, erinnert er sich an die begeisterten Schilderungen Hortenses und benutzt die Gelegenheit, um am Strand von Anglet und Biarritz zu baden. Er logiert auf Schloß Marracq, heute eine Ruine, damals

so schlecht möbliert, daß die Adelsfamilien der Umgebung für die Bequemlichkeit des Monarchen ihre Möbel ausleihen müssen. So schläft denn Napoleon in einem Bett aus Schloß Arcangues (wo es sich heute noch befindet). Und sechs Jahre später schläft dann General Wellington, der ihn kurz darauf besiegen wird, im gleichen Bett.

Doch die wahre »Entdeckung« von Biarritz ist einer hübschen jungen Frau zu verdanken. Im Jahre 1838 verbringt die Comtesse de Montijo, ein neunjähriges Mädchen, begleitet von ihrer Mutter, einer spanischen *Grande Dame*, ihre Ferien an der Baskenküste. Eines Tages wäre sie ums Haar ertrunken; doch ein einheimischer Schwimmer rettet sie im letzten Augenblick. Jahr für Jahr kommt sie wieder. Mit ihrem klaren Teint und ihren hellen Augen ist sie bald Liebling der Einwohner. Sie heißt Eugenia und wird den Ruhm von Biarritz begründen. Napoleon III., der neue Franzosenkaiser, verliebt sich in Eugenia, und 1853 heiratet er sie. Von da bittet sie ihren kaiserlichen Gemahl unaufhörlich, er solle sie an ihren Lieblingsferienort begleiten, an den Ort der ersten großen Erlebnisse ihrer Kindheit. Verliebt wie er ist, gibt der Kaiser nach. Im Jahre 1854 quartieren sich das Kaiserpaar und sein Gefolge in dem reizvollen Schloß Gramont ein, das Jules Labat, einem Onkel des Marquis d'Arcangues gehört. Und auch Napoleon III. erliegt dem Reiz der Baskenküste. Gramont ist zu klein für das Gefolge eines Kaiserhofes, also kauft er ein Gelände, steil und hoch über dem Meer, und beginnt dort unverzüglich, ein Sommerpalais zu bauen. In nur zehn Monaten ist es fertig. Es ist die spätere Villa Eugénie. Im darauffolgenden Jahr richten sich Napoleon und Eugenia dort für den Sommer ein, diesmal vom ganzen Hofstaat begleitet. Von diesem Tage an folgt ein Fest dem anderen. Während der Kaiser zahllose Bauarbeiten in Auftrag gibt und den Grundstein zur späteren Sainte-Eugénie-Kirche legt, sieht Biarritz, sprachlos vor Staunen, aus allen Himmelsrichtungen hohe Würdenträger, Botschafter und gekrönte Häupter anreisen.

Unter den bekannten Persönlichkeiten ist auch Bismarck, der Eiserne Kanzler. Und wenn er so oft wiederkommt, dann nicht nur der Staatsgeschäfte wegen, sondern weil er eine Romanze mit Fürstin Orlow, geborene Trubezkoy, weiterspinnt. Ein baskischer Seemann rettet ihn vor dem Ertrinken – was man dem braven Mann später vorwirft –, und Bismarck wird Pate bei dessen kleinem Sohn. Er denkt schon an die Zeit, da er sich zur Ruhe setzen wird, und erwägt, sich einen Besitz an der Baskenküste zu kaufen. Aber der Krieg zwischen Deutschland und Frankreich 1870 kommt dazwischen.

Die Biarritzer schauen, schon bald ziemlich ungerührt, dem glanzvollen Defilee zu, das da an ihnen vorbeizieht: Königin Isabella II. von Spanien, der König von Württemberg, Leopold II. von Belgien, der König und die Königin von Portugal, Prinz Adalbert von Bayern, die Infantin Amalie, der Fürst Hieronymus Bonaparte, die Fürsten Metternich, Herzog Walewski (Sohn Napoleons I. und der Gräfin Walewska, ein Vetter des Kaisers Napoleon III.) und auch der Schriftsteller Prosper Mérimée, der treue Gefährte, der in der Kindheit der Kaiserin ihr Erzieher war. In der Villa Eugénie folgt ein Fest dem anderen. Man vertreibt sich mit einem Spielchen, mit Scharaden, Schreibspielen die Zeit. Man befaßt sich mit Tischrücken (Spiritismus ist Mode). Man spielt auch »Serviette«: Die Damen verfolgen, mit Stofflappen auf sie einschlagend, die Herren, die sie für die Quadrille ausersehen haben. Und man tanzt. Sechzehn Jahre lang, mit nur zwei Unterbrechungen in den Jahren 1860 und 1869, versäumt das Kaiserpaar keinen Sommer in Biarritz.

Der Glanz der Belle Epoque steht dem der Kaiserzeit nicht nach. Der Umsturz ist verschmerzt und, Republik hin oder

her, die Könige kommen auf ihre alten Lieben zurück: auf Biarritz und die Baskenküste. Geschäft ist Geschäft, und die mitunter zur Linken tendierenden radikalsozialistischen Bürgermeister klemmen ihre republikanischen Grundsätze unter den Arm, um Hoheiten und Majestäten in würdiger Form zu empfangen. Die kommen mit Gefolge und Hofstaat und ziehen alles nach, was im internationalen Gotha Rang und Namen hat: den Prinzen von Wales, den späteren Eduard VII., und seinen Bruder Arthur, den Herzog von Connaught; die Fürstin Jurjewsky, die Witwe des Zaren Alexander II. (die berühmte, soft verfilmte »Katja«); den König von Hannover; die Königin Amalie von Portugal; den Erzherzog Ludwig Viktor von Österreich, den Bruder des Kaisers Franz Joseph; die Kaiserin Elisabeth von Österreich (bekannt unter dem Namen »Sissi«); die Könige Oskar II. von Schweden und Leopold von Belgien ... und sogar einen Präsidenten der Französischen Republik: Sadi Carnot.

Der Champagner liebte die Russen

Die Frau, die die allgemeine Aufmerksamkeit auf Biarritz lenkt und die diesen Ansturm von Fürstlichkeiten hervorruft, ist Königin Victoria, die mächtigste unter den Monarchen ihrer Zeit. Ihre beste Freundin, die Ex-Kaiserin Eugenia, die in England lebt, hat ihr so viel von Biarritz erzählt! Als Victoria sich im Jahre 1889 endlich entschließt, selbst hinzureisen, wird sie dort triumphal empfangen. Sie fährt durch Blütenarkaden, in denen das Wort »Welcome« prangt. Ein Chor stimmt die englische Nationalhymne an, das 49. Infanterie-Regiment ist ihr zu Ehren angetreten, und die Behördenchefs stehen stramm. Doch die Königin möchte wie jedermann behandelt werden: »I need a bit of rest« – und schon am nächsten Tag läßt sie einen kleinen Einspänner anschirren, den sie, nur von ihrem kilttragenden treuen Diener begleitet, selbst lenkt. Sie fährt kreuz und quer durchs Land, schaut bei Pelota-Wettkämpfen zu, stattet ihren spanischen »Vettern« Besuche ab, ja, es gelingt ihr sogar, die für ihre Sicherheit verantwortlichen Polizisten abzuschütteln.

In dieser Zeit entstehen fast überall in der Stadt Hotels: Das *Grand Hôtel*, das *Hôtel d'Angleterre*, das *Regina*, das *Continental*. Die Villa Eugénie, von der Banque Parisienne erworben, wird zum *Hôtel du Palais*. Spielkasinos schießen aus dem Boden und die Salzwasserthermen werden eröffnet. Bei La Barre unweit von Bayonne wird eine Pferdebahn angelegt. In Pau und in Biarritz entstehen, von Engländern entworfen, die beiden ersten Golfplätze Frankreichs. Fuchsjagden werden veranstaltet. Die Baskenküste ist nun endgültig *in*. In diesen sorglosen Jahren der Belle Epoque floß im Oktober, wenn die »Russensaison« ausbrach, der Champagner in Strömen. Alle Welt liebte Champagner, doch wäre es richtiger zu sagen, der Champagner liebte die Russen. Wie sonst könnte man den ungeheuren Champagnerverbrauch all dieser Hoheiten vom Sankt Petersburger Hof erklären, die wie Zugvögel zu einem festen Termin in Biarritz einfielen, zur Freude für die Spielkasinos und Luxushotels.

Der populärste Monarch an der Baskenküste zu Beginn dieses Jahrhunderts ist fraglos Eduard VII. Ohne Gefolge und Polizisten spaziert der König von England in der Stadt umher, macht, die schöne Mrs. Keppel am Arm, Einkäufe und schaut bei Pelota-Wettkämpfen zu.

Eduard VII. ist nach Kaiserin Eugenia und nach dem spanischen König Alfons XIII. der Monarch, dem die Baskenküste am meisten Dank schuldet, denn durch seinen Einfluß ließen sich bis zum Ersten Weltkrieg so viele Engländer in der Region nieder, daß Biarritz als die Stadt Frankreichs gel-

ten kann, in der Französisches, Englisches und Spanisches am stärksten präsent sind.

Alfons XIII., seit 1886 König von Spanien, trifft im Jahre 1906 bei einem der Aufenthalte Eduards VII. in Biarritz dessen Nichte, die blonde Victoria Eugenia von Battenberg, und verliebt sich in sie. Bald darauf heiratet er sie.

Mein Vater und der gleichaltrige Alfons XIII. sind engbefreundet. Wenn der König nach Biarritz kommt, veranstaltet Pierre d'Arcangues, damals Vorsitzender des Tourismuskomitees, für ihn glanzvolle Feste, von denen eines als bedeutendes Ereignis in die Annalen des Badeorts eingeht: der »Bal Second Empire« von 1922. Gefeiert wird im »Palais« unter der Präsidentschaft des spanischen Herrscherpaares und in Anwesenheit des Schahs von Persien; ein Erinnerungsball für die früher in Biarritz gewesenen kaiserlichen Gäste. Es wird ein ganz ungewöhnlicher Erfolg.

Die großen Couturiers der damaligen Zeit, Worth und Poiret, haben für die Damen Repliken der einstigen Krinolinenröcke geschaffen. Die Herren prangen in Uniform oder Tracht. Auch das Personal ist kostümiert, von den Bediensteten bis zu den Portiers und zu den Kellnern, die wie die *Baigneurs* von einst gekleidet sind. *Entrées* und kurze szenische Spiele, von den Malern Jean-Gabriel Domergue und Scott gestaltet, sind die kleinen Attraktionen vor dem Glanzpunkt des Abends: das als lebendes Bild dargestellte Gemälde »Kaiserin Eugenia mit ihren Hofdamen« von Franz Xaver Winterhalter, wobei die Personen des Gemäldes just durch ihre Abkömmlinge dargestellt werden. Diesem denkwürdigen Fest folgen in späteren Jahren noch manche andere, der »Petruschka-Ball«, »La Verbena del Amor«, der »Ball der Korsaren«; sie kennzeichnen eine der glücklichsten Epochen von Biarritz.

Auffanglager für Flüchtlinge, Neureiche und Abenteurer

Alfons XIII. bleibt bis zu seiner Verdrängung vom spanischen Thron und zu seiner Abreise ins Exil im Jahre 1931 ein treuer Stammgast der Baskenküste.

Der wachsende Bekanntheitsgrad der Region lockt ein immer breiteres, immer unterschiedlicher werdendes Publikum an. So wohnen hier bald auch Schriftsteller und Künstler. Edmond Rostand läßt sich in der prachtvollen baskischen Villa Arnaga nieder, die er sich nach seinem Erfolg mit »Cyrano de Bergerac« hat bauen lassen, und verfaßt dort »Chantecler«. Pierre Loti, der sich nach Hendaye zurückgezogen hat, schreibt dort »Ramuntcho«; andere folgen: Maurice Ravel in Ciboure, Francis Jammes in Hasparren, Pierre Benoit in den Landes und Sarah Bernhardt im »Palais«. Später sollten dann noch Igor Strawinsky, Jean Cocteau, Sacha Guitry, Ernest Hemingway dazukommen. Und so schien die Zukunft der Baskenküste fortan gesichert. Ins goldene Buch des Palais schrieb Sacha Guitry die Zeilen: »Wenn man sich zwischen zwei Stränden nicht entscheiden kann, ist einer davon immer Biarritz.«

Aber an jenem berüchtigten Schwarzen Freitag des Jahres 1929 ist plötzlich der Wallstreet-Börsenkrach da. Die Krise greift auf Europa über. Und 1936 bricht der spanische Bürgerkrieg aus. Im Spätsommer ist bei Irún und San Sebastián Kanonendonner zu hören. Man kann – die Grenze ist ja so nah – den Verlauf der Kämpfe verfolgen. Biarritz und das ganze Département verwandeln sich in ein Auffanglager für Flüchtlinge.

Dann 1939, der Zweite Weltkrieg ist ausgebrochen, wird Biarritz zu einer sonderbar schillernden Zwitterstadt, kosmopolitisch im unheimlichen Sinne des Wortes, ein Ort, an dem

sich alles vermengt: Flüchtlinge, Neureiche, Staatenlose, Ruheständler aus Spanien, Abenteurer jeglicher Art und Farbe und zahllose Unbekannte, von denen niemand weiß, woher sie kommen und was sie eigentlich hier zu suchen haben.

10. Mai 1940. Die Deutsche Wehrmacht beginnt ihren »Blitzkrieg« gegen Frankreich, Ende Juni ist sie in Biarritz. Die Baskenküste wird zur »Besetzten Zone«, dann, wegen der Nähe Spaniens, zur »Verbotenen Zone« – mit allem, was diese Sonderstellung an Einschränkungen und zusätzlichen Zwängen mit sich bringt. General von Kluges Armee steht an der Grenze und ist bereit, beim kleinsten Wink Hitlers, beim ersten Kopfnicken Francos, einzugreifen, nach Spanien zu marschieren und Gibraltar von hinten her zu nehmen.

Im Oktober 1940 trifft sich Hitler in Hendaye mit Franco. Der »Führer« hat das Château d'Arcangues für sich requirieren lassen. Er will in Napoleons und Wellingtons Bett schlafen. Doch die Unterredung mit dem Caudillo verläuft nicht wie erwartet, und Hitler, in übelster Laune, fährt mit seinem Sonderzug ohne weiteren Aufenthalt davon.

Das Wetter ist herrlich in diesem Sommer. Am Strand beim Palais, in dem sich von Kluge mit seinem Generalstab einquartiert hat, baden die Soldaten. Sie sind die einzigen im Wasser; aber es sind viele, alle in der gleichen schwarzen Badehose. Sie ahnen nicht, wie gefährlich das Meer ist. Mein Bruder Jean und ich sind von Arcangues heruntergeradelt und sehen zu, wie sie sich in den

Wellen tummeln. Und was wir befürchtet hatten, geschieht. Draußen, jenseits der ersten langen Wogen, recken sich in höchster Not Hände gen Himmel. Menschen schreien. Die besten Schwimmer springen ins Wasser, um sie zu retten. Doch viele ertrinken.

Am 1. Juli erscheinen dann vor dem Schloß dreihundert Mann und rund zwanzig Offiziere, darunter ein General. Sie wollen Quartier. Ich, gerade vierzehn, muß sie allein empfangen; mein Vater leistet noch Militärdienst. »Jetzt ruinieren und stehlen sie alles«, denke ich, und so führe ich den General ins Empfangszimmer und zeige ihm Wellingtons Kaffeekanne.

»Mon Général, wir haben schon früher Besatzung hier gehabt. Die Engländer.« – »Ja? Wann denn?« – »Im Jahre 1813. Den General Wellington. Sagt Ihnen der Name etwas?« – »Jawohl.« – »Nun, die Engländer haben nicht bloß nichts mitgenommen, sondern bei der Abreise sogar dieses Geschenk dagelassen!« Der General lächelt und nickt.

Tatsächlich verläuft alles dann relativ gut. Nach dem Abzug der Kampftruppe ist das Schloß bis zur Befreiung mit einem Stab von Offizieren belegt. Relativ gut ... Mein Vater und ich werden 1943 unter dem Vorwurf, wir unterstützten die Résistance, verhaftet und ins Gefängnis geworfen. Ich erreiche die Freilassung meines Vaters, indem ich beim Abtransport zu den Arbeitslagern in Schlesien für ihn einspringe. Dort bleibe ich dann zwei Jahre.

Der Orkan ist vorüber. Einzige Spuren der Besetzung sind die Betonbunker am Strand, die letzten Reste des Atlantikwalls – und in vielen Familien die Erinnerung an die Deportierten, an die als Widerstandskämpfer Erschossenen oder im Kampf Gefallenen, die nie mehr wiederkehren ... Das Jahr 1950 bestätigt die Wiedergeburt der Region. Der neue Bürgermeister von Biarritz, Guy Petit, hat sich an die Arbeit gemacht. Er renoviert das *Hôtel du Palais*. Ein Flughafen wird gebaut. Hotels und Spielkasino öffnen wieder ihre Tore. Mein Vater hat wieder seinen Platz an der Spitze des Tourismuskomitees eingenommen und veranstaltet schon 1949 mit Jean Cocteau die ersten »Festspiele des Verfemten Films«. Ich übernehme die Leitung des *Casino Bellevue* und inszeniere nun dort die »Fêtes à la Mode« (darunter den ersten »Bal des Débutantes«, der dann zur Tradition wird), an denen eine neue, auf Freude und Vergnügen erpichte Jugend teilnimmt.

Gewiß, die Zeiten haben sich geändert. Die Köpfe, die Kronen tragen, sind andere geworden. Die Könige, soweit es sie noch gibt, gehen nicht mehr in die Ferien. Die Fürsten entstammen der Finanzwelt, dem Film, dem Showbusineß.

Alles in allem – was ist sie heute, diese Baskenküste, deren »mondäne« Abenteuergeschichte ich mit großen Strichen gezeichnet habe? Eine Bucht, dem Atlantik weit offen, am Fuße der Pyrenäen die letzte Rast vor dem Übergang nach Spanien, ein Ballsaal am Ufer des Meeres, die Surfmetropole, das Paradies der Golfer, das Heil der Kurgäste? Ja, sie hat etwas von alledem, hat aber noch viel mehr: verschnörkelte Villen unter den Kiefern von Chiberta, rote und blaue Fischerboote im Hafen von Saint-Jean-de-Luz, zartrosene Hänge der Rhune gen Ascain hin, Pelota-Wände in den weißen Dörfern des Landesinnern, kilometerlange Strände, sechs Stiere in der Arena, einen Fandango, den Wind aus dem Süden ...

MERIAN-Autor Guy d'Arcangues im »Wellington-Zimmer« seines Château d'Arcangues

Hermann Dornhege

DIE BASKISCHE KÜSTE

Biarritz im Sturm und unter
schweren Wolken – eine weniger
bekannte Ansicht der Stadt.
Vom Glanz der Belle Epoque, die
um die Jahrhundertwende
hier Hoheiten und Prominente

versammelte, künden heute nur
noch die Hotelpaläste und die ver-
schnörkelten Villen; Erinnerung an eine Zeit, als ein Sommer-
aufenthalt in Biarritz für die
große Welt zum guten Ton gehörte.

Seit dem Zweiten Weltkrieg hat die
Stadt nichts unversucht ge-
lassen, die Namen aus dem internationalen Gotha wieder
auf die Gästeliste zu locken; und
manchmal gelang es sogar ...

Jacques Sierpinski

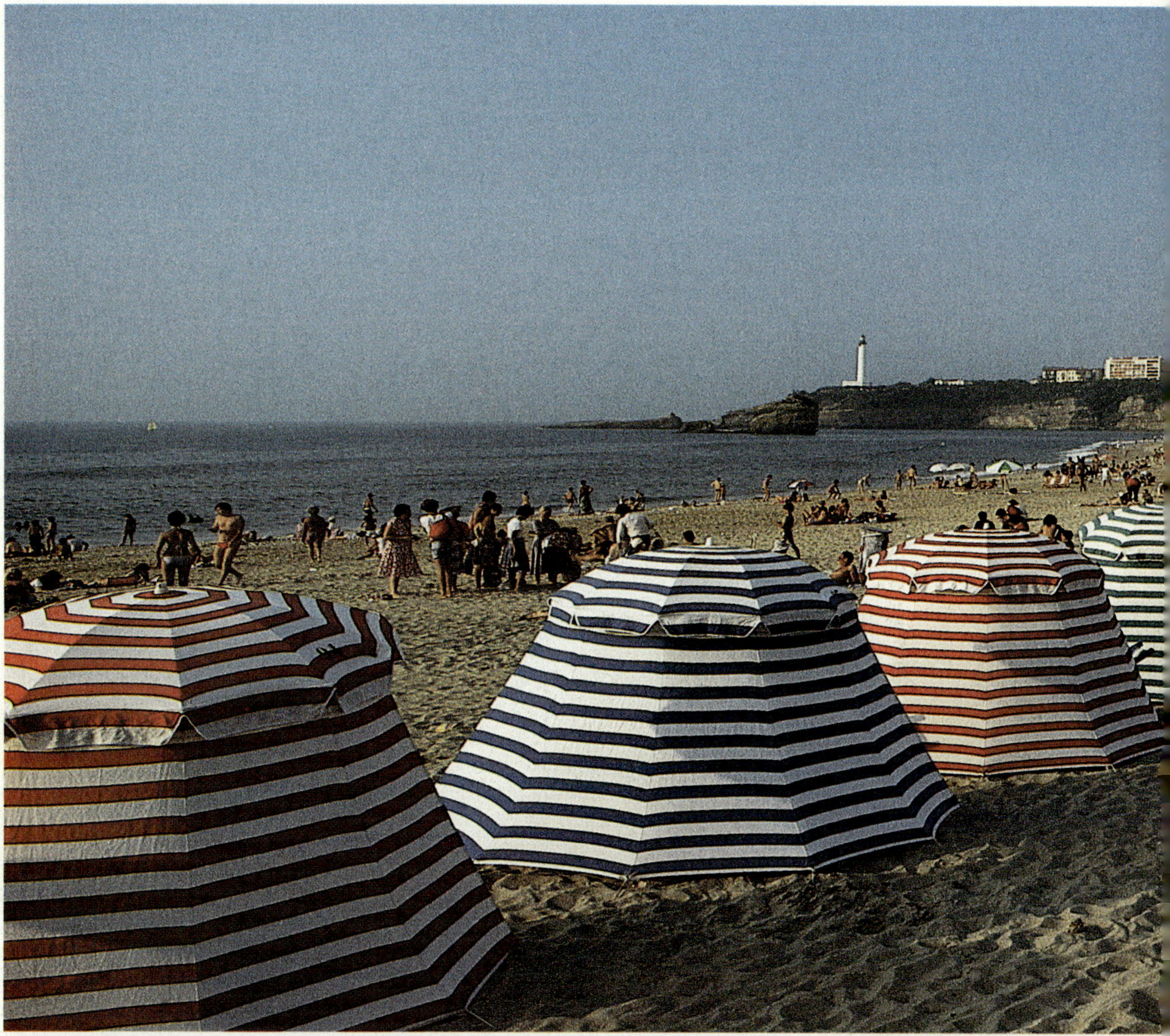

Die Grande Plage in Biarritz mit dem *Hôtel du Palais* im Hintergrund

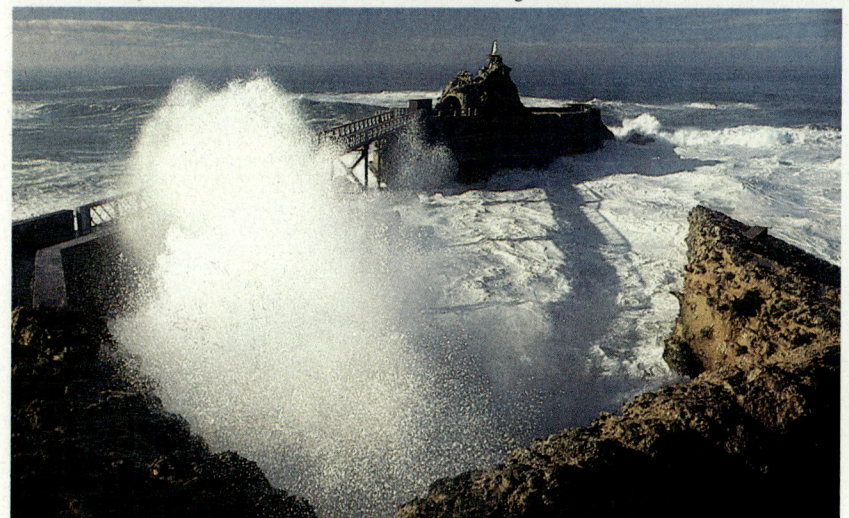

Der Rocher de la Vierge in Biarritz

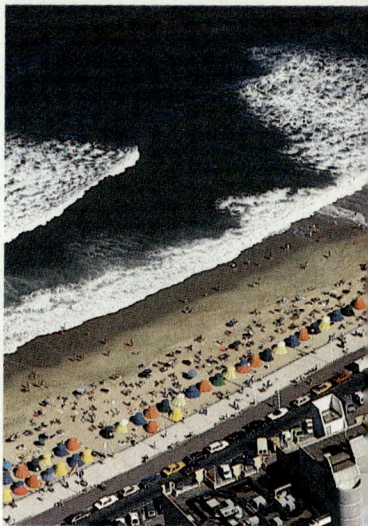

Die Grande Plage mit dem Pool des *Hôtel du Pa*

Was an den endlosen und einsamen Sandstränden nur ein paar Kilometer weiter nördlich selbstverständlich ist, das hüllenlose Baden, ist in den überlaufenen Badebuchten von Biarritz und den anderen Badeorten der baskischen Küste weniger gefragt. Der neueste Badeanzug beeindruckt hier weit mehr als nahtlose Bräune.
In den fünfziger Jahren entdeckten die Surfer die baskische Küste

Surfer am Strand von Biarritz

Bruno Barbey

Die schönste Kirche im ganzen
Baskenland ist die Eglise Saint-Jean-
Baptiste in Saint-Jean-de-Luz.
Ludwig XIV. heiratete hier 1660
Maria Theresia, die Infantin
von Spanien. Noch nie hatte das
Fischerdorf (Titel) so viel Hochadel
in Halskrausen gesehen. Das Kirchen-
portal, durch das die Brautleute
schritten, wurde nach den Feierlich-
keiten zugemauert. Den Frauen ist
im Baskenland traditionell der Platz
unten im Kirchenschiff zugewiesen.
Männer haben Platz auf einer der
drei Galerien, die sie hier über eine
Außentreppe erreichen. Wechsel-
gesänge in baskischer Sprache machen
einen Gottesdienstbesuch zum Erlebni

Bruno Barbey

DIE DORDOGNE

Wenn das Schwein Rosalie seine
Ausgrabungen verschluckt,
ist das für Trüffelsucher Jean eine
kleine Katastrophe, denn die
Funde des »schwarzen Goldes«
sind in den letzten hundert

Jahren von fünfhundert auf knapp
drei Tonnen pro Jahr zurückgegangen. Jetzt werden die vernach-
lässigten Eichenhaine, wo
die eigentümlichen Pilze wachsen,
systematisch aufgeforstet. Aus

gutem Grund, denn die schwarzen
Trüffel kosten pro Kilo etwa
1500 Francs. Deshalb muß auch
Rosalie jetzt häufiger zu Hause
bleiben und ihre Arbeit Hunden
überlassen, die keine Trüffel mögen

Typische Schafställe bei Sarlat

Weinfest in Monbazillac

Gänsestopfen in der Dordogne

Auf dem Marché aux gras gibt es nur fettes Geflüge

Enten und Gänse haben in
der Dordogne meist ein sehr kurzes
Leben, das auf grausame
Weise endet: In den drei Wochen,
in denen sie nach alter Väter
Sitte gestopft werden, müssen die

Tiere etwa 30 Kilo halbgaren Mais
verdauen, wodurch sich ihre
Leber krankhaft vergrößert. Am
Ende wiegt sie mindestens
600 bis 900 Gramm. Fettes Geflügel,
Eingelegtes *(confit)*, Blutwurst,

dicke Suppen – die Menschen
der Dordogne essen gut und deftig.
Bei der Weinlese, dem fröh-
lichsten Ereignis des Jahres, wird
schon mittags getafelt und
abends bis in die Nacht getanzt

Bauernmahlzeit während der Weinlese

»Es bleibt mir eine Hoffnung für die menschliche Rasse, ja sogar für die Erde. Es mag der Tag kommen, an dem Frankreich untergeht, aber die Dordogne wird weiterleben wie alle Träume, die die Seelen der Menschen nähren!« So schrieb der Schriftsteller Henry Miller über die Dordogne. Sie ist eine Landschaft der Schlösser, Höhlen und Kirchen, der kleinen Dörfer und jahrhundertealten Städtchen, die auf sanften Hügeln und zwischen uralten Bäumen versteckt liegen. Unser Foto zeigt den mittelalterlichen Bischofssitz Issigeac mit Kirche und Bischofspalast

Château Monbazillac, Mitte 16. Jh., Wein- und Protestantenmuseum (H V)

Château Puyguilhem, Anfang 16. Jh.

Château Beynac, 14./15. Jh., Festungsführungen (G VII)

Château de Bonaguil, 15. Jh., Konzerte

Château de Bannes, 15./16. Jh., in Privatbesitz (G VI)

Château Fénelon, 14./15 Jh., Automuseum (G VI)

In ihrem südlichen Teil ist die Dordogne mit mächtigen Festungen, prächtigen Schlössern und eleganten Herrenhäusern geradezu gespickt. Über 1500 sollen es sein, aber genau weiß das niemand.

Manche sind verfallen, andere sind für Besucher restauriert worden. Die meisten Schlösser aber wurden, vor allem von Ausländern zu originellen Zweitwohnsitzen umfunktioniert, worüber die Ein-

heimischen weniger erfreut sind. Doch ohne die Fremden wären die meisten Anwesen wohl längst verfallen (die Planquadrate in den Bildzeilen beziehen sich auf die Karte auf Seite 152)

u besichtigen (E VI)

Château Hautefort, 17. Jh., restauriert, Konzerte, Ausstellungen, zu besichtigen (F VII)

Ausstellungen, zu besichtigen (H VII)

Château de Bourdeilles, 16. Jh., Konzerte, Ausstellungen, Gemälde-und Mobiliarsammlung, zu besichtigen (F V)

Château de Montfort, 15./16. Jh., in Privatbesitz (G VII)

Landschaft im Sarladais – noch schöner als in der Toskana . . .

Schüsseln mit Speisen à la Brueghel, eine Luft, die von Schwermut und Ängsten befreit, Menschen, die wenig reden, und über dem Ganzen eine so ausgewogene Harmonie, daß sogar die eigenen Disharmonien fruchtbar werden – die Liebeserklärung eines Mannes, der sich von der ganzen Welt nur dieses kleine Fleckchen Erde wünscht: das Sarladais im Südosten der Dordogne.

Bei einem jener sogenannten »Pariser Diners« vor zehn oder zwölf Jahren wurde ich gefragt, aus welcher Gegend Frankreichs ich stamme, aber meine Antwort »aus dem Sarladais« rief damals nicht das geringste Echo hervor.

Niemand konnte auf hundert Kilometer genau angeben, wo Sarlat liegt. Und rund um den Tisch spürte ich eine Art gedämpften Mitleids, an einem so unspektakulären Ort geboren zu sein. Antworte ich heute »aus dem Sarladais«, gibt es überraschend einhelligen Beifall. Und die wenigen Tischgenossen, die zufällig noch nicht in dieser Gegend waren, sind sofort im Abseits.

Das Périgord, eben noch »hinterm Mond«, ist »chic« und Sarlat inzwischen ein touristisches »Muß«. Kein Attribut ist ausgefallen genug, um seine Vorzüge zu preisen: das zarte Licht (»schöner und subtiler als in der Toskana«), die ausgefallenen Ocker- und Grüntöne, die prachtvollen Baudenkmäler (»romanisch und human zugleich, von überwältigender Schönheit!«, »das schlichteste Haus ist ein Meisterwerk an Harmonie«), die unvergleichlich eleganten Wasserläufe (»göttlich«), die herausragenden Naturprodukte und die »einfach sensationelle« Gastronomie, das ausgezeichnete Klima (»Gott würde hier leben!«) und so weiter und so fort.

Wenn mich auch die Gleichgültigkeit, mit der man meine Heimat lange Zeit behandelte, gestört hat, so bin ich doch nicht wild auf die Fülle an Ehrungen, mit der sie heute überhäuft wird. Ich mißtraue der Begeisterung der Franzosen im allgemeinen und der der Pariser im besonderen; sie lieben Dinge und Menschen selten aus Gründen, die es wert sind, Gefühle für eine Sache oder einen Menschen hervorzubringen.

Zunächst: *Das* Périgord oder *die* Dordogne, wie Sie wollen, existiert gar nicht. Es besteht aus vier ganz unterschiedlichen Regionen: Im Norden ist es eine blaßgrüne, frostig-kühle Fortsetzung des Limousin. In der Mitte etwas unerfindlich Zwitterhaftes und Morastiges.

Im Südwesten ist es die opulente Ouvertüre der Weinberge, der Obstgärten und der lehmigen Ebene, die den Reichtum des Bordelais ankündigt. Bleibt noch der Südosten, eben das Sarladais. Dort spielt sich alles in einem Kreis mit einem Radius von ungefähr dreißig Kilometern ab, mehr nicht.

Alles? Was heißt das? Und schon habe ich mich selbst in die Verlegenheit gebracht, mit dem Wort *Magie* antworten zu müssen.

Als kleiner Junge lebte ich in dem 700-Seelen-Dorf, in dem ich auch geboren bin. Mein Vater war der Bäcker dieses Dorfes und ich sein Entdecker. Aber ich war der einzige, der das wußte . . .

Meine Hauptbeschäftigung bestand darin, aus der väterlichen Backstube zu entwischen, wo es immer zuviel zu tun gab, und zum Träumen hinauf in die Hügel zu gehen, an die Weiher oder zu den Höhlen, von denen es hier nur so wimmelt. Dort, reglos auf dem Rücken liegend, wurde ich, wie man so sagt, zu einem Teil der Natur und beobachtete das Treiben der Tiere. Oder ich schaute den Wolken nach, die im aufgewühlten Himmel dahintrieben, und schwor mir, daß ich wie sie eines Tages aufbrechen würde, die Welt zu sehen, die – so vermutete ich – wohl nicht an dem blaugrünen Horizont rings um das Dorf zu Ende war.

Die Welt habe ich inzwischen gesehen. Unter all den Attraktionen unseres Planeten gibt es wohl kaum eine, die mir gänzlich fremd wäre. Ich habe Orte, Situationen und Menschen bis zum Wahnsinn geliebt . . . und dann, als ich an die vierzig war, vor etlichen Jahren, kaufte ich mir ein Haus im Sarladais, am Saum eines Hügels, von dem man weit über die Dordogne und über den Schloßturm von Beynac blicken kann. Hier will ich leben und – wenn möglich, erst ein bißchen später – sterben.

Die Gründe für diese Wahl rühren nicht unbedingt von jenen zahlreichen Herrlichkeiten her, von denen in diesem Heft in anderen Beiträgen die Rede ist.

Mein Périgord ist ein intimes und, ganz offen gesagt, ein imaginäres. Und so manches Mal, wenn ich an einem Roman schrieb, hat es sich bestätigt, daß ich nach nur vier oder fünf Tagen im Sarladais mit wieder mehr Kraft, mehr Klarheit und mehr Glück zur Feder griff. Dort unten liegt etwas in der Luft, das die Menschen von dem bösen Zauber befreit, das ihnen Ängste, Schwermut und vor allem die Zweifel nimmt. Zwischen Architektur, Landschaft, Klima und Menschen besteht eine so ausgewogene Harmonie, daß man sich über die eigenen Disharmonien klar wird und sie so fruchtbar werden. Aber, werden Sie sagen, das Tal der Loire ist doch ebenfalls von vollendeter, ebenmäßiger Harmonie! Das ist sicher richtig, doch diese Harmonie ist nicht »aktiv«, sie »durchdringt« einen nicht. Sie existiert. Das ist alles.

Im Sarladais fühlt man, wie schwer errungen diese Harmonie ist, errungen nach so viel wilder Romantik, nach so vielen Einfällen grausamer Feinde, nach so viel totalem Irrsinn, nach immer aufs neue entfachten Kriegen, nach so viel Blut, wie es seit dem Erwachen der Menschheit immerfort vergos-

DIE MAGIE MEINER KLEINEN WELT

Guy Lagorce über sein Périgord

sen wurde – und falls man ein bißchen Gespür dafür hat, wird die Linie der Geschichte zum Pfeil, der einen trifft und jählings unter die Haut geht. Der Wunde entfließen Weisheit und tiefere Einsicht.

Da es heiß ist, auch am Abend noch, setzt man sich an den Fuß eines Hanges. Auf dem Feld schneiden die Bauern Tabakblätter und legen sie, sorgfältig aufgereiht, auf den Anhänger ihres Traktors. Sie sind aus dem Süden, trotzdem reden sie wenig.

Sie sind keine Engel, doch im Gegensatz zu den »Knallköpfen« aus dem Südosten Frankreichs wollen sie wenigstens nichts anderes sein, als sie sind. Marcel hat mich bemerkt, er deutet mit einer Geste auf den Fluß. Das heißt, daß er heute nacht in der Dordogne fischwildern will und mich fragt, ob ich dabei sei. Ich nicke und gehe heim. Schweigend stehen wir dann gegen Mitternacht in der Dunkelheit, im Nebel nur als vage, gespenstische Schatten erkennbar, in einem Boot mit mehr als dreißig Kilo Fisch auf dem Boden... Noch lieber wäre ich mit ihm zum »Krebsen« in eine schwer zugängliche Schlucht gegangen, um dann todmüde mit zweihundert Krebsen zurückzukommen, die Paule, Marcels Frau, uns in einem kräftigen Sud gekocht hätte.

Aber ich darf das ja nicht sagen... Jeder weiß, daß es wegen der Rückstände von Insektiziden auf den Feldern keine Fische und Krebse mehr gibt. Man überschlägt sich dabei, den Touristen das klarzumachen. Und sie haben's begriffen, die Touristen. Sie versuchen schon gar nicht mehr zu fischen. Und das Krebsen ist sowieso verboten. Es wimmelt von Fischereiaufsehern.

Wenn ich Tourist wäre, würde ich mich allerdings fragen, wozu Fischereiaufseher da sind, wenn es weder Fische noch Krebse gibt...

Beim Wild ist es ähnlich. Im Sarladais soll es kein Wild mehr geben. Ich frage mich, wie es dann passieren kann, daß Marcel und ich, wenn wir im Spätherbst ohne Gewehr losziehen, ein paar Stunden später mit einem Sack voller Haar- und Federwild nach Hause kommen. Dahinter muß wohl ein Geheimnis stecken.

Ich liebe den Vollmond über dem Schloßturm von Beynac und den Sonnenuntergang über den Felswänden von La Roque-Gageac, ich liebe bis zum Verrücktwerden die romanische Wehrkirche von Saint-Amand-de-Coly, die riesig, ewig und unwirklich wie ein Wunder mitten im Mais steht. Dieser Anblick treibt mir Tränen in die Augen. Ich liebe die neblige Nacht über dem Fluß und die Morgendämmerung über Monpazier, diesem Meisterwerk einer Stadt.

Ich liebe das Abendlicht, das sich über die Halle von Belvès legt, wo vierhundert Tischgäste, Touristen und Einheimische durcheinander, Ellbogen an Ellbogen von Leben und Hoffnung singen, während alte Frauen, lächelnd, Schüsseln mit Speisen à la Brueghel von Hand zu Hand gehen lassen, und die Nachmittage, deren Luft in der höllischen Sonne knistert. Ich liebe die ersten Trauben, die letzten Feigen, die »grüne Anmut der Abende an der Dordogne« und ihren Moschusgeruch. Ich liebe die sanften Klaviertöne, die an einem Juliabend durch die herabgelassenen Jalousien aus dem Innern eines unbekannten Hauses in Beynac dringen, dem Ort, wo

Henry Miller und Paul Eluard gelebt haben. Die ungeheure Weite der Landschaft und eine Tafel vor diesem Haus erinnern an Vergangenes: »Von hier aus brachen zu den Kreuzzügen auf . . .« Ich wüßte gern, wer so Klavier spielt. Ich stelle mir eine junge Frau vor, die ich lieben würde . . ., die mich erwartet . . .

Ich gehe nicht in das Haus. Man erwacht immer zu früh . . . Ich wünschte, daß es auf dieser Welt wärmer wäre. Warm wie in meiner Heimat . . .

Warm wie an jenem Augustabend, als ich Manna vom Himmel fallen sah: Millionen und aber Millionen von winzigen weißen Insekten. Plötzlich begann der Fluß, im Abendlicht von goldbraunem Rot, wie geschmolzenes Kupfer zu kochen. Die Fische stiegen an die Oberfläche, um nach den vergänglichen Flügelwesen zu schnappen. Alles dauerte nur ein paar Minuten. Ein fast tropischer Irrwahn.

Dann kehrte die Ruhe wieder. Die Dordogne nahm wieder ihren seidigen, langsamen Lauf. Nichts war geschehen. Fast nichts: ein kurzer Alptraum im Paradies . . . ein Resümee der Geschichte einer kleinen Ecke Frankreichs.　　　　□

D ie Dordogne ist ein Labyrinth von Kultstätten und Zeugnissen der Menschheitsgeschichte. Da finden sich mittelalterliche Höhlen, noch vor kurzem bewohnt, über prähistorischen Grotten mit Wandmalereien. Und darüber romanische Kirchen und Schlösser, wohin man schaut. Zuviel fürs übliche Touristenprogramm, aber ein Eldorado für Entdecker.

Man hat es das größte Museum der Welt genannt und damit gewiß nicht übertrieben. Jenes Dreieck zwischen Sarlat, Les Eyzies und Montignac im Südosten des Départements Dordogne ist etwa zweimal so groß wie die Innenstadt von Paris und als eine Schatzkammer der Geschichte mindestens ebenso bedeutend. Was besonders im Herzstück dieser Region, im Tal der Vézère geboten wird, ist historischer Anschauungsunterricht, der schon dadurch unvergleichlich anmutet, daß er sich im schönsten aller Museumsräume ereignet: in der offenen Natur, die hier das Geheimnis ihrer und unserer Vergangenheit bereitwilliger ausplaudert als irgendwo sonst.

Im Tal der Vézère wird Geschichte in all ihren Aspekten zur anschaulichen Erfahrung: nicht nur die Geschichte unserer Zivilisation, sondern auch die biologische Abstammungsgeschichte des Menschen und sogar die Entstehungsgeschichte der europäischen Landschaft. Selbst der naturwissenschaftliche Laie gewinnt hier ohne Mühe eine Vorstellung davon, wie der Fluß vor Urzeiten etwa dreißig Meter höher gewesen sein muß als heute, und wie er in die weichen Kalkfelsen an seinen Ufern jene Überhänge hineingesägt hat, die erst den

DAS GRÖSSTE MUSEUM DER WELT

Wilfried Wiegand besuchte die Höhlen der Dordogne

». . . wir schwätzen und schwätzen, und dabei muß ich noch den ganzen Haushalt machen.«

Tieren und dann auch den Menschen als Unterschlupf dienten. Daß solche Felsüberhänge, die *abris*, noch im Mittelalter als Steinbrüche benutzt wurden, daß sie an vielen Stellen, Haus neben Haus an die Felswand geschmiegt, mit regelrechten Dörfern dieser mittelalterlichen »Troglodyten« (Höhlenbewohner) besiedelt und während des Hundertjährigen Krieges mit England (1339–1453) zu Befestigungen ausgebaut wurden, ja daß einige solcher Plätze durchgehend bis in unser Jahrhundert bewohnt geblieben sind – das alles konfrontiert uns mit dem Erlebnis einer historischen Kontinuität, einer Geschichte, die im Wortsinn etwas Geschichtetes ist. Denkmäler der unterschiedlichsten Epochen präsentieren sich hier in solch enger räumlicher Nachbarschaft, daß jene Distanz aufgehoben scheint, die uns normalerweise vom Erlebnis der Vergangenheit trennt. Wie in der halluzinatorischen Überwirklichkeit eines Zeitrafferfilms ist alles greifbar nah und doch gerade dadurch um so unbegreiflicher.

Geschichte als Abenteuer

Wer dieses Erlebnis in höchster Konzentration erleben will, sollte sich zwischen Sarlat und Les Eyzies nach jener Abzweigung erkundigen, die zur Burgruine von Commarque führt. Mitten aus einer Landschaft, die so anmutig und harmlos aussieht, daß man nie auf die Idee käme, in ihr irgend etwas Unheimliches oder Urtümliches zu vermuten, sieht man sich plötzlich, kaum ist die Landstraße verlassen, auf einen Waldweg versetzt, wie er einsamer nicht sein könnte, und der uns schließlich in ein Tal hinab an den Fuß jener Felswand bringt, die wie eine Bilderbuchillustration all dessen anmutet, was diese Gegend an historischer Anschauung zu bieten hat. Der kleine Bach, der zu unseren Füßen dahinplätschert, ist übrigens die Beune, ein Zufluß des Dordogne-Nebenflusses Vézère.

Und in den einst auch von der Beune ausgewaschenen Abris befindet sich tatsächlich eine mit prähistorischen Ritzzeichnungen und Reliefs geschmückte Höhle, die kleine »Grotte von Commarque«. In unmittelbarer Nähe aber, nur ein paar Meter darüber und daneben, sehen wir die Steinbrüche des Mittelalters nebst jenen regelmäßig in die Felswand eingeschlagenen Vertiefungen, die in den Häusern der Leibeigenen zur Befestigung der Dachbalken dienten, und ganz oben auf dem Felsen thront dann endlich, was von der Burg von Commarque übriggeblieben ist: immer noch ein schwindelerregender Wehrbau, der von einem abgrundtiefen Graben umgeben ist, den vermutlich die unten in der Felswand lebenden Höhlenbewohner aus dem Steinboden mühselig haben heraushauen müssen.

Es lohnt sich, zur Burg hinaufzuklettern, um den provozierend spitzwinkeligen Turm zu betrachten, der so aggressiv aussieht wie eine scharfgeschliffene Waffe – ebenso wie es lohnend ist, wieder herabzuklettern, um die Überreste der Troglodyten-Behausungen am anderen Ufer zu studieren oder gar den Spaziergang zum gegenüberliegenden Renaissance-Schlößchen Laussel zu unternehmen (das übrigens ebenfalls durch prähistorische Funde bekanntgeworden ist). Zurück auf der Landstraße, sind wir nach knapp zehn Kilometern endlich am Eingangstor zum größten Museum der Welt angelangt: in Les Eyzies, das neuerdings offiziell den Namen Les Eyzies-de-Tayac oder gar Les Eyzies-de-Tayac-Sireuil trägt.

Die Kommune, die, wie der moderne Namenswurm verrät, aus drei Ortschaften zusammengelegt wurde, bringt es auf kaum neunhundert Bewohner, so daß Les Eyzies bis zum Jahre 1868 ein geradezu unvorstellbar verschlafenes Nest gewesen sein muß. Dann freilich wurde es schlagartig weltberühmt und sogar als »Athen der Vorgeschichte« gepriesen, weil einer seiner längst verstorbenen Bewohner von sich reden machte, der sogenannte Mensch von Cro-Magnon. Seinen Namen hatte er nach einem höhlenartigen Abri (mundartlich *cro*) bekommen, das sich auf halbem Weg zwischen Les Eyzies und Tayac genau an der Stelle befand, an der sich heute das *Hôtel Cro-Magnon* erhebt.

Beim Bau einer Eisenbahnlinie hatte man damals ein Grab mit fünf Skeletten gefunden, das für die Vorgeschichtsforschung eine Sensation war, da es zumindest andeutungsweise jene Lücke schloß, die sich für die anthropologische Kenntnis zwischen dem heutigen Menschen und dem weit primitiveren Neandertaler aufgetan hatte. Der gedrungene Frühmensch des Neandertalertypus war rund hunderttausend Jahre lang vorherrschend und hat selbstverständlich auch im Tal der Vézère seine Spuren hinterlassen. Besonders reichhaltig sind sie in Le Moustier, neun Kilometer nördlich von Les Eyzies. Eine ganze vorgeschichtliche Epoche, das etwa achtzigtausend Jahre zurückliegende »Moustérien«, ist nach den dortigen Steinwerkzeugfunden benannt worden.

Ganz anders als der Neandertaler war der Cromagnonmensch mit 1,80 m erstaunlich hochgewachsen. Eine brauchbare Vorstellung von seinem Aussehen vermittelt freilich weniger jene über Les Eyzies thronende, reichlich plumpe Denkmalsfigur als vielmehr das Witzwort des berühmtesten aller Vorgeschichtsforscher, des Abbé Henri Breuil (1877–1961): »Wenn Sie ihm abends in der Métro begegnen würden, würde er Ihnen nicht weiter auffallen.« Immerhin werden heute unter anderen die Berber als Nachkommen des Cromagnonmenschen angesehen.

Vor etwa vierzigtausend Jahren wurde der Neandertaler allenthalben von solchen frühen Sonderformen des heutigen Homo sapiens verdrängt, im Tal der Vézère also offenbar vom Cromagnonmenschen – wobei der beschönigende Ausdruck offenläßt, ob es sich wirklich bloß um Verdrängung und nicht doch um blutige Ausrottung gehandelt haben könnte.

Vor 17 000 Jahren ist hier die Kunst entstanden

Vor vierzigtausend Jahren – damit sind wir bei einer der wichtigsten Epochenwenden angelangt, die es jemals gegeben hat: dem Beginn des sogenannten Jungpaläolithikums. So wird die letzte Phase jener Altsteinzeit genannt, die man insgesamt die Jägerzeit der Menschheit nennen könnte.

Das Hauptmerkmal des Jungpaläolithikums gegenüber allem Vorausgegangenen ist die Entstehung der Kunst. Nirgendwo ist sie an so vielen Beispielen und auf so hohem ästhetischen Niveau nachvollziehbar geworden wie hier im Tal der Vézère. Von den rund zweihundert prähistorischen Siedlungsresten des Départements Dordogne befinden sich knapp hundertfünfzig im Tal der Vézère, darunter etwa zehn Höhlen, die mit Malereien, Ritzzeichnungen, Reliefs oder, wenngleich sehr viel seltener, mit Skulpturen geschmückt sind.

Daß es ausgerechnet hier zu einer so ungewöhnlich dichten und fünfundzwanzigtausend Jahre dauernden fast ununterbrochenen Besiedlung kam, hat vor allem einen klimatischen Grund: Während der letzten Eiszeit blieb der Süden Frankreichs eisfrei, und im Gefolge der riesigen Tierherden, die aus dem kalten Nordosten Europas flohen, kamen auch die nomadischen Jäger. Beide, Mensch und Tier, Jäger und Beute, beendeten ihre Südwanderung in den warmen, wasser- und futterreichen Waldregionen der Dordogne. In denselben Abris, die oft schon den Neandertalern als Zuflucht gedient hatten, fanden die Zugewanderten eine natür-

liche Mehrzweckarchitektur, die sie als Schlafstätte, Werkstatt, Küche und Friedhof benutzten.

An manchen Stellen geht aus den Fundschichten – die zur Hauptsache Knochen, Asche und Steinwerkzeuge enthalten, mit anderen Worten: Werkstattabfälle und Küchenmüll – die düster stimmende Tatsache hervor, daß es selbst nach langer menschlicher Besiedlung gelegentlich wieder Phasen gegeben hat, in denen wilde Tiere die einzigen Bewohner solcher Unterschlüpfe waren.

Im Prinzip jedoch kann man von einer ununterbrochenen Besiedlung dieser Gegend sprechen, bis um etwa 10000 v.Chr. die Vereisung im Norden aufhörte, die Rentierherden und wohl auch die Menschen zurückwanderten und die Höhlenkunst ein vorläufiges Ende fand. Erst nach einer gewissen Pause kam es zu einer neuen prähistorischen Besiedlung.

Jene fünfundzwanzigtausend Jahre von etwa 35000 bis etwa 10000 waren demnach das Goldene Zeitalter der Dordogne, und in mancherlei Hinsicht sollten wir uns das damalige Leben nicht gar zu abweichend von unserem heutigen vorstellen. Was zum Beispiel Umsiedlungen, Ausrottungen, Vertreibungen, Kriege und Streitereien betrifft, so führen die herkömmlichen Vorstellungen vom ständig keulenschwingenden Höhlenmenschen in die Irre. Das Ausmaß der Unruhen braucht nicht unbedingt größer gewesen zu sein als in der Neuzeit – nur daß sich halt Jahrhunderte mit Jahrtausenden schlecht vergleichen lassen. Vor allem müssen wir uns an die Vorstellung gewöhnen, daß die Menschen trotz aller Feindschaften und Unterschiede zwischen den einzelnen Stämmen und Sippen doch auf ähnliche Weise ständig miteinander in Kontakt standen, wie wir es heute für selbstverständlich halten.

Vorstellen müssen wir uns von den Menschen der Eiszeit auch, daß sie nicht nur die wesentlichen religiösen Grund-überzeugungen gemeinsam hatten, sondern daß die wichtigsten technischen Fortschritte ebenfalls alle Sippen, Gruppen und Stämme erreicht haben. Diese Auffassung einer eiszeitlichen Kultur- und Glaubensgemeinschaft, einer »Ökumene«, ist relativ jung und gipfelt mittlerweile in der glänzend belegten Theorie des führenden französischen Forschers André Leroi-Gourhan, daß die eiszeitliche Höhlenmalerei, obwohl sie über zwanzigtausend Jahre lang praktiziert wurde, eine geschlossene Kulturleistung war, deren Stilentwicklung sich in lückenloser Konsequenz eindeutig ablesen läßt.

So haben wir uns in jenen vielleicht fünfundzwanzigtausend Jahren zwischen der Ankunft und der Rückwanderung der Jägernomaden eine Kultur fast in unserem Sinne vorzustellen: zwar nicht auf unserem zivilisatorischen Niveau, aber dennoch mit regelmäßigen, wenngleich nicht immer friedlichen Kontakten, mit Erfahrungsaustausch und Tradition, ja vermutlich mit Meister-Schüler-Verhältnissen, wenn nicht gar Arbeitsgemeinschaften im Sinne heutiger Künstlerateliers.

Das bedeutet, daß der eiszeitliche Mensch, der Schöpfer der Höhlenkunst, uns in kultureller Hinsicht nähersteht, als die ersten schaudernden Kommentare ihrer Entdecker wahrhaben wollten. Während das Bestreben der Wissenschaftler im 19. Jahrhundert darauf gerichtet war, jene Epoche in möglichst ferne Zeiten zu datieren, werden die Daten jetzt, abgesichert durch naturwissenschaftliche Methoden, nahe an unsere Gegenwart herangerückt. Der gesamte Zeitraum, in dem sich die menschliche Kunstentwicklung abgespielt hat, wird damit eng zusammengepreßt und eine ununterbrochene Tradition, das Weitergeben von Kulturleistungen einer Generation an die nächste über mindestens dreißigtausend Jahre hin, zu einem sozusagen wissenschaftlich genehmigten Gedankenspiel. Nirgendwo läßt es sich besser spielen als im Tal der Vézère. Nähergerückt ist unserem Verständnis insbeson-

». . . es ist sehr hübsch,
was Sie da machen, aber Ihre Galerie
liegt etwas ungünstig.«

dere die Kunst, wiewohl die moderne Erforschung der Höhlenmalerei nicht müde wird zu betonen, wie wenig wir noch immer über die wirkliche Bestimmung dieser ausgemalten Höhlen wissen, wie unbekannt uns vor allem die zahlreichen, vermutlich symbolischen Zeichen sind, die von früheren Forschern noch sehr großzügig gedeutet wurden.

Aber diese negative wissenschaftliche Methode, die vor allem erst einmal klärt, was ihr Gegenstand auf keinen Fall sein kann, hat immerhin doch ein wesentliches Ergebnis erbracht: daß diese Höhlen nämlich, entgegen früheren Vermutungen, nicht als Stätten des Jagdzaubers gedient haben dürften.

Früher hatte man meist angenommen, die Jäger hätten sich inmitten der gemalten Tiere, tanzend und unter Umständen auch Speere gegen die Gemälde schleudernd, des Jagdglücks versichern wollen. Inzwischen wurde diese Theorie durch nüchterne Statistik widerlegt: Das Rentier nämlich, das nach Ausweis der Knochenfunde das Hauptnahrungsmittel zumindest einer bestimmten Periode gewesen sein muß, spielt in der Ikonographie gleichzeitiger Höhlen keineswegs die Hauptrolle. Die Tierdarstellungen müssen also nicht unbedingt auf die wirklichen Jagdbräuche bezogen sein, sondern können mythologische Vorstellungen veranschaulicht haben.

Auffällig ist auch die Rolle, die in manchen Höhlen (besonders in Lascaux) dem Stier eingeräumt wird, der ja im gesamten Mittelmeerraum als Symbol der Fruchtbarkeit und Fortpflanzung noch bis weit in die historische Zeit hinein wichtig geblieben ist. Auf jeden Fall ist die jetzt vorherrschende Auffassung, daß es sich bei den geschmückten Höhlen um Kultstätten, sozusagen um Kirchen und Kapellen gehandelt habe, ebenfalls dazu angetan, uns die Nähe jener ältesten Kunstepoche spüren zu lassen.

Der Höhlenmensch hat nicht in Höhlen gewohnt

Daß man die Höhle von Lascaux als »Sixtinische Kapelle der Prähistorie« bezeichnet hat, scheint heute weniger übertrieben als früher (siehe auch Stichwort zur Kunst, Seite 148). Durch viele neuere Untersuchungen, keineswegs nur in Frankreich, scheint mittlerweile auch klar, daß der sogenannte Höhlenmensch keineswegs in Höhlen gewohnt hat, jedenfalls so gut wie niemals durchgehend für längere Zeit. Auch diese Erkenntnis würde zu der Theorie passen, daß es sich bei den bemalten Höhlen um sakrale Räume gehandelt hat.

Keinem Besucher der Dordogne wird es freilich gelingen, sich nur auf diese vorgeschichtlichen Denkmäler zu konzentrieren. Die Reize der ungewöhnlich abwechslungsreichen und lieblichen Landschaft, die 1500 Schlösser, die üppig-raffinierte Feinschmeckerei, die vielen volkskundlichen und architektonischen Sehenswürdigkeiten aus vielen Jahrhunderten machen das ganze Département Dordogne zu einer der ergiebigsten Reiselandschaften Frankreichs, wenn nicht Europas. Erstaunlicherweise hat sie sich bis heute den Charakter eines Geheimtips bewahren können. Das mag daran liegen, daß ihr all jene dramatischen Aspekte fehlen, die der Durchschnittstourist am Meer und in den Bergen sucht.

Daß sich das Département Dordogne zusammen mit vier anderen in der Verwaltungsregion Aquitanien befindet, darf man vor Ort getrost vergessen. Daß hingegen das heutige Département Dordogne weitgehend identisch ist mit der alten Provinz Périgord, bildet sozusagen die Grundlage aller geographischen Verständigung. Die Franzosen lieben es, diesen alten (von der Stadt Périgueux abgeleiteten) Namen weiterzuverwenden, ebenso wie auch das Adjektiv *périgourdin,* das

vorzugsweise auf den Speisekarten auftaucht: als sicheres Anzeichen dafür, daß uns ein Gericht mit Gänseleber, Mastentenfleisch, schwarzen Trüffeln, Walnüssen oder zumindest Walnußöl erwartet – und manchmal sogar, wie bei der gediegenen »Salade Périgourdine«, mit fast allem zugleich.

Die Bauern suchen weiter

Mit einer Art Geheimsprache hingegen scheinen sich die wirklichen Kenner der Provinz zu verständigen. Sie unterteilen das Département traditionellerweise in ein (von Nord nach Süd) »grünes«, »weißes« und »schwarzes« Périgord. Dort, im Herzen des »Périgord Noir« – das seinen Namen übrigens vom besonders dunklen Laub »immergrüner« Eichen hat – liegt das Tal der Vézère, das noch immer viele seiner Geheimnisse nicht preisgegeben haben dürfte. Daß die Bauern der Gegend emsig nach Höhlen suchen, ist jedenfalls sprichwörtlich bekannt – und auch kein Wunder, wenn man bedenkt, daß Lascaux erst 1940, die Höhle von Bara-Bahau sogar erst 1951 entdeckt wurde und daß man in der seit dem sechzehnten Jahrhundert bekannten Höhle von Rouffignac erst 1956 eiszeitliche Malereien entdeckte (von denen übrigens manche bis heute im Verdacht stehen, gefälscht zu sein). Aber auch abseits der großen vorgeschichtlichen Fundstätten, der mittelalterlichen Troglodyten-Siedlungen und Burgen, der Renaissance-Schlößchen und Barock-Herrenhäuser gibt es hier eine staunenswerte Fülle weniger beachteter Sehenswürdigkeiten, die jeden aufmerksamen Besucher schon bald in einen Entdecker verwandeln können. Das gilt für die befestigten romanischen Kirchen mit ihren zinnenbewehrten Fassadenmauern, für die aus Naturstein aufgeschichteten *huttes* der Hirten auf freiem Feld, für die oft auf klassischen Säulen ruhenden gigantischen Taubenschläge sowie für die höchst merkwürdigen Dorffriedhöfe, deren steinerne Gräber oft jedes für sich mit einem Glasdach bedeckt sind, so daß man von ferne meinen kann, keinen Friedhof, sondern eine Gärtnerei mit Gewächshäusern zu sehen. Und dann jene bescheidenen Gräber, die nur aus Holz bestehen: ein hölzernes Kreuz in der Mitte, daran ein hölzernes Schild – und ringsum eine kaum verzierte flache Einfassung aus Holzbrettern; ein Anblick, der zugleich rührend und erschreckend ist, weil diese Gräber kaum anders aussehen als Betten.

Und warum schließlich sollte man gerade als deutscher Besucher im Tal der Vézère nicht auch nach Rouffignac fahren, das 1944 von deutschen Besatzungssoldaten als Vergeltungsmaßnahme gegen die Résistance zerstört wurde? Wie es sich auch empfiehlt, in französischen Büchern und Broschüren auf den Namen Otto Hauser zu achten: einen deutschschweizerischen Vorgeschichtler, der zu Beginn unseres Jahrhunderts Grabungsgenehmigungen kaufte, unerhörtes Finderglück hatte und dann seine Skelettfunde (darunter einen Neandertaler aus Le Moustier), ohne auf französische Proteste zu achten, nach Deutschland brachte, wo er sie sehr teuer an die Berliner Museen verkaufte – und wo sie im letzten Krieg verbrannten. Kaum war der Erste Weltkrieg ausgebrochen, nutzten die Franzosen übrigens die Situation und beschlagnahmten Hausers gesamten französischen Besitz, aber wie man den komplizierten Fall auch drehen und wenden mag – eine gute Figur macht der deutsche Forscher kaum, und aus französischer Sicht ist er ohnehin bloß eine Art wilhelminischer Wissenschaftsimperialist. Stoff jedenfalls in Hülle und Fülle, um nachdenklich zu werden – und welche Haltung könnte im Angesicht der Geschichte angemessener sein. Es gibt jedenfalls keine, wirklich keine Geschichtsepoche, die nicht auch im Tal der Vézère ihre Spur hinterlassen hätte. □

Schloß Belcastel an der Dordogne

Wie in jedem baskischen Ort, steht auch in Bidart die Mauer für das Pelotaspiel, der *frontón,* im Zentrum

Wie es in Mauléon-Licharre tief im französischen Baskenland aussieht, hat Kurt Tucholsky vor über einem halben Jahrhundert knapp und zutreffend beschrieben. Seitdem hat sich nicht viel geändert. Die Mauer für das baskische Pelotaspiel steht immer noch mitten auf dem Marktplatz; nur aus dem Kriegerdenkmal sind inzwischen zwei geworden. Die Bauernburschen aus dem französischen Baskenland zogen nicht gerade begeistert auf die Schlachtfelder an der deutsch-französischen Grenze. Mit dem Patriotismus für die glorreiche französische Nation sei es nicht weit her, meint ein baskischer Professor aus Bayonne. Den Widerstand gegen die deutsche Besetzung hingegen unterstützten die Basken wirkungsvoll mit Schmuggelgeschäften über die Pyrenäen hinweg. Im Schmuggel, für sie ein durchaus ehrenwertes Geschäft, kennen sie sich aus.

Mauléon, die Hauptstadt der Provinz Soule, wirkt recht düster, wofür die drohend über der Stadt hängende Burgruine sicher mitverantwortlich ist. Besser gefiel es Kurt Tucholsky damals dreizehn Kilometer weiter aufwärts, im schönen Städtchen Tardets-Sorholus, von einem anderen, einem südfranzösischen Schriftsteller als »der lichtvolle Spiegel des Baskenlandes« gepriesen. Vier Kilometer weiter noch, schon ganz nah an der Grenze des Baskenlandes mit Béarn, liegt das kleine Dorf Montory, wo es einem Landsmann von Tucholsky einfach nicht gefallen konnte. In Montory hielt im Dezember 1970 die baskische Separatistenorganisation ETA, eine Abkürzung, die »Das Baskenland und seine Freiheit« bedeutet, den entführten deutschen Wahlkonsul von San Sebastián Eugen Beihl gefangen. Die Entführer waren spanische Basken; doch sie wurden von den französischen Basken, den Einwohnern von Montory zumindest, unterstützt. Beihl wurde im Pfarrhaus von Montory, gleich neben der festungsähnlichen Ortskirche, festgehalten.

An einem späten Abend, als seine Bewacher im Vorraum in das auf beiden Seiten der Pyrenäen so beliebte Kartenspiel Mus vertieft waren, wagte er den Sprung aus dem Fenster, lief barfuß im kalten Winter die Straße hinunter und sah Licht in der kleinen Dorfwirtschaft. Der mutige Wahlkonsul glaubte sich schon gerettet, als er in die Wirtschaft eintrat und den dort beim sauren baskischen Wein Versammelten erklärte, er sei der entführte Konsul Beihl, und man möge ihm doch helfen, wieder in sein geliebtes San Sebastián zurückzukehren. Er hatte sich getäuscht. *(Fortsetzung auf Seite 76)*

PELOTA UND BEZAHLTE KILLER

Walter Haubrich über das Baskenland

400 Jahre lang hatten manche Vergnügen böse Folgen.

Man vermutet, daß es die Matrosen des Kolumbus waren, die im Jahre 1493 die Syphilis mit nach Europa brachten.

Die Ausbreitung dieser „Lustseuche", wie die Syphilis oder Lues oft genannt wurde, war verheerend – vor allem wegen der Spätfolgen.

Denn die meistens beim Geschlechtsverkehr übertragenen Erreger machten sich erst nach einigen Tagen bemerkbar, führten Wochen später zu Ausschlag und schließlich im dritten Stadium, oft erst nach Jahren, zu Erkrankungen des Nervensystems.

Die öffentlichen Bäder wurden geschlossen.

Millionen von Menschen fielen dieser gefährlichen Geschlechtskrankheit zum Opfer. Wegen der großen Ansteckungsgefahr wurden bald alle öffentlichen Badestuben geschlossen. Viel Wirksameres konnte man damals nicht dagegen tun.

Erst 400 Jahre später konnte der Erreger der Syphilis entdeckt werden, ein Mittel dagegen gab es indessen immer noch nicht.

Ein Forscher namens Paul Ehrlich hatte jedoch gerade herausgefunden, daß manche Farbstoffe eine Affinität zu bestimmten lebenden Zellen besitzen.

Das Gift, das Heilung bringt.

Nach jahrelangen, endlosen Versuchen mit Farbstoffen und später mit Arsenverbindungen hatte Ehrlich schließlich im Jahre 1909 den gewünschten Erfolg: Die Syphilis konnte geheilt werden.

Er nannte sein Mittel „Salvarsan", was so viel heißt wie „heilendes Arsen".

Hoechst nahm die Produktion auf.

Und damit begann das Zeitalter der Chemotherapie.

Binnen weniger Jahre sank die Zahl der Syphiliserkrankungen um mehr als die Hälfte ab. Und die Entdeckung des Penicillins schließlich machte die Behandlung dieser gefährlichen Krankheit noch erfolgreicher.

Zu solchen und anderen großen Entdeckungen gehören nicht nur eine große Portion Glück.

Vor allem sind ein uneingeschränkter Optimismus und unzählige, jahrelange Experimente erforderlich, um eines Tages vielleicht zu einem erfolgversprechenden Ergebnis zu kommen. Das ist heute nicht leichter als früher.

Im Gegenteil.

Der Weg zu einem neuen Medikament ist kompliziert und lang. Die Entwicklung dauert sechs bis zehn Jahre.

Entsprechend hoch sind die Kosten.

Sie liegen für ein neues Medikament heute bei 155 Millionen Mark.

Dieser riesige Aufwand hängt nicht zuletzt auch mit den besonderen Sicherheitsbestimmungen zusammen, die heute für Arzneimittel gelten.

Wie streng diese Bestimmungen sind, kann man schon daran sehen, daß weder Salvarsan noch Penicillin in der damaligen Form heute eine Chance hätten, zugelassen zu werden.

Hoechst AG, VFW
6230 Frankfurt/M. 80

Die Bauern von Montory, die offensichtlich genau wußten, welch wertvollen Gefangenen sie im Pfarrhaus hatten, packten ihn und brachten ihn unter Stoßen und Schimpfen wieder in sein frommes Gefängnis zurück.

Die Geschichte ging dann, gewiß auch zum Glück für die bäuerlichen Helfer der Entführer, noch gut aus. Die Sitten und Bräuche in der damals gegen die Franco-Diktatur in Spanien kämpfenden ETA waren noch nicht so unmenschlich, wie sie es heute in dieser Separatistenorganisation sind.

Durch die Entführung des deutschen Konsuls wurde ein Schriftsteller vor der Hinrichtung bewahrt

Beihl wurde am Heiligabend freigelassen, nachdem die bundesdeutsche und andere demokratische Regierungen Europas Druck auf Franco ausgeübt hatten, damit dieser die 16 vor dem Militärgericht in Burgos stehenden jungen Basken nicht hinrichten ließ. Einer von ihnen, Mario Onandía, wurde später zu einem der vernünftigsten und bei der Befriedung des spanischen Baskenlandes wichtigsten Politiker, außerdem ein guter Schriftsteller in baskischer Sprache.

Das Tal des Flusses Saison zwischen Mauléon und Montory wirkt heute wie damals friedlich, ja bukolisch. Für den Reisenden mag es schwer vorstellbar sein, daß dort vor gar nicht so langer Zeit Gewalt mit politisch bedeutsamen Folgen zu Hause war.

Mit einer berühmten Schlacht ist die idyllische Bergstraße zwischen Pamplona und Saint-Jean-Pied-de-Port übrigens in die Weltgeschichte eingegangen. In Roncesvalles, auf spanischer Seite gelegen, vielleicht auch nördlicher bei Valcarlos, wie die Kaiserchronik aus dem 12. Jahrhundert meint, überfielen im Jahr 778 Basken die aus Saragossa zurückkehrende Nachhut Karls des Großen. Der Kaiser konnte sich retten; doch seine Soldaten, unter ihnen der berühmte Roland, wurden von den nur leichtbewaffneten Basken erschlagen. Große Steine sollen sie von den Bergen hinunter auf die schwerbewaffneten Krieger Karls des Großen geworfen haben. Im »Chanson de Roland«, dem französischen Nationalepos, wurden dann aus den Basken Sarazenen, also Araber. So wurden die Basken um ihren einzigen großen Sieg in der Geschichte betrogen. Mit diesem hinterlistigen Überfall auf Roland und seine Nachhut praktizierten sie zum ersten Mal so etwas wie Guerillakrieg, inzwischen zu einer gängigen Praxis im Kampf der Schwachen gegen die Übermächtigen geworden.

Viele Jahrhunderte später, kurz vor dem Ende der Franco-Diktatur, wurde das enge Tal zwischen Roncesvalles und dem Grenzort Arnéguy noch einmal zum Schauplatz eines aufregenden und tragischen Ereignisses. Zwanzig politische Gefangene, die meisten von ihnen Basken, waren durch einen selbstgebauten unterirdischen Gang aus dem Gefängnis von Segovia ausgebrochen. In einem versiegelten Lastwagen, den eine Gruppe progressistischer Intellektueller aus Madrid besorgt hatte, wurden sie in die Nähe von Roncesvalles gebracht. Dort sollte sie ein ETA-Mann abholen. Doch er erschien nicht. So versuchten die geflohenen Häftlinge nach einer Wartezeit, auf eigene Faust den Weg über die Berge ins rettende Frankreich zu finden. In dichtem Nebel und dunkler Nacht verirrten sie sich. Manche waren schon auf französischem Boden und liefen auf der Suche nach einem französischen Dorf wieder nach Spanien zurück und der gefürchteten Landpolizei Guardia Civil in die Arme. Einer wurde von den spanischen Polizisten erschossen, zwei entkamen nach Frankreich; die anderen mußten auf den Tod des Diktators Franco warten, um endlich freizukommen.

Ziel der Häftlinge war damals das französische Dorf Aldudes. Die Gegend um Aldudes ist eine Art Niemandsland, durch das seit der Gründung der Nationalstaaten die spanisch-französische Grenze verläuft. Der ganz normale Warenaustausch, von dem die Leute um Aldudes herum lebten, wurde seit dieser Zeit zum Schmuggel. Über seine Erlebnisse als Schmuggler hat André Ospital, ein angesehener Bürger aus Aldudes, ein schönes Buch geschrieben; und der Professor Jean Haritschelhar, Mitglied der baskischen Akademie und Enkel eines baskischen Zöllners, ein Vorwort dazu.

Im Zweiten Weltkrieg wurden die baskischen Schmuggler zu französischen Nationalhelden: Statt der Kühe und Schafe brachten sie damals französische Widerstandskämpfer und englische Spione über geheime Pfade der Pyrenäen ins neutrale Spanien. Statt der Zöllner hatten sie jetzt deutsche und österreichische Soldaten zu überlisten, was ihnen mit vielen Flaschen Cognac und Wein auch meistens gelang.

Auf dem Weg von Saint-Jean-Pied-de-Port, Hauptstadt der französisch-baskischen Provinz Basse-Navarre, nach dem Schmugglernest Aldudes liegt Saint-Étienne-de-Baïgorry, einer der schönsten Orte im Baskenland und dazu noch mit einem der besten Restaurants Südfrankreichs versehen.

Erpreßte Geschäftsleute schlagen mit bezahlten Killern zurück

In dem von vielen Touristen besuchten Baïgorry, und nicht nur da, hängen Anschläge an den Fenstern der Hotels und Restaurants mit der Aufforderung, »die Mörder von ETA und (der französisch-baskischen Separatisten-Organisation) Iparretarrak aus dem friedlichen Baskenland zu jagen«. Der Fremdenverkehr ist, seitdem auch auf der französischen Seite Attentate verübt werden, spürbar zurückgegangen. ETA und Iparretarrak versuchen, von baskischen Geschäftsleuten eine »Revolutionssteuer« zu erpressen. Die Geschäftswelt schlägt mit bezahlten Killern zurück, sie sollen die Terroristen umbringen. Manchmal täuschen sich die Berufsverbrecher und ermorden statt Terroristen eher harmlose Emigranten. Manch französischer und spanischer Polizist dürfte den bezahlten Pistoleros mit Informationen behilflich sein.

Das französische Baskenland (Euzkadi-Nord) ist eigentlich nur ein kleines Anhängsel des in Spanien gelegenen viel größeren Euzkadi-Süd; Euzkadi-Nord umfaßt, wenn man, was umstritten ist, das ganze spanische Navarra zum Baskenland rechnet, nur ein Siebtel der Fläche und weniger als ein Zehntel der Bevölkerung von Gesamt-Euzkadi. So waren dann die französischen Basken in vielem Nachzügler ihrer spanischen Vettern, auch in der Entwicklung eines kämpferischen Nationalismus. Abertzales, baskische Patrioten, nennen sich die baskischen Nationalisten. Aber bei der schweigenden Mehrheit nördlich der Pyrenäen erregt diese lautstarke Minderheit der Abertzales vorwiegend Angst und Schrecken. Auf der anderen Seite der Berge stellt eine Abertzale-Partei die regionale Regierung.

Im spanischen Bürgerkrieg und während der Franco-Diktatur, die die kulturellen baskischen Eigenarten ausmerzen wollte, unterstützten die Basken auf der französischen Seite die in Spanien verfolgten Abertzales; heute können sie neidisch sein auf die großzügigen Autonomierechte, die das demokratische Spanien den spanischen Basken gewährt.

Die Autonomieforderungen der französischen Basken waren bisher überaus bescheiden. Die nationalistischen Parteien und Gruppen haben bisher bei Wahlen nie mehr als fünf Prozent der Stimmen erhalten. Ein eigenes Département für die französisch-baskischen Provinzen Labourd, Basse-Navarre und Soule möchten die meisten Basken allerdings haben.

(Fortsetzung auf Seite 78 und Seite 82)

Bleiben Sie auch im Urlaub auf Ihrer Linie.

Nicht umsonst nennt man den Urlaub die schönste Zeit des Jahres. Da soll einfach alles stimmen. Gönnen Sie sich deshalb auch im Urlaub die Annehmlichkeiten eines Linienfluges. Das heißt bei Lufthansa modernste, komfortable Flugzeuge und perfekter Service in der Touristen-Klasse: mit breitem Getränkeangebot, Mahlzeiten, Unterhaltungsprogramm, zollfreiem Einkauf an Bord und allem, was einen Flug mit Lufthansa sonst noch so angenehm macht.

Hier einige Beispiele aus unserem IT-Reisen-Angebot ab Frankfurt:

Wochenendreise nach New York, 3 Übernachtungen im Wellington Hotel, Stadtrundfahrt ab DM 1625

San Francisco, 7 Übernachtungen im Hotel California, Zimmer mit Bad, Stadtrundfahrt ab DM 2595

Los Angeles, 7 Übernachtungen im Hilton Hotel, Swimmingpool, 4 Restaurants, Zimmer mit Bad ab DM 2750

Interessante Entdeckungsreisen:

Ab Las Vegas: 15tägige Reise im Minibus durch die Nationalparks der Rocky Mountains, Yellowstone Nationalpark, Monument Valley und Grand Canyon, Übernachtung im Doppelzimmer, pro Person ab DM 4485

Ab Vancouver: 8tägige Kreuzfahrt durch die berühmte Inside Passage vor den Küsten Kanadas und Alaskas, Doppelkabine mit Bad, pro Person ab DM 2430

Ab Moab: Wildnis-Abenteuer in den Canyonlands, 7tägige Floß- und Geländewagentour durch die Urlandschaften entlang des Colorados ab DM 2350

Wenn Sie noch weitere Informationen über die IT-Reisen mit Lufthansa erhalten möchten, dann schreiben Sie bitte unter dem Kennwort „USA" an:
Deutsche Lufthansa AG, Abteilung Touristik, Lyoner Straße 20, 6000 Frankfurt 71. Der Katalog kommt sofort.

DAS BASKENLAND

Kaum eine Landschaft in Europa hat so viele Schafe, Kühe, Pferde, Gänse und Hühner und so wenige Autos wie das französische Baskenland. Die schönen kleinen Städtchen

Théodore Vogel

wie Hasparren, Ustaritz, Sare, Ascain oder das Dorf Espelette (links oben) sehen mit ihren rot-weißen Häusern wie die putzigen Modelle in dem baskischen Museum aus.

Überall in dieser bukolischen Landschaft riecht es nach aromatischen Kräutern, vor allem nahe der Küste. Kaum zu glauben, daß in dieser fast hörbaren Stille auch Bomben explodieren

Eins der schönsten Mittel zum Zweck. Audi 100 Avant.

Mit dem Audi 100 Avant entwickelte Audi ein neues Automobilkonzept: ein praktisches Auto, das nicht so aussieht. Die Vielseitigkeit, die dem Audi 100 Avant mit auf den Weg gegeben wurde, zeigt sich schon daran, daß ihn die einen als komfortable Limousine ansehen und andere als sportliches Coupé. In jedem Fall aber als ein Auto mit ungewöhnlichen Perspektiven.

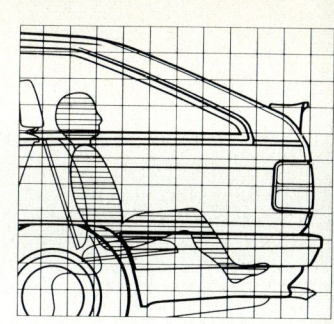

Extrem ökonomisch und lei-
stungsstark. Und mit vielen Varia-
tionsmöglichkeiten. So kann zum
Beispiel die hintere Rücksitz-
lehne zu 1/3, zu 2/3 oder ganz
umgeklappt werden. Und dann
können Sie bis zu 1.837 Liter
Gepäck (nach VDA) hinter sich
lassen. Aber das Schönste am
Audi 100 Avant ist die elegante Form. Erfahren Sie es selbst.
Bei Ihrem V.A.G Partner.

Vorsprung durch Technik.

Extras gegen Mehrpreis:
Leder-Innenausstattung, Dachreling,
Scheinwerfer-Reinigungsanlage.

Ihre Provinzen sind mit Béarn im Département Pyrenées-Atlantiques zusammengeschlossen. Die Département-Hauptstadt Pau liegt außerhalb des Baskenlandes. So gemäßigt die Forderungen der französischen Basken auch sind, Politiker wie der französische Botschafter in Madrid oder der Bürgermeister von Saint-Jean-de-Luz sagen nicht die Wahrheit, wenn sie selbstgerecht verkünden: »Wir haben unser baskisches Problem längst geregelt. Wenn die Spanier mit ihrer Autonomiepolitik ernst machen, dann wird auch die Unruhe bei uns aufhören.« Der zentralistische französische Staat kann in seinem Baskenland noch einige Überraschungen erleben. Die Bindungen zwischen den beiden Teilen Euzkadis und die Erfolge der baskischen Nationalisten in Spanien wirken aufmunternd auf die »Landsleute« im Nachbarstaat.

Wenn Sprache und Kultur unterdrückt werden, radikalisieren sich die Minderheiten

Die Bewohner des französischen Baskenlandes kämpfen, soweit sie sich bewußt als Basken fühlen, vor allem um den Erhalt ihrer Sprache. Paris tut sehr wenig, um der baskischen Sprache das Überleben zu erleichtern. Die französische Regierung mag denken, daß, wer baskisch spricht, leichter empfänglich sei für separatistische Thesen. Das spanische Beispiel scheint eher auf das Gegenteil hinzudeuten. Wenn Sprache und Kultur unterdrückt werden, radikalisieren sich Minderheiten.

Als nach Francos Tod die Unterdrückung der spanischen Basken aufhörte, legten die meisten ETA-Aktivisten die Waffen nieder; doch eben nicht alle. Jüngere Terroristen, viele von ihnen reine Abenteurer, fordern heute einen unabhängigen Staat der Basken.

Im spanischen Baskenland wird in allen Schulen wieder fleißig Baskisch gelernt, und sogar die Kinder von Zugereisten wagen sich an das schwierige »Euskara«, das sich als älteste Sprache Europas wie ein Urgestein gegen alle späteren Einflüsse erhalten hat. Auf der französischen Seite besuchen etwa 800 Kinder die Iskastolas, private Schulen, in denen Baskisch gelehrt und gelernt wird. Die Lehrer ziehen übers Land, von Schule zu Schule, und die Freunde der baskischen Sprache lassen sich den Unterricht einiges kosten. An dem einen oder anderen Gymnasium wird Baskisch als Fremdsprache gelehrt, und an den Universitäten von Bordeaux und Pau können Hochschuldiplome für baskische Sprache und Literatur erworben werden. Ein Institut für baskische Studien im Universitätsrang ist in Bayonne gegründet worden, wo es schon ein überaus reichhaltiges baskisches Volkskundemuseum gibt (Musée basque et de la tradition populaire). Eine wichtige Aufgabe hat die 1918 gegründete Baskische Sprachakademie, die Euskaltzaindia heißt, für die Vereinheitlichung der verschiedenen Dialekte übernommen. Für Linguisten aus aller Welt ist die Beschäftigung mit dieser alten, kaum abgeschliffenen Sprache, deren Herkunft immer noch nicht geklärt ist, eine reizvolle Herausforderung.

Im französischen Baskenland vermissen die Freunde des Euskara auch immer noch Sendungen in ihrer Sprache im staatlichen Rundfunk und Fernsehen. Zehn Minuten am Tag räumt der Staatsrundfunk der baskischen Sprache im Regionalprogramm Südwest ein. Es gibt einige zweisprachige kleine private Rundfunksender wie Radio Soule. Lediglich in Grenznähe kann man die rein baskische Eusko-Telebista aus Spanien empfangen. Baskische Rundfunksendungen aus Spanien kann man bis über den Fluß Adour, also über die Sprachgrenze hinaus, hören. Eine Handvoll kleiner Wochenblätter ist teilweise in Baskisch geschrieben, eines davon, »Herria«, fast ausschließlich. Einige dieser Wochenzeitungen sind Sprachrohre radikal-nationalistischer Gruppen. Baskische Literatur hat eine lange Tradition, wenn sie auch in manchen Jahrhunderten vorwiegend aus religiösen Traktaten, in anderen aus politischen Liedern und Kampfschriften besteht. In unserer Zeit haben zwei Basken aus Spanien, Gabriel Aresti und Xabier Lete, interessante, auch in andere Sprachen übersetzte Gedichte geschrieben. Die beiden ehemaligen ETA-Führer Txillárdegui und Onaindía schreiben auch in Technik und Form moderne Romane. Baskische Literatur kann und sollte man auch hören, ihr Entstehen miterleben. Dafür gibt es durchaus Gelegenheit: sonntags oder bei Volksfesten in Saint-Jean-de-Luz, Hendaye, Saint-Jean-Pied-de-Port oder mit einem kleinen Sprung über den Grenzfluß Bidassoa in die majestätische Burg von Fuenterrabía. Zu einem richtigen baskischen Fest gehören auch die *versolari* (oder: *bertsolari)*. Die Versolari improvisieren Texte, die sich reimen müssen, zu einer vorgegebenen Musik. Bei öffentlichen Wettbewerben werden den »Versemachern« auch die Themen, die in den gereimten Liedtexten mit Witz behandelt werden sollen, angegeben. Meistens geht es dabei um traditionelle und populäre Gegensatzpaare wie Wein und Wasser, Meer und Gebirge, Ehemann und Junggeselle oder auch um Modeerscheinungen wie langes Kleid und Minirock. Doch liefert auch die politische Aktualität viel Stoff zu geistreichen und ironischen Versen.

Das öffentliche Versemachen hat sportliche Züge, ist ja schließlich auch Wettbewerb. Die Versolaris stehen bei den Festen oft neben den Aizkolaris, den starken Männern, die mit der Axt dicke Holzstämme um die Wette durchschlagen, und den Steinhebern, die bis zu fünfhundert Pfund schwere Steine hochheben, die leichteren sogar hundert Mal oder noch mehr innerhalb einer halben Stunde. Einen der größten Steine schwang sich vor einiger Zeit in rasender Geschwindigkeit ein baskischer Bauernbursche namens Urtaín auf die Schulter. Wer so stark ist, müßte eigentlich mit Boxen viel Geld verdienen, meinten einige Leute, die was vom Geschäft verstanden. Urtaín lernte nie so richtig boxen, schlug aber mit seinen großen baskischen Fäusten fünfzig gelernte Boxer aus dem Ring und wurde Europameister im Schwergewicht. Als es ihm keinen Spaß mehr machte, nahm er das im Boxring verdiente Geld und lud damit seine Freunde aus den baskischen Bergen zu vielen großen Eß- und Trinkgelagen ein. Gefräßigkeit und Trinklust sind sehr baskische Eigenschaften; doch die Basken essen nicht nur viel, sondern auch außergewöhnlich gut. Und bei allen Sportarten wird im Publikum gewettet; nur dank dieser Wettleidenschaft haben manche Volkssportarten überhaupt überlebt. Von den Wetten leben auch die meisten Pelotaspieler. Das Pelotaspiel verlangt Kraft, Schnelligkeit und ein überaus gutes Auge. Pelota kann mit der bloßen Hand, die anschließend meistens geschwollen oder blutunterlaufen ist, mit Lederhandschuhen, einem Schlagholz *(pala)* oder mit dem länglichen Schlagkorb *(chistera* in Frankreich, *cesta* in Spanien genannt) gespielt werden – an der freien Luft oder in überdachten Hallen. Die hohe, anscheinend so nutzlos in baskischen Dörfern herumstehende Mauer – das ist der *frontón,* an den der kleine Gummiball, die *pelota,* geschlagen wird, von der er wieder zurückprallt und von der Hand oder dem Schlagstock des *pelotari,* des Pelotaspielers, aufgefangen wird. Nach berühmten Pelotaspielern wie etwa Chiquito de Cambo werden Straßen benannt, nicht nur in ihren Heimatorten.

Die Basken sind sich ihrer Tradition jedenfalls bewußt: Als sich ein französischer Graf vor einem Basken einmal seiner Ahnen und all der vielen berühmten Männer, von denen er abstammte, rühmte, antwortete der Baske trocken: »Wir Basken, Herr Graf, wir stammen überhaupt nicht ab.« □

·Heute wie in alter Zeit - ein Zeichen guter Gaſtlichkeit·

»Zum Lamm«

Seit alters her laden solche gaſtlichen Zeichen zur Einkehr,
zu Speiſ und Trank, zu Raſt und Ruh.
Symbole für alle, die gut bewirtet werden wollen.
Und dabei iſt auch der Asbach Uralt
- heute wie in alter Zeit -
ein Zeichen guter Gaſtlichkeit.

Im Asbach·Uralt·iſt der Geiſt des Weines!

Ernte wie vor 800 Jahren.

Auch auf den großen Kakao-Plantagen an der Elfenbeinküste ist die Ernte der Kakaofrucht immer noch reine und mühevolle Handarbeit – wie zu Zeiten der Azteken, die den Kakao als erste anbauten.

Die kürbisartige Frucht wächst direkt am Stamm und den Hauptästen des Kakaobaumes – bis die goldgelbe oder rostrote Färbung anzeigt, daß sie reif für die Ernte ist. Im unteren Bereich des Baumes werden die Früchte durch kurze und gezielte Hiebe mit der Machete abgeschlagen. Und was mit dem Arm nicht erreichbar ist, schneiden die Arbeiter mit gekrümmten Messern ab, die an langen Bambusstangen befestigt sind.

Auch das Öffnen der dicken wattigen Schale geschieht mit einfachstem Werkzeug – einer kurzen Holzkeule. Und zum Vorschein kommen 25 bis 30 rosafarbene Samen, eingehüllt in weißes Fruchtmus.

Erst später bei der Fermentation bekommt der Samenkern, den wir Kakaobohne nennen, die typische dunkelbraune Farbe. Und das berühmte würzige Aroma edlen Kakaos, das bei diesem Gärungsprozeß entsteht, kommt erst bei uns während der sorgsamen Röstung voll zur Entfaltung. Bis es dann – am Ende eines langen und komplizierten Bearbeitungswegs – den knackigen Schokoladenquadraten ihren edel-würzigen Geschmack verleiht.

Ritter
SPORT

Quadratisch.
Praktisch.
Gut.

DEWE RI 0237

Marianne Schmidt

ELEONORE VON AQUITANIEN

**Sie wechselte die Männer nach Lust
und Laune, heiratete zwei Könige und brachte ganz Europa
durcheinander. Die schöne Eleonore war
die bedeutendste und aufregendste Frau des Mittelalters.**

Wahrscheinlich haben die nachfolgenden Generationen Eleonore von Aquitanien auch deshalb vergessen müssen, weil ihre Köpfe das unglaubliche Leben dieser Frau nicht fassen konnten. Da reiht sich Superlativ an Superlativ. Und wenn man sich nach dem Genuß einiger ihrer Abenteuer erschöpft zurücklehnen möchte, schwingt sich dieses Weib des Mittelalters schon wieder in Männerkleidern auf irgendeinen feurigen Schimmel und galoppiert in die nächste Sensation hinein.

Außer sagenhafter Schönheit, überdurchschnittlicher Intelligenz, Bildung und Reichtum besaß diese Person noch etwas, das es erwiesenermaßen eigentlich gar nicht gibt: ewige Jugend. Ihr Körper wurde nicht müde. Nicht durch zwei Ehen und ungezählte Liebesaffären. Nicht durch die Geburt von zehn Kindern. Nicht durch 17 Jahre Haft. Sie wird 65, und die Dichter besingen immer noch ihren schlanken Liebreiz. Sie wird 70 und reitet nach wie vor temperamentvoller und ausdauernder als die meisten ihres Gefolges. Sie wird 80 und dirigiert weiter den unübersehbaren Club aufrührerischer Fürsten und Vasallen zwischen den Pyrenäen und dem Norden Schottlands. Sie wird 82 und bewältigt noch immer strapaziöse Reisen und Regierungsprogramme. Und das alles in einem Jahrhundert, in dem die Mehrzahl der Menschen kaum älter als vierzig Jahre wurde.

Eleonore von Aquitanien betrat die Szene Europas im Jahre 1137 mit einem Paukenschlag. Durch den jähen Tod ihres 38 Jahre alten Vaters, Wilhelms von Aquitanien, war sie als blonder, blauäugiger Teenager von 15 Jahren zur reichsten Erbin der westlichen Christenheit geworden. Ihr gehörte jetzt der damals beste Teil Frankreichs, und sie herrschte von der Loire bis zu den Pyrenäen, vom Limousin bis zum Atlantik. In diesem Gebiet blühte alles: Landwirtschaft, Städte, Handel und Kultur. Zudem hatte Eleonore noch die besten und gefährlichsten Eigenschaften ihrer hochgebildeten und hochaktiven Vorfahren, der Herzöge von Aquitanien, geerbt: Selbstbewußtsein, Respektlosigkeit, Mut, Ehrgeiz, einen alle und alles bezwingenden Charme, Lebenslust, einen ausgeprägten Sinn für Luxus, ein waches Gehirn und eine nie erlahmende Freude an den schönen Künsten.

Während die wohlgeborenen Mädchen des Mittelalters ganze Kontinente durchqueren mußten, um von ihren künftigen Ehemännern empfangen zu werden, thronte die süße Eleonore von Aquitanien in Bordeaux in ihrem Palais de l'Ombrière und erwartete in einer scharlachroten Seidenrobe hochgemut Ludwig, den Sohn des Königs von Frankreich. Um Eleonore freien zu können, hatte sich der Prinz nicht nur herabgelassen, diese Reise von Paris her zu machen, sondern auch noch ein Gefolge zusammengetrommelt, wie man es in Frankreich seit hundert Jahren nicht mehr gesehen hatte: fünfhundert edle Ritter samt Personal und Anhang, ein Zug von Pferden, Wagen und Lasttieren bis hin zum Horizont. Unter den mitgeführten Hochzeitsgeschenken waren hühnereigroße Edelsteine, Gewänder in Samt und Brokat und Kerzenständer, von denen der geringste aus 160 Unzen Gold bestand.

Dieser Aufmarsch verdeutlicht, daß dem französischen König im 12. Jahrhundert nicht viel mehr als sein Titel geblieben war. Seine Vasallen – die Fürsten der einzelnen Provinzen und Grafschaften, die sich ihm theoretisch durch den Lehnseid ergeben hatten – trieben in der Praxis nur ihre egozentrischen Machtspielchen. Die Hochzeit mit einer so potenten Erbin wie Eleonore war daher eine Überlebensfrage für die ausgezehrte französische Monarchie. In jedem Fall Grund genug, die letzten finanziellen Reserven auszuschöpfen und diesem Mädchen in Form von phantastischen Mitbringseln demütig zu Füßen zu legen.

Die fröhliche, siegesbewußte Eleonore überstrahlte mit ihren 15 Jahren den schüchternen, introvertierten, nur an frommen Meditationen interessierten Prinzen Ludwig, der gerade 16 Jahre alt war. Wäre diese Ehe – wie damals üblich – ein reiner Akt der Politik geblieben, hätte sie vielleicht funktionieren können. Aber der blasse Knabe verliebte sich unsterblich in das schillernde Mädchen. So gab er ihrem Spieltrieb und ihren Launen jede Möglichkeit, sich auszutoben.

Bordeaux war noch erfüllt vom Lärm der Hochzeitsgelage, als reitende Boten Anfang August 1137 die Nachricht vom Tode des französischen Königs überbrachten. Eiligst brachen Ludwig und Eleonore auf, um sich in Paris krönen zu lassen. Das Paris des 12. Jahrhunderts muß auf die verwöhnte Eleonore einen vernichtenden Eindruck gemacht haben. Der König hauste in einem düster-verräucherten Schloßturm am westlichen Ende der Île de la Cité. Die Stadt ringsum war vergammelt, halb verfallen, ausgeblutet von den ewigen Bruder- und Bürgerkriegen der letzten zweihundert Jahre. Während in Eleonores Heimat schon längst bedeutende Zentren der Wissenschaften, der Künste, der feinen Lebensart entstanden waren, vegetierten die Pariser noch ohne jegliches *savoir vivre*. Eleonore fing sofort an, das zu ändern. Sie rief die Seiden-, Teppich-, Parfum- und Delikatessenhändler. Sie führte sanft duftende Öllampen statt rußender Kerzen ein. Sie holte die Musikanten, die Dichter, die Troubadoure. Sie zeigte schon mit 15 einen Wesenszug, der sie bis zu ihrem Ende prägen sollte: Eine deprimierende Situation machte sie keineswegs deprimiert. *(Fortsetzung auf Seite 90)*

Timotei Shampoo. So mild, daß Sie Ihr Haar waschen können, so oft Sie wollen.

JW 1 Fin 4-039

Timotei Shampoo ist besonders mild. So mild wie die Natur. Es enthält Extrakte natürlicher Wiesenkräuter wie Salbei, Rosmarin, Kamille und Melisse. Der pH-Wert entspricht dem der gesunden Haut. So wird deren biologisches Gleichgewicht nicht gestört.

Ihr Haar wird geschmeidig, glänzend und bekommt den Duft blühender Sommerwiesen.

Timotei
shampoo
natürlich mild
für häufiges Haarewaschen

mit
ausgesuchten Wiesenkräutern

Timotei
wäscht Ihr Haar
mild wie die Natur.

Senator C mit 3.0i-6-Zylinder-Triebwerk, 132 kW (180 PS). Höchstgeschwindigkeit 210 km/h. Zweischicht-Metallic-Lackierung ist Sonderausstattung.

Wer Understatement als die Kunst versteht, zurück-

haltend aufzutreten, ohne an Kompetenz einzubüßen,

der findet in Deutschland ein Fahrzeug der technischen

Spitzenklasse, mit dem sich diese Kunst betreiben läßt.

Der Senator.

OPEL
ZUVERLÄSSIG IN DIE ZUKUNFT

Im Gegenteil. Sie antwortete darauf mit Orgien von Tatkraft. Daß sie bald den Ruf hatte, eine maßlose Verschwenderin zu sein, wäre nicht weiter schlimm gewesen. Schließlich finanzierte sie ja das Königshaus aus ihrem Erbe. Aber außer überbordendem Leichtsinn und Vergnügungslust zeigte der kesse Teenager bereits politische Ambitionen und sorgte dafür, daß Ludwig VII. seine Ratgeber in die Wüste schickte, um ihre Wünsche zu erfüllen. So überzog er aufsässige Gebiete mit sinnlos-blutigem Gemetzel, rächte brutal vermeintliche oder tatsächliche Beleidigungen gegen Eleonore, ohne allerdings eine vernünftige Politik, einen haltbaren Machtzuwachs für seine Monarchie zu schaffen.

Eleonore beherrschte jede Intrige, jede Lustbarkeit, konnte jeden mörderischen Händel anzetteln. Nur eines gelang ihr nicht: Nach einer Fehlgeburt zu Beginn ihrer Ehe war sie auch im siebten Jahr dieser Verbindung noch nicht wieder schwanger geworden. Sie nörgelte hilflos: »Ich habe einen Mönch und keinen Mann geheiratet.« Der Hof tuschelte, daß sich die Königin »in kränkendster Weise langweile« und sich auf »Liebesabenteuer sogar mit dem Personal« einlasse. Dem Königspaar drohte der Bannstrahl des Papstes.

Da meldete sich die höchste geistige Autorität jener Zeit – ein Mann, den die gesamte Christenheit als Heiligen verehrte, bei dem sich Päpste und Könige Rat holten: Bernhard von Clairvaux, der mystische Denker, der Asket und fromme Eiferer. In einer donnernden Botschaft verlangte er von Ludwig, nicht länger »Mord auf Mord und Sünde auf Sünde« zu häufen. In einer strengen Unterredung sagte er Eleonore, daß ihre Kinderlosigkeit der Fluch sei, mit dem Gott sie strafe, weil Frankreich keinen Frieden habe.

Um Buße zu tun und Gott gefällig zu sein, folgten nun auch Eleonore und Ludwig dem Ruf der Kirche und bereiteten den zweiten Kreuzzug vor. Eleonore reiste Tag und Nacht durch ihre Provinzen, sammelte Geld und Gold und Gefolgsleute. Der Himmel, so hieß es, belohnte sie mit einer Schwangerschaft. Und kaum hatte sie ihr erstes Kind, die Tochter Marie, geboren, da saß sie am 12. Mai 1147 in einem weißen Anzug aus feinem Leder und in goldenen Reitstiefeln schon wieder zu Pferde und führte mit ihrem Gemahl den zweiten Kreuzzug an.

Ein Kreuzzug ohne Seidenteppiche, Waschbecken, Schmuck und Kleider war für Eleonore unvorstellbar

Fromme Besessenheit war nur eines von vielen Motiven, warum sich die Edelsten des Abendlandes dem lebensgefährlichen Marsch ins Morgenland aussetzten. Abenteurertum und der profane Ehrgeiz, Kleinasien zu erobern und die Muselmanen niederzumachen, waren dabei mindestens ebenso wichtig wie handfeste wirtschaftliche Interessen. Der raffinierte Luxus des Orients, seine hohe Kultur und Wissenschaft ließen Franzosen, Deutsche und Italiener von damals wie Barbaren erscheinen. Sie wollten sich mit Gewalt aneignen, was sie selbst noch nicht produzieren konnten.

Eleonore nahm Dutzende von Kammerfrauen und eine lange Kette von Wagen mit, weshalb ihr die Chronisten ankreiden, ihre Sucht nach Vergnügen und Wohlleben habe den Kreuzzug so gefährlich schwerfällig gemacht. Aber sie brauchte nun einmal erlesene Teppiche für die Rast, verschiedene Zelte für jedes Wetter, Pelze zum Wärmen und leichte Schleier gegen den heißen Sommerwind. Sie war eine exquisit lebende Schönheit von 25 Jahren, die sich einfach nicht vorstellen konnte, ohne Waschbecken, Karaffen, Schmuck, Kleider und das ganze aufwendige Drum und Dran ihrer Toilette und ihrer Küche zu reisen. Sich in den Klöstern am Wegesrand die Büßerasche aufs Haupt zu

streuen, war für sie genauso selbstverständlich wie wilde Ritte oder das Amüsement mit den Troubadouren.

So dauerte es fünf Monate, bis die französischen Kreuzfahrer Konstantinopel erreichten. Der Kaiser von Byzanz, Manuel I., bereitete ihnen einen Empfang wie im Märchen. Marmorsäle waren mit goldenen Blumen geschmückt. Die Füße versanken in schwellenden Teppichen. Wohlgerüche stiegen aus edelsteinbesetzten Räucherpfannen auf. Ein Heer von Dienern brachte unbekannte Köstlichkeiten: Artischocken, gefüllte Lammrücken, überbackene Froschschenkel, Kaviar kiloweise, Saucen in goldgetriebenen Schüsseln, pikante Gewürze wie Koriander und Kaneel und herrliche griechische Weine, die aus hauchdünnen, farbigen Kristallpokalen getrunken wurden.

In wessen Armen Eleonore die Nächte zuweilen verbrachte, ist historisch nicht bewiesen

Als Eleonore und Ludwig am 18. März 1148 endlich in Antiochia das Heilige Land betraten, war ihr Kreuzzugsunternehmen eigentlich schon ruhmlos gescheitert. Die ihnen verbündete Armee des deutschen Königs Konrad III. war von den Muselmanen in die Flucht geschlagen worden. Die eigenen Truppen wurden von türkischen Schwadronen aufgerieben. Zwar hatte Ludwig in den Schlachten unterwegs überraschenden Heldenmut bewiesen. Aber er hatte schon keine Chance mehr – weder im Heiligen Land noch bei Eleonore.

Ihr muß in Konstantinopel endgültig klargeworden sein, daß sie unter ihrem Niveau geheiratet hatte. Sie übertraf Ludwig an Geist und Klugheit, an Ehrgeiz und Energie – und an Reichtum sowieso. Sie war geboren, um mit einem großen Herrscher groß zu herrschen. Mit der Bedingungslosigkeit und dem Mangel an Mitleid, die auch ein Wesenszug des Mittelalters sind, wandte sich Eleonore in Antiochia von ihrem Mann ab und ihrem über zwanzig Jahre älteren Onkel Raimund, der das antiochische Fürstentum regierte, zu. Daß Eleonore nun ihre Nächte in den Armen Raimunds verbrachte, ist möglich, aber historisch nicht bewiesen. Daß sie mit diesem fähigen Feldherrn eine Taktik entwickelte, die das Glück der französischen Kreuzfahrer hätte sein können, ist Tatsache. Gekränkt und vermeintlich entehrt, war Ludwig jedoch nicht in der Lage, dem klugen Plan der beiden zu folgen. Er ließ Eleonore gegen ihren Willen nach Jerusalem bringen, ließ sich dort auf sinnlose Kämpfe ein und konnte sein eigenes Leben schließlich nur durch hastige Flucht auf einem Schiff nach Italien retten.

Und Eleonore? Sie erreichte mit Mühe einen sizilianischen Segler, der dann an der peloponnesischen Küste von griechischen Piraten gekapert wurde. Sie legten die Königin in Ketten und schleppten ihre Beute gen Byzanz. Da schlugen die Normannen aus Sizilien zu, befreiten Eleonore und brachten sie nach Palermo. Es ist das einzige Mal, daß über Eleonore berichtet wird, ihre sonst schier unverwüstliche Widerstandskraft sei erlahmt. Gehorsam beugte sie sich dem Willen von Papst Eugen III., der ihre Ehe retten wollte, folgte Ludwig 1149 nach Paris, lebte dort plötzlich in seinem Schatten und gebar ihm 1151 ein zweites Kind, die Tochter Alix. Aber: Gezähmt war die schöne Eleonore nicht.

Denn um diese Zeit erschien ein junger, strahlender Held am französischen Hof, um seinen Lehnseid für die Grafschaft Anjou und das riesige Herzogtum Normandie abzulegen: Heinrich Plantagenet, 18 Jahre alt, breitschultrig, athletisch, blauäugig, rothaarig. Er konnte seine rauhe, sinnliche Stimme in sieben verschiedenen Sprachen erheben. Er war auf dem Turnierplatz so siegreich wie im Kolleg bei wissen-

Man feiert sich beim MM.

MM, der Sekt
mit dem
gewissen Extra.

schaftlichen Disputen. Er gefiel Eleonore auf Anhieb. Als Herzog der Normandie hatte Heinrich Plantagenet auch Anspruch auf die Krone Englands. Seit sein Urgroßvater Wilhelm der Eroberer 1066 bei Hastings siegte, war England praktisch eine Kolonie der Normandie. Die Vorstellung, ihr Erbe mit dem von Heinrich zu vereinen, versetzte Eleonore in Euphorie. Das wäre ein Reich von den Pyrenäen bis hinauf in den Norden Englands. Zielstrebig verführte sie den über zehn Jahre jüngeren Heinrich Plantagenet und betrieb zugleich ihre Scheidung von Ludwig. Sie konnte beweisen, daß sie mit Ludwig im neunten Grad verwandt war. Dadurch war ihre Ehe nach kanonischem Recht nichtig.

Im Frühjahr 1152 ließ Ludwig die dreißig Jahre alte Eleonore ziehen – natürlich nur, um sie auf dem Weg nach Aquitanien mehrfach überfallen zu lassen. Aber sie ritt – wie so oft in ihrem Leben – unerkannt in Pagenkleidung. Im Mai 1152 wurde sie die Gemahlin von Heinrich Plantagenet, der zwei Jahre später zum König Heinrich II. von England gekrönt wurde.

Das Paar Eleonore und Heinrich muß man sich als Kraftwerk vorstellen. Sie ritten – mal gemeinsam, oft jeder für sich – unentwegt zwischen dem Südwesten Frankreichs und dem Norden Englands hin und her. Durch ihre permanenten Auftritte in den Provinzen gelang es ihnen, ihr Reich zu befrieden, aufflammende Revolten zu ersticken, Macht auf- und auszubauen. Zugleich brachten sie juristische und verwaltungstechnische Reformen in Gang und waren die Initiatoren einer höfischen Kultur, die bald ganz Westeuropa imitierte.

Wo Eleonore hofhielt, grabschten die Herren den Damen nicht mehr an den Hintern

Wo die grazile Eleonore zwischen Pau und York hofhielt, da fraß und soff man nicht länger. Man speiste und trank. Die Herren grabschten den Damen nicht mehr an den Hintern, sondern übten sich mit ihnen in Dialogen. Statt auf Turnierplätzen zu raufen, lauschte man nun ergriffen den Musikanten und Dichtern. So wurde Eleonore die Schirmherrin der ersten Blütezeit der französischen Literatur. Zugleich war sie die Erfinderin der Liebeshöfe, bei deren Beurteilung sich die Historiker immer noch nicht einig sind, ob da rein theoretisch über die Liebe diskutiert wurde oder ob da auch körperliche Sinnlichkeit stattfand.

Bei allem, was von Eleonores Charakter überliefert ist, kann man die zweite Möglichkeit nicht ausschließen. Und wenn damals auch die Regel formuliert wurde, daß leidenschaftliche Zärtlichkeit zwischen Mann und Frau nur in außerehelichen Beziehungen wünschenswert sei, so war sie offensichtlich eine der ersten, die dagegen verstieß. Denn ihre Ehe war nicht nur politisch temperamentvoll, wildbewegt und erfolgreich: Zwischen 1153 und 1167 gebar Eleonore fünf Söhne und drei Töchter. Das war wesentlich mehr als ihre Pflicht, den Fortbestand der Dynastie zu sichern.

Aber Heinrich Plantagenet wurde nach seiner Krönung rasch auch dafür berühmt, daß er keine Schönheit seines Riesenreiches unbeachtet ließ. Es gibt jedoch keinen Hinweis darauf, daß ihm Eleonore sein erotisches Draufgängertum verübelte. Unversöhnlich zornig wurde sie erst, als er sich während ihrer letzten Schwangerschaft die vielbesungene Schönheit Rosamunde Clifford als Dauermätresse holte. Eleonore war jetzt 45 Jahre alt und eine noch immer aufsehenerregend attraktive, jung wirkende Frau.

Drei Jahre lang versuchte sie, die Geliebte bei ihrem Mann auszustechen. Dann zog sie die Konsequenz, verließ Heinrich und richtete sich in Poitiers glänzend ein. Der gesamte europäische Adel schickte seine Erben nun zu Eleonore, damit sie dort den letzten Schliff erhielten – eine ausgezeichnete Gelegenheit für Eleonore, erneut Politik zu machen: Heiratspolitik. Sie stiftete unter den jungen Leuten Ehen, wie es ihr paßte. Und ihr paßte jede Bündnispolitik, die Heinrich schadete. Sie verfolgte nur einen Plan: Heinrich zu vernichten. Sie schreckte nicht einmal davor zurück, Verbindungen zwischen ihren Söhnen und dem Mann zu fördern, den sie gemeinsam mit Heinrich jahrelang bekämpft hatte: Ludwig, ihr erster Mann, bekam so wieder eine Rolle. Und sie nutzte für ihre Rache bedenkenlos die Verachtung aus, die Heinrich durch die Ermordung von Thomas Becket erregt hatte. Ob er wirklich der Auftraggeber des Verbrechens an seinem liebsten Freund und Kanzler, der ihm als Erzbischof von Canterbury so erbitterten Widerstand leistete, gewesen ist, konnte nie restlos geklärt werden. Für die Zeitgenossen jedenfalls war er schuldig – ein günstiger Umstand für Eleonores Rachepläne.

Nach fast zwei Jahrzehnten Gefängnis war sie immer noch blendend schön

Nun war kein Frieden mehr im Reich Heinrich Plantagenets. Vasallen sagten sich los oder muckten auf. Die Söhne Heinrich und Richard Löwenherz sammelten Truppen gegen den Vater. Der mußte zurückschlagen – und das tat er noch ein einziges Mal so gründlich, daß er 1172 bis nach Poitiers kam und Eleonore, die Spinne im Netz aller Verschwörungen, gefangennehmen konnte.

Eleonores Haupt war stolz erhoben, als sie ihr Gefängnis betrat. Und es war kein bißchen gebeugt, als Richard Löwenherz sie bei seiner Thronbesteigung 17 Jahre später endlich befreien konnte. Es ist unfaßbar: Diese Frau verließ ihren Kerker mit 67 Jahren, als käme sie aus dem Urlaub. Gleich rühmten die Chroniken wieder ihre blendende Erscheinung, ihren elastisch-eleganten Körper, ihren wachen Verstand. Gleich hatte sie wieder Macht und übte sie aus. Heinrich II. war im Alter von 56 Jahren dahingesiecht – enttäuscht, verlassen und verbittert.

Richard Löwenherz bekommt die Krone von England – Eleonore regiert. Er lebt viel lieber im sonnigen Süden Frankreichs, also hält sie die englischen Barone in Schach. Er produziert den Stoff für Ritterlegenden, die sich um ihn von Jugend an gebildet hatten. Sie erläßt Gesetze, Urteile und Verfügungen. Er will einen Kreuzzug. Sie bereitet ihn vor. Er wird nach vielen Abenteuern Gefangener des deutschen Kaisers. Sie kauft ihn mit einer Unsumme Goldes frei. Er setzt Tag für Tag sein Leben aufs Spiel und verliert es 1199 ruhmlos: Bei einem Scharmützel im Norden Aquitaniens trifft ihn ein verirrter Pfeil.

Ihr Lieblingssohn ist tot. Sie ist 77 Jahre alt und noch immer ungebrochen. Alle Menschen, die in ihrem Leben eine wirkliche Rolle gespielt haben, sind gestorben: die Ehemänner, die Geliebten, die Dichter, die meisten ihrer Kinder. Von den fünf Söhnen ist nur der ungeliebte, hysterische Johann-ohne-Land geblieben. Und den hebt sie jetzt gegen den Widerstand in allen Provinzen auf den Thron.

Sie weiß, er ist kein König. Noch vier Jahre lang durchquert sie unermüdlich die Lande, um die gröbsten Scharten auszuwetzen, die Johann-ohne-Land dem Reich, das noch vor kurzem stolz das Angevinische genannt wurde, zufügte. Dann macht sie im Frühjahr 1204 einmal Rast, um sich auszuruhen. Sie besucht ihr Lieblingskloster Fontevrault im Tal der Loire. Sie legt sich nieder und schläft. Und wacht nicht mehr auf. Nach einem lauten, bewegten, skandalumwitterten Leben leistet sie sich einen kleinen, stillen, friedlichen Tod. □

Wenn's um den nächsten Urlaub geht ...

Auf Reisen will man etwas erleben. Das gelingt besser, wenn die Reisekasse stimmt, denn man will einerseits zahlungsfähig sein, andererseits will man kein unnötiges Risiko eingehen. Die Lösung für die finanziellen Probleme unterwegs ist der Reiseservice der Sparkasse. Unser Rat: Ohne Bargeld in der Landeswährung geht es nicht. Aber nur soviel wie nötig. Größere Beträge sollten Sie als Reiseschecks mitnehmen. Die sind sicher. Und zusätzlich empfehlen wir eurocheques mit Scheckkarte, die in den meisten europäischen Ländern akzeptiert werden. Sie sehen selbst – bevor Sie abreisen, sollten Sie noch kurz bei uns vorbeikommen.

Sprechen Sie mit unserem Geldberater über den Reiseservice der Sparkasse.

Wenn's um Geld geht – Sparkasse

Der Fortschritt, der den

Die neue Mittlere Mercedes-Klasse 200 D–300 E

Mit diesen Fahrzeugen gibt es neue Leitbilder im internationalen Automobilbau. Konsequente und revolutionierende Weiterentwicklung im Sinne des echten und umfassenden Fortschritts.

Die Steigerung der Fahrfreude, der Attraktivität und das beeindruckende Plus an Gesamtnutzen gehen nicht mehr einher mit einem Zuwachs an Ausmaß oder Gewicht. Das Gegenteil ist der Fall:

Optimale und energiesparende Aerodynamik (c_W-Wert 0,29/0,30) hat die funktional-elegante Linie mitgeformt. Gewichts-Einsparungen (bis zu 135 kg) wurden erreicht durch neue Bauweisen und Materialien, die zugleich noch mehr Sicherheit und Wertbeständigkeit schaffen – noch mehr Entspannung, Fahrvergnügen

und noch großzügigeren Raumkom fort.

Sensationelle Fahrqualität durch Konstruktionen wie die Raumlenker Hinterachse, die durch technische In telligenz zugleich weniger Masse und Raum erfordern. Erheblich gestei gerte Fahrleistungen bei allen Model len gegenüber Verbrauchsreduzie rungen von bis zu 25%.

Die Motorenkonzeption: die völlig neuentwickelten 6-Zylinder im 260 und 300 E. Neuer Maßstab im Motorenbau. 200 und 230 E mit der weiterentwickelten 4-Zylindern.

Abstand deutlich macht.

00 D, 250 D und 300 D mit den über-
egenen, neuen 4-, 5- und 6-Zylinder-
Dieselmotoren.

Umweltfreundliche Technologie ist
ei Mercedes-Benz selbstverständ-
ch.

▶ Fahrzeuge mit katalytischer Abgas-
einigungsanlage – oder dafür vor-
ereitet – sind von Anfang an im Ange-
ot.

Im übrigen ist jeder heute gebaute
Mercedes-PKW in Zukunft mit einer
bgasreinigungsanlage nachrüstbar.

▶ Alle Dieselmodelle sind von Natur
us schadstoffarm. Für sie ist „blei-

frei" oder „verbleit" von vornherein
kein Thema.

Die neue Mittlere Mercedes-Klasse ist
der neue Beweis für höchste technische Kompetenz in allen Bereichen,
die allein diesen unerreichten
Gesamtnutzen schafft. „Kein Zweifel.
Noch nie war Mercedes so fortschritt-
lich wie heute." (auto, motor und sport,
Heft 24/84).

Eine Probefahrt läßt Sie erleben, was
dieser Fortschritt bedeutet.
Unsere Niederlassungen und Vertre-
tungen erwarten Sie.

Mercedes-Benz.
Ihr guter Stern auf allen Straßen.

DEWE 51.202

Dolf Sternberger

HERR VON MONTAIGNE UND SEINE VERSUCHE

**»Verworrenes Geschwätz« und »Phantastereien« nannte
Montaigne bescheiden die philosophisch-moralischen Traktate,
die er 1580 unter dem Titel »Essais« veröffentlichte.**

Michel Montaigne gehört der Weltliteratur an, und es ist ein einziges Werk, mit dem er diesen Rang erworben hat. Es trägt den simplen Titel »Essais«, Versuche, und der Titel war zu seiner Zeit ebenso neu und ungewohnt wie die Gattung, die diesen Namen führt. Meine Ausgabe der »Essais«, die aus dem Anfang des 19. Jahrhunderts stammt, umfaßt fünf Bände zu je vierhundert bis fünfhundert Seiten. Von der Landschaft seiner Herkunft ist in diesem ganzen enormen Werk kaum die Rede, die alte Bezeichnung »Aquitanien« kommt nicht vor, doch gibt es immerhin einige Bemerkungen über die heimatliche Sprache, das Gascon. In der Gegend oberhalb des Schlosses Montaigne, von dem er den Namen und den Herrentitel trug, spreche man, schreibt er, eine schöne Sprache, gerade so nervig, kräftig und treffend, wie das Französische anmutig, fein und üppig sei. Er rühmt diese Sprache oder diesen Dialekt mit Ausdrücken, die durchweg seinem eigenen Stilideal entsprechen. Das überrascht, da die ländliche Sprache gewiß nicht im Schloß, auch nicht in der Stadt Bordeaux gesprochen wurde, und erstaunt um so mehr, als der Autor, wie er berichtet, weder in dieser noch in der französischen Sprache zuerst erzogen wurde, die er nachmals so mächtig gebraucht und literarisch gefestigt hat; vielmehr habe sein Vater ihm einen Lehrer gegeben, der überhaupt kein Französisch, aber sehr gut lateinisch sprach – übrigens war er ein Deutscher –, und im Haus sei in Gegenwart des Knaben nur lateinisch geredet worden. »Ich war schon mehr als sechs Jahre alt und verstand Französisch oder Perigordisch so wenig wie Arabisch.« Dem Latein ist er insofern treu geblieben, als seine »Essais« von Lesefrüchten aus den Werken lateinischer Dichter und Philosophen überfließen, aus Seneca und Plutarch, aus Vergil und Horaz und Catull, aus Plinius und Lukrez. Mit einem gewissen Understatement hat er selbst gesagt, er schöpfe unaufhörlich aus diesen Quellen, teile es dem Papier mit, von ihm selbst stamme so gut wie nichts – »à moi si peu que rien«. Wir befinden uns in der Epoche der Renaissance und haben einen Humanisten reinsten Wassers vor uns. Ein Humanist, das ist ein Liebhaber der antiken Autoren, und die Epoche entdeckt diese Literatur als eine einzige Bejahung und Lobpreisung der Menschenwelt, diese Philosophie als eine einzige Bestätigung menschlichen Betragens. Sie emanzipiert sich von der Vorherrschaft der Gotteswissenschaft, darum heißen ihre charakteristischen Geister Humanisten.

Michel von Montaigne, geboren 1533, war von Adel, aber der Adel war erst eine Generation alt. Der Urgroßvater hatte die Herrschaft Montaigne im Périgord käuflich erworben, der Vater das Wappen erhalten, und erst Michel streifte den alten bürgerlichen Namen Eyquem vollends ab. Michel von Montaigne blieb auch der einzige dieses Namens, denn er hatte keinen Sohn, nur Töchter. Die Vorfahren waren Weinhändler zu Bordeaux.

So gern Michel Seigneur de Montaigne den Adel und die Ahnenreihe ein wenig renommistisch hervorgekehrt hat, so schreibt er seinem Stamm gelegentlich doch eine Eigenschaft zu, die ganz ins bürgerliche Bewußtsein und Selbstbewußtsein gehört: *prud'hommie,* die Biederkeit und Redlichkeit. Überhaupt ließe sich der Philosoph Montaigne geradezu als prototypischer Bürger im neuzeitlichen Sinne auffassen, ein Bürger in aristokratischem Gewand, kein *bourgeois gentilhomme* im Sinn der Komödie, wohl aber ein *gentilhomme bourgeois* – mit den Merkmalen der Selbstgenügsamkeit, der zufriedenen Einschränkung auf das eigne Haus, der Abwendung vom Staat und vom großen Geschichtstheater, wie es bürgerlichem Sein und Denken nachgesagt wird, seitdem man sich von ihm abzuwenden bestrebt zeigt. Er stellt sich dar als ein *bourgeois,* der kein *citoyen* sein mag (und freilich unter den herrschenden Umständen auch schwerlich sein kann, ohne zum Höfling zu entarten). »Je n'ai rien mien que moi« – Nichts ist mein als ich selbst: Mit solchen häufig wiederkehrenden Sätzen findet sich der Verfasser der »Versuche« zudem in Übereinstimmung mit den Lehren seiner römischen Philosophen. Liest man solche Partien, zeigt sich Montaigne als der absolute Privatmann, und er sagt von sich, er schätze nichts mehr als seine Freiheit und seine Muße, er hasse die Abhängigkeit, und er habe es gottlob auf Grund ererbten Vermögens nicht nötig, Ehrgeiz zu entwickeln. »Je n'ai

Der medizinische Doppelschutz
gegen Parodontose   gegen Karies

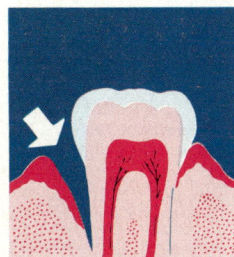

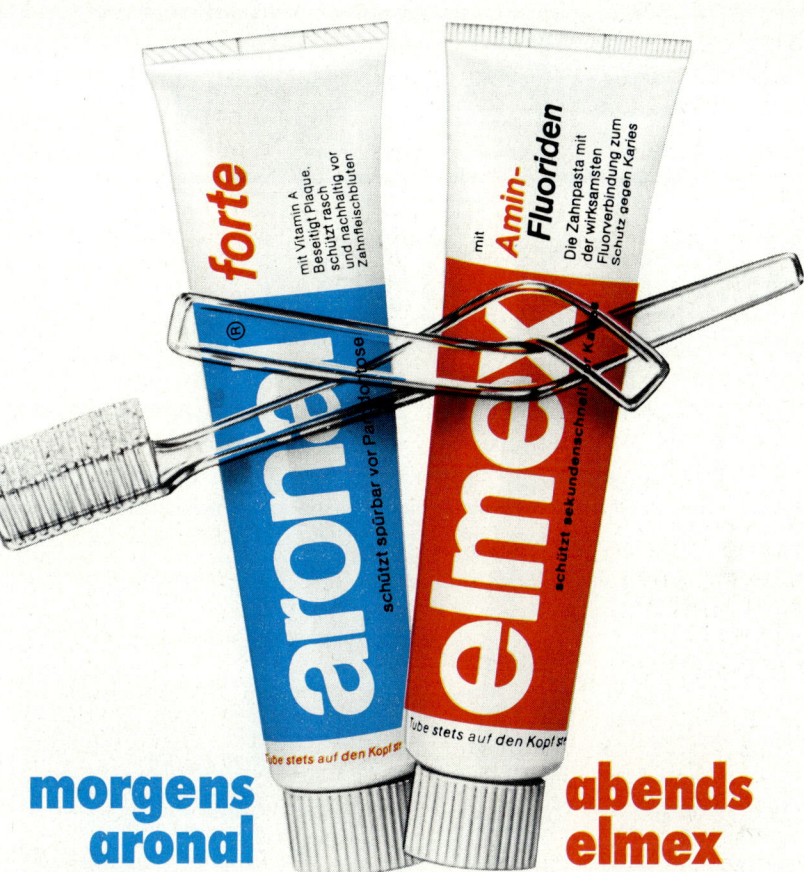

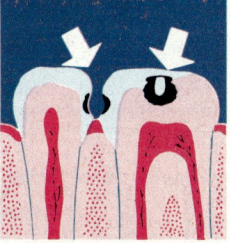

Parodontose gefährdet das Zahnfleisch

Zahnbeläge reizen das Zahnfleisch. Es entzündet sich und blutet. Die Folge sind Zahnfleischschwund und Parodontose.

aronal schützt vor Parodontose mit Vitamin A

Mit aronal werden bakterielle Beläge schonend und gründlich entfernt. Vitamin A schützt vor Zahnfleischbluten und -entzündungen. Empfindliches Zahnfleisch wird dann straff und fest, eine wichtige Voraussetzung für den natürlichen Halt der Zähne. Wer seine Zähne morgens mit aronal putzt, schützt sein Zahnfleisch zuverlässig vor Parodontose und sorgt für frischen Atem – den ganzen Tag.

morgens aronal

stärkt und schützt das Zahnfleisch.

morgens aronal   **abends elmex**

Eine Zahncreme allein kann einfach nicht so wirksam sein, wie zwei Spezialzahnpasten – wie aronal und elmex, die speziell aufeinander abgestimmt sind und sich gegenseitig in ihrer Wirkung ergänzen. Jede hat ihren speziellen Wirkstoff. Den einen für das Zahnfleisch, den anderen für die Zähne.

Täglich gründliches Zähneputzen mit diesen beiden Spezialisten, Reinigung der Zahnzwischenräume mit Zahnseide und zuckerarme Ernährung sind die beste Voraussetzung für gesundes Zahnfleisch und gesunde Zähne. Darüber hinaus sollten Sie mindestens 2x pro Jahr zum Zahnarzt gehen. Er entfernt den Zahnstein, reinigt das Gebiß gründlich und kann Ihnen zusätzlich hochwirksame Fluoridpräparate verordnen.

Spezialisten bieten besseren Schutz

Karies gefährdet die Zähne

Zucker wird im Mund minutenschnell zu Säure umgewandelt, die den ungeschützten Zahnschmelz angreift und zerstört bis auf den Nerv.

elmex schützt vor Karies mit Aminfluoriden

elmex enthält die wirksamste Fluorverbindung, die es für den Schutz Ihrer Zähne gibt: Aminfluoride. Sie werden bereits ab 9 Sekunden wirksam, verbinden sich mit dem Zahnschmelz und machen ihn widerstandsfähiger gegen Karies. Dieser Schutz wird mit zunehmender Einwirkungsdauer noch verstärkt. Wer seine Zähne abends mit elmex putzt, sorgt im Schlaf für wirksamen Kariesschutz.

abends elmex

mineralisiert und schützt die Zähne.

aronal und elmex erhalten Sie in allen Apotheken und Drogerien
elmex Forschung · Wybert GmbH · 7850 Lörrach

<u>Qualität zu wählen,</u> <u>ist eine besonders</u> <u>intelligente</u> <u>Form des Sparens.</u>

Besonders beim Küchenkauf – denn was Sie heute in Qualität investieren, zahlt sich nach Jahren erst richtig aus. Eine Poggenpohl Küche zum Beispiel ist nach Jahren und Jahrzehnten noch perfekt. Denn über 90 Jahre Erfahrung prägen ihre Qualität, ihre Langlebigkeit, ihr zeitloses Design.
So ist die Poggenpohl für alle, die rechnen können, eine der preiswertesten Küchen.

RP 30, Rahmen profiliert, Kirschbaum

Wenn Sie sich ausführlich informieren wollen, schreiben Sie uns bitte. Sie erhalten kostenlos das große Poggenpohl Informationspaket.

Fr. Poggenpohl KG
Abt. M 3, Postf. 2455
D-4900 Herford
Tag u. Nacht-Telefon:
D-0 52 21/3 81-275
BTX-Nr. 2 15 91
Poggenpohl Österreich: Postfach 13
A-5022 Salzburg
Poggenpohl Schweiz:
Eggbrunnenweg 6
CH-8332 Russikon

<u>Coupon:</u>

Bitte, senden Sie mir kostenlos Ihre Informationen über o Poggenpohl Küchen   o Badmöbel

Fr. Poggenpohl KG, Abt. M 3
Postf. 2455, D-4900 Herford

Name _____

Adresse _____

_____

poggenpohl
Die Küche fürs Leben

rien cherché, et n'ai aussi rien pris« – ich habe nichts gesucht und auch nichts genommen.

»Ich habe nie eine langweilige Arbeit geschmeckt und hatte kaum anderes als meine eigenen Angelegenheiten zu verwalten«: Das ist nun allerdings wieder eine Untertreibung und Stilisierung, denn der Herr von Montaigne hat durchaus öffentliche Tätigkeiten ausgeübt. Nach Beendigung seiner juristischen Studien hat er für geraume Zeit dem *parlement* von Bordeaux angehört, einem lokalen Zweig jener großen Korporation, welche in der französischen Monarchie für die Rechtsauslegung und -anwendung zu sorgen hatte.

»Es genügt, sich das Gesicht zu pudern, nicht auch noch den Busen«

Und er war, nachdem er diesen Dienst längst quittiert hatte, von den Räten dieser bedeutenden Handelsstadt zum *maire*, zum Bürgermeister, gewählt worden, wie es auch sein Vater schon gewesen war, und er blieb es für zwei Amtsperioden zu je zwei Jahren (1581 bis 1585). Aus den »Essais« erfährt man wenig über diese Tätigkeit. Um so größeren Wert legt er auf die moralische Selbstdisziplin, die solch ein Amt verlange: daß man sich nämlich mit der »geliehenen« Würde nicht identifiziere. »Le maire et Montaigne ont toujours été deux, d'une séparation bien claire« – der Bürgermeister und Montaigne sind immer zwei gewesen, mit einer sehr deutlichen Trennung, schreibt er. Und er hat mit einem seiner unvergeßlichen sprichwortartigen Gleichnisse davor gewarnt, das Amt zur inneren Eigenschaft zu machen: »Es genügt, sich das Gesicht zu pudern, nicht auch noch den Busen.«
Bedeutsamer noch war sein Verhältnis zu Heinrich von Navarra, dem späteren König Heinrich IV. Offenbar hat er Montaignes Rat geschätzt. Nach seinem Sieg von Coutras (1587) ist er mit großem Geleit auf Schloß Montaigne eingekehrt, und man kann vermuten, daß sie dort über die Frage des Wegs zum Thron, vielleicht über die Unvermeidlichkeit der Konversion, gewiß über die Möglichkeiten einer Versöhnung der Religionsparteien miteinander beratschlagt haben. Danach ist Montaigne während des Jahres 1588 in Heinrichs Sinn und Auftrag in Paris tätig geworden.
Schließlich aber, als der »gute König« ihm ein Angebot machte, hat er mit einem stolzen Brief abgelehnt. Der Vorgang findet zwar in den »Essais« keine Erwähnung, hinterließ aber dort Spuren von abstrakter Art. Es gibt in den späten Teilen des Werkes eine Passage, wo er den idealen Ratgeber eines Fürsten zeichnet – unabhängig, genügsam, umgänglich, freimütig und verschwiegen soll er sein. Es ist ein geheimes Selbstporträt des Schreibenden. Eine Bemerkung offenbart ihn: Es ist der Anspruch einer unbedingten Sonderstellung – »ich wünschte sie einem einzigen Mann allein«. Gleich darauf sucht er die Spur mit Worten der Selbstverspottung zu verwischen, macht aber im selben Atemzug wiederum das Geständnis, was er da »hinschmiere«, sei nur »un registre des essais de ma vie«, ein Verzeichnis der Versuche seines Lebens. Wie im Blitzlicht gewinnt derart der Titel seines großen Werkes einen tiefen Doppel- oder Hintersinn: die »Essais« bezeugen auch die Versuche seines Lebens – und verbergen sie zugleich.
So kehren wir zurück zur literarischen Arbeit Montaignes. Man kann wohl eine erschreckende Symbolik in dem historischen Umstand erblicken, daß es das Jahr der Bartholomäusnacht war, in dem dieser Mann sich in seinen Turm und seine Bibliothek zurückzog und die »Essais« zu schreiben begann. Der grausige konfessionelle Massenmeuchelmord, von einer Fürstin angeordnet, trifft zusammen mit seiner entschlossenen Einkehr in die Literatur und die Selbstbeobachtung. Von

diesem Jahr 1572 an bis zu seinem Tode hat er daran gearbeitet; die erwähnte politische Mission miteingerechnet, sind es zwanzig Jahre. Er war eigentlich auch dann nicht fertig, der Nachlaß enthielt noch viele Notizen. Die Endlosigkeit des Unternehmens hat er selber ironisiert: er werde es so lange treiben, als es Tinte und Papier auf der Welt gebe. Was er da aber liefere, heißt es sarkastisch und schockierend weiter, seien »die Exkremente eines alten Geistes, bald hart, bald locker, und immer unverdaut«. Die auf abscheuliche Art komische Metapher ist eines der vielen Zeugnisse seiner ungenierten Derbheit. Das ist ihm alsbald von den Verteidigern des guten Geschmacks heftig angekreidet worden.
Das erste Buch der »Essais« hat 57 Kapitel, das zweite 37, das dritte 13. Es ist das klassische moderne Grundbuch derjenigen Art von Philosophie, die es mit dem menschlichen Verhalten zu tun hat, sofern sie sich der Systematik des Sollens enthält. Man nennt sie Moralistik. Es handelt von tausend Menschlichkeiten, von der Trauer und vom Müßiggang, von der Feigheit und der Standhaftigkeit, von der Liebe, der Ehe und der Freundschaft, von der Kunst der Konversation und der Kindererziehung, natürlich auch von der Poesie und von einzelnen Poeten, von Leidenschaft und Tugend, Glück und Ehre und Größe und in alledem und immer wieder von der Sterblichkeit und davon, wie man zu sterben lernen müsse. Meine Ausgabe der »Essais« hat einen schönen Index, er gibt die Stellen an, wo man jeweils Bemerkungen zu einem bestimmten Stichwort findet. Zu dem Stichwort »Sokrates« nehmen die Nachweise eine Spalte in Anspruch, genau ebensoviel ist es bei *Dieu*; zu *Homme* sind es mehr als drei Spalten, aber alles wird übertroffen von den mehr als elf Spalten, die dem Stichwort »Montaigne« gewidmet sind. Hier sind die Fundstellen aufgeführt, wo der Autor in irgendeiner Weise auf die eigene Erfahrung und das eigene Verhalten Bezug nimmt. Ich brauche nicht zu sagen, daß es sich hier nicht um Ruhmsucht handelt, sondern zumeist um Introspektion, nicht um Selbstverklärung, sondern um Selbstbeobachtung. Nicht um Selbstvergrößerung, eher um Selbstverkleinerung. Am Exempel seiner selbst versucht Montaigne den Menschen zu ergründen. Der beste deutsche Kenner, der Romanist Hugo Friedrich, hat die »Essais« »das persönlichste Buch« genannt, »das bis dahin in der Weltliteratur entstanden war«. Er wolle sich, sagte Montaigne einmal, »bis in die Eingeweide« erforschen. Ein späterer Selbsterforscher, Jean-Jacques Rousseau, hat allerdings Montaigne eine »falsche Aufrichtigkeit« vorgeworfen. Ihm ging er nicht weit genug, und man muß zugeben, daß bei aller Aufdeckung eigner Schwächen, Lässigkeiten, Ungereimtheiten uns vom Grunde ein Gemüt entgegenblickt, das, mag es auch zuweilen grinsen, mit seinen Tugenden und Untugenden doch zufrieden zu sein scheint. Es findet sich hier keine Beichte, weil kein Sündenbewußtsein sich meldet. Es ist treffend gesagt worden, Montaigne sei wohl Katholik, doch nicht eigentlich Christ gewesen. Die anständigen Regungen, die er in sich fand – und zuweilen erhebt er sie auch zu Maximen –, entsprechen den Empfehlungen der stoischen, die unanständigen den Erlaubnissen der epikureischen Philosophie. In ihrer Autorität sind seine Erkenntnisse aufgehoben und gerechtfertigt. Der Humanist hat in sich selbst nichts Unrechtes, geschweige Böses gefunden.
Das Fazit hat er selbst gezogen: »Ein großmütiges Herz darf seine Gedanken nicht verleugnen, es will sich bis zum Grund offenbaren – tout y est bon, ou, au moins, tout y est humain« – alles ist dort gut oder doch wenigstens menschlich. Vielleicht muß der Versuch, sich selbst zu erkennen, zuletzt immer scheitern. Vollkommen gelungen jedoch ist der Versuch Montaignes, »Versuche« zu schreiben. □

ZU HERKÖMMLICHEN REISE-LIMOUSINEN HAT DIESES AUTO SOZUSAGEN EINEN SICHERHEITSABSTAND.

DER VOLVO 740 ist ein Auto mit vielen guten Seiten. Zum Beispiel DIE SICHERE SEITE: Alle 740er Modelle haben die Sicherheitsmerkmale, für die Volvo auf der ganzen Welt berühmt ist. Oder DIE KOMFORTABLE SEITE: Jeder Volvo

740 ist serienmäßig mit Servolenkung, 5 Gang-Getriebe bzw. Overdrive, Scheinwerfer-Wisch-Waschanlage und höhenverstellbarem Fahrersitz ausgestattet. Und mit reichlich Raum für Fahrer und alle Passagiere. Der GLE

hat zusätzlich noch ein Schiebedach, Zentral-verriegelung, einen elektrisch beheizbaren Fahrersitz und getönte Scheiben. Und nicht zuletzt haben die 740er eine SPARSAME SEITE: der komfortable 740 GL für DM 28.490,–

(unverbindliche Preisempfehlung ab Importeurlager) mit seinem besonders wirtschaftlichen 84 kW/114 PS-Motor, Schubabschaltung,
computergesteuerter Zündung und Klopfsensor. Und der ökonomische 740 GL Diesel

mit laufruhigem Sechszylindermotor. Und der
anspruchsvolle 740 GLE mit 96 kW/131 PS.
Und natürlich der neue 740 GLE mit Katalysator. Testen Sie den 740er doch einfach
mal von allen Seiten.

**VOLVO. EIN VORBILD AN SICHERHEIT,
ZUVERLÄSSIGKEIT UND LANGLEBIGKEIT.**

VOLVO

AQUITANIEN VON A-Z

**Mit Beiträgen von Yves Harté, Franz Herre,
Hubert Monteilhet, Jean-Marc Soyez und Pierre Veilletet**

Jean Anouilh, 1910 in Bordeaux geboren, lebt als Schriftsteller in der Schweiz. Zunächst wurde er von der Kritik in den Himmel gehoben, heute ist er ihr Prügelknabe. Was wirft man dem Autor der »Antigone« (1942) eigentlich vor? Seine »rosa« Komödien oder seine »schwarzen« Tragödien? Seine »brillanten« Stücke oder die »knirschenden«? Die »kostümierten« Dramen oder die »geheimen«? Seine Produktivität und seinen Erfolg (mehr als fünfzig Stücke in fünfzig Jahren) oder aber seine ausgeprägte Menschenscheu? – Tiefere Beziehungen zu seiner Vaterstadt sind weitgehend unbekannt.

Armagnac Fünfunddreißigtausend Hektar voll »männlichen Genusses«, wie Baudelaire sagen würde. Das Département Gers beansprucht wegen seiner Rebfläche den ersten Platz im Reich des ambraduftenden Branntweins. Zu Unrecht. Den besten, nämlich den »Bas-Armagnac« (im Gegensatz zum »Ténarèze« und zum »Haut-Armagnac«) stellen kleine Brennereien in den Landes, in der Gegend von Labastide, her. Mit den bedeutenden, mächtigen Großhandelshäusern des Cognac-Gebiets haben sie nichts gemein. Die

Armagnac-Herstellung mit ihren Brennblasengeheimnissen und den uralten Eichenfässern, in denen der Branntwein altert, ist noch immer eine handwerkliche Kunst. Während die Eleganz eines großen Cognac immer ein bißchen »fabrikmäßig« wirkt, bedeutet ein großer Armagnac nicht so sehr Eleganz als vielmehr natürliche Gediegenheit. Doch Vorsicht, in puncto Armagnac ist alles darauf angelegt, den Kunden zu verwirren: durch das, was auf dem Etikett steht, und erst recht durch das, was es verschweigt. »Hors d'age« bedeutet nur, daß der Armagnac wenigstens fünf Jahre Faßlagerung hinter sich hat, das Minimum. Mit dem Jahrgang wird lediglich das Brenndatum angegeben, sonst nichts. Man muß aber wissen, daß – unter sonst gleichen Voraussetzungen – die Qualität eines Armagnac von der Dauer seiner Lagerung im Eichenfaß abhängt. Ist er einmal in der Flasche, reift er nicht mehr weiter. Man muß auch wissen, daß der Armagnac im Faß etwa einen Prozentpunkt Alkohol pro Jahr verliert, und daß zum Genuß ein Alkoholgehalt von 40 Prozent am besten ist. Bei einem Destillat mit 55 Prozent sind also zehn bis fünfzehn Jahre im Faß nötig,

um den Alkoholgehalt auf 40 Prozent zu senken. Eine der besten und reellsten Angebotslisten für Armagnac findet man bei *Darroze* in Villeneuve-de-Marsan. Selbst dort sollten Sie davon absehen, für einen 15 Jahre faßgelagerten Armagnac des Jahres 1900 mehr zu bezahlen als für einen des Jahres 1960: Qualitativ sind beide gleich.

Bastiden Mehr als zwei Jahrhunderte lang waren die Franzosen besessen von der fixen Idee, Aquitanien von den Engländern zurückzuerobern. Die Engländer hatten sich ihrerseits darauf versteift, ihr »Kingdom of Gascony«, dessen Reichtum selbst Venedig in den Schatten stellte, zu verteidigen. Im 3. und 4. Jahrhundert versuchten beide Seiten, Untertanen als Soldaten anzuwerben, indem sie wehrhafte, mit einigen verlockenden Privilegien versehene Städte erbauten, die *bastides*. Diese neuen Siedlungen wurden an strategisch wichtigen Punkten entlang einer unsicheren Grenzlinie errichtet. Sie haben einen geometrischen, meist rechteckigen Grundriß (Monpazier), der an die Geländebeschaffenheit angepaßt ist (Domme). Überdachte Galerien schützen gegen die Unbilden der Witterung. Die Kirche steht ein wenig abseits, den Mittelpunkt bildet immer eine gedeckte Halle, die der Bauch der Stadt ist: Von ihr gehen die Straßen aus, die sich im rechten Win-

kel schneiden, wie in einem römischen Lager.
Einige Bastiden liegen heute verschüttet unter modernen Siedlungen (Libourne, Pau, Villeneuve-de-Marsan), aber von den etwa hundert, die übrigblieben, sind einige in den Départements Dordogne, Landes, Lot-et-Garonne und Gers erstaunlich gut erhalten.

Mit rechteckigem Grundriß: die Bastide Monpazier

Cyrano de Bergerac (1619–1655) hat nur wenig mit dem großnasigen Duellanten zu tun, dem die Komödie Edmond Rostands weltweiten Ruhm verschaffte. In Wirklichkeit war Savanien de Cyrano de Bergerac, der aus einer Pariser Familie stammte, ein glänzender Schriftsteller. Einige seiner Utopien, etwa »L'histoire comique contenant les estats et empires de la lune« und ». . . du soleil« (Komische Geschichte der Staaten und Reiche des Mondes und der Sonne, 1649/50) kann man heute als Antizipationen ansehen.

Baïne Ortsübliches Wort, das Höhlungen im Sandstrand bezeichnet, die bei Ebbe mit Wasser gefüllt sind. Bei Flut ist höchste Vorsicht geboten. In den verborgenen Strömungen sind schon zahlreiche Badegäste ertrunken.

Buddhismus Ein wohlhabender britischer Geschäftsmann, Mr. Bernhard Benson, nach dem auch eine Zigarettenfirma benannt ist, hatte eines Tages genug vom profa-

nen Leben. Um seine Ruhelosigkeit zu beenden, erwarb er Schloß Chaban, eine historische Festung in der Dordogne, eine Hochburg der Résistance (Jacques Chaban-Delmas verdankt ihr seinen Zunamen). Mitte der siebziger Jahre nahm Benson dort tibetanische Lamas auf, die nach der kommunistischen Invasion in ihrer Heimat zunächst in Sikkim gelebt hatten. Mitten im Lande des radikalen Skeptizismus entstand und gedieh damit, vom Lama Guendune Ripoche geleitet, eine buddhistische Klostergemeinschaft – sicherlich diejenige, die am weitesten westlich des Himalaja liegt.

Le Corbusier (1887–1965), der Architekt, den die Marseiller »den Verrückten« nannten, hat sein »Gesellenstück« im Jahre 1925 in der Nähe von Bordeaux vollbracht – gut zwanzig Jahre bevor er die »Unité d'Habitation« in Marseille schuf. Der reiche Zuckerkaufmann Henri Fruges bat ihn, in Pessac zwei Straßenzüge zu bauen. Die Bordelesen waren der Ansicht, das Ganze sehe aus wie ein marokkanisches Dorf. Nachdem die Besitzer die Cité Fruges im Laufe der Jahre völlig verkommen ließen, wird sie nach Renovierungsarbeiten nun wahrscheinlich wieder ihr ursprüngliches Aussehen erhalten.

Course landaise Althergebrachtes Spiel und die gemeinsame Leidenschaft der Gascogner. Jeden Sommer lassen beim Klang der *cazérienne* in putzigkleinen Arenen handfeste, beherzte Burschen Kühe, die auf sie losgehen, mit einem Seitwärtsschwung der Hüften haarscharf an sich vorbeisausen. Die *écarteurs* tragen lange weiße Hosen und goldbestickte Westen; die zum Kampf antretenden Kühe sind klein, aber bösartig, und kennen, da sie ihre Demütigungen lebend überstehen, alle Tricks ihres Metiers (siehe auch Seite 114).

Dialekte Die Garonne bildet die historische Grenze zwischen der dem Norden zugehörigen »Langue d'Oil« und der im Süden herrschenden »Langue d'Oc«. Die gascognische Sprache, ein Abkömmling des Okzitanischen, hat in den Landes und im Béarn eigene Sprossen getrieben. Das Euskara hingegen, das von den Basken Frankreichs und Spaniens geschrieben und gesprochen wird, ist eine von Grund auf eigene, dem Uneingeweihten verschlossene Sprache, über deren Ursprung es fast so viele Theorien wie Forscher gibt. In Bordeaux, in den vom einfachen Volk bewohnten Stadtvierteln, spricht man noch das Bordeluche, ein Kauderwelsch aus den verschiedenen Dialekten der Gegend mit spanischen Einsprengseln.

(Fortsetzung auf Seite 104)

Beherzte Hüftschwünge: Course landaise

Enten Es gibt ein Wundertier, dessen Fleisch man hier im Gegensatz zu Kalbfleisch und Ochsenfleisch getrost überall essen kann, denn es widersetzt sich mit erstaunlichem Erfolg allen üblen Behandlungsmethoden eines schleichenden Modernismus: die Ente. Man findet in Südfrankreich viele kleine Entenzüchter. Die einen züchten Speiseenten, die anderen mästen Enten zur Herstellung von Leberpastete.

Das sind dann die Mastenten, die *canards gras:* Sie werden in aller Regel samt der Leber an Markttagen verkauft, wobei jeder Entenmäster seine Zöglinge selbst auf den Markt bringt.

Der größte Teil der Mastente taugt nur dazu, *confit,* Eingemachtes, herzustellen: Das heißt, die einzelnen Stücke des Federviehs werden im Fett gekocht, bis sie sich darin frisch halten lassen. Ein gutes Enten-Confit ist ein wohlschmeckend-rustikales Gericht. Von den Flanken der Mastente erhält man dicke Steaks aus rotem Fleisch, das, gebraten oder gegrillt, wie eine Mischung aus Ochsen- und Entenfleisch schmeckt: die *magrets,* wie sie auf gascognisch heißen. Lange Zeit als Nebenprodukt der Entenlebergewinnung aufs Land beschränkt geblieben, hat das Magret unlängst seinen kulinarischen Adelsbrief erhalten: Man findet es auf allen Speisekarten, selbst in Paris. Aber die große Beliebtheit der Ente erklärt sich natürlich aus dem zunehmenden Erfolg, den die Mastentenleber hat. Lassen Sie vor allem die Finger von sterilisierter Enten-(und Gänse-)Leber aus der Weißblechdose: Durch das Sterilisieren hat sie ihre besten Eigenschaften verloren. Der Feinschmecker schätzt Mastentenleber nur in zwei Formen: Entenleber am Stück oder geschnetzelt, oder Entenleber am Stück halbgar, das heißt kurz in siedendem Wasser gekocht oder etwas länger in weniger heißem Wasser erwärmt, damit sie sich im Kühlschrank einige Wochen frisch hält. Diese halbgare Leber, etwas ganz Unvergleichliches, ist ein bißchen teurer als sterilisierte Leber am Stück. Die köstlichste findet man bei Madame Gracia im *A la belle Gasconne* in Poudenas. Sie kocht so wie ihre Mutter, wäre sie ein Küchengenie gewesen.

Da es in Südwestfrankreich Mastentenleber im Überfluß gibt, ist es ratsam, von diesem Angebot zu profitieren. Gänse sind weniger gefragt,

1

2

3

4

5

Ein „Piepen" am Morgen, vertreibt alle Sorgen.

Wie das? Ganz einfach. Dr. Hartmann erholt sich am Wochenende beim Angeln. Der ausstehende Befund für eine Patientin macht ihm jedoch noch Sorgen. „Piep" sagt ihm: „Alles okay!" Das Signal empfängt Dr. Hartmann mit einem kleinen Gerät, das in seiner Jackentasche Platz hat. Dieses Gerät heißt Eurosignalempfänger. Hört sich schwierig an, funktioniert aber ganz einfach.

Stellen Sie sich vor, Sie machen gerade Hausbesuche. In der Praxis ist ein Notfall. Ihre Anweisungen sind dringend erforderlich. Mit dem Eurosignal sind Sie sofort erreichbar. In Deutschland und sogar in Frankreich. Die Sprechstundenhilfe wählt nur Ihre Funkrufnummer. Das Eurosignal läßt es dann bei Ihnen piepen. Daraufhin rufen Sie in der Praxis an, können erste Anweisungen geben und sofort hinfahren. Jetzt sagen Sie: „Ich bin weder Arzt noch habe ich eine Sprechstundenhilfe". Macht nichts, denn jeder moderne Anrufbeantworter kann Ihnen das „Piep" genausogut rüberschicken. Dann rufen Sie eben den an und wissen auch Bescheid. Und wenn Sie keinen Anrufbeantworter haben, kann Sie der Fernsprechauftragsdienst erreichen. Sie sehen, das Eurosignal erwischt Sie so oder so.

Sollten Sie noch Fragen zum Thema Eurosignal haben, lassen Sie sich bei der Technischen Vertriebsberatung Ihres Fernmeldeamtes oder in jedem Telefonladen ausführlich beraten. *Damit Sie erreichbar sind. Eurosignal.*

Post

weil ausschließlich die Leber der Mastgänse gastronomisch von Interesse ist. Gänseleber ist übrigens teurer als Entenleber, aber die Gastronomen sind sich nicht darüber einig, welche von beiden schmackhafter ist.

Espadrilles Sie sind wohl das, was den Aquitanier an einem Körperende kennzeichnet – am anderen ist es natürlich die Baskenmütze ... In der Tat war diese Sandale aus geflochtenem Espartogras und farbigem, ursprünglich nur schwarzem Leinen die Fußbekleidung für die großen Schuhnummern der Basken, bevor sie dann den Füßen der Gascogner, vor allem in den Landes, Leichtigkeit verlieh und in der Saison die Feriengäste entzückte. Obschon durch die Turnschuhepidemie gefährdet, bestehen in der Gegend von Mauléon (Pyrénées-Atlantiques) nach wie vor Fabriken, die Espadrilles herstellen. Aus Gründen, die mysteriös erscheinen, sollen sich angeblich Japaner dafür interessieren.

Elie Faure, 1873 in Sainte-Foy-la-Grande (Gironde) geboren, 1937 gestorben. Universaler Geist. Philosoph von erstaunlicher lyrischer Kraft, prophetisch im Ton seiner Schriften, ein Walt Whitman von der Gironde. Theorienbegründer wie Gobineau (dessen Vorfahren von der Gironde stammen), distanziert er sich von dessen Grundgedanken über die Rassen und preist deren Vermischung. Sein Pate war Elie Reclus, was vieles erklärt (siehe »Elisée Reclus«).

Film Aquitaniens berühmtes Licht regt nicht allein die Dichter an. Das europäische Filmschaffen hat die Region zu seinem Kalifornien gemacht; die Filme – natürlich französische, aber auch englische, amerikanische, deutsche –, die im Périgord und in der Gironde gedreht wurden, sind nicht mehr zu zählen. Will man das Paris des 18. oder 19. Jahrhunderts filmen,

Michel Guérard: Das beste Restaurant-Hotel der Welt?

so dreht man in den Straßen von Bordeaux. Zwischen den Weltkriegen gab es hier höchst aktive Studios, in denen Sergio Leone sein Metier gelernt hat – und ist nicht auch Chaplins Lehrmeister Max Linder ein Kind des Landes? Zu den bekannten Filmen gehört »Der Schlachter« von Claude Chabrol.

Michel Guérard Ein bißchen geschah es seinetwegen und wegen seines Freundes Jean Delaveyne, daß der Restaurantkritiker Henri Gault den Begriff *nouvelle cuisine* formulierte, damals in Guérards Bistro *Le Pot au feu* in Asnières, in der Pariser Banlieue, wo sich die Gäste 1962 nicht gerade drängten. Guérard hatte, er erinnert sich noch genau, eine »Aalpastete mit Fischmousse« serviert. Der Artikel in »Paris-Presse« löste dann den Run aus. Es war auch höchste Zeit. Der junge Chef bedauerte allmählich ernstlich, den anonymen Komfort als Koch des *Lido* aufgegeben zu haben, um sich selbständig zu machen. Der Ruhm entschädigte ihn schließlich für eine harte, mit 14 Jahren begonnene Lehrzeit.
Keinesfalls aber bedauert er es, in den siebziger Jahren Paris verlassen zu haben, um sich im Südwesten Frankreichs niederzulassen. Zusammen mit seiner Frau Christine hat Guérard dort ein kleines verschlafenes Thermalbad, nach der Kaiserin Eugénie-les-Bains genannt,

völlig umgewandelt. Indem er zugleich mit der Kur die Prinzipien seiner berühmten »Schlankheitsküche« anwandte, ist es ihm zunächst einmal gelungen, internationale Gäste auch in ein entlegenes Gebiet der Landes zu holen. Und schließlich hat er, nach immer neuen Renovierungen und Änderungen, aus der schon vorher herrlichen Anlage eine Art Paradies geschaffen, das die Amerikaner für eines der besten Restaurant-Hotels der Welt halten. Überhaupt, die Amerikaner beten Guérard geradezu an: Sie haben ihm in »Time« die Seite eins zugestanden, sie verschlingen seine Bücher und sind begeistert von seiner Schokolade. Als großartiger Koch ist Guérard in der Region der unangefochtene Anführer einer ganzen Reihe von beeindruckenden Herd-Artisten, an deren Spitze zu nennen sind Jean-Marie

Amat und Jean Ramat (Bordeaux), Clément (Bordeaux), Laporte (Biarritz), Daguin (Auch), Trama (Agen-Puymirol), Arrambide (St-Jean-Pied-de-Port), Garcia (Bordeaux), Perre (Arcachon), Gardillou (Champagnac-de-Belair-Dordogne), Gautier (Bordeaux) Gracia (Poudenas), Garrapit und Darroze (Villeneuve-de-Marsan). Bereisen Sie Südwestfrankreich mit zwei Reiseführern: dem »Michelin«, langweilig, aber einigermaßen verläßlich, und dem »Gault/Millau«, der unterhaltsamer ist, dem es aber bei preiswerten Restaurants an Verläßlichkeit fehlt.

Hexenwesen Zu allen Zeiten stand die Region im Geruch scheiterhaufenträchtiger Umtriebe. So sehr, daß sich im 17. Jahrhundert der König darüber aufregte. Paris entsandte daher einen Ratsherrn vom *parlement* (Gericht) zu Bordeaux ins Baskenland. Er hieß Pierre de Lancre, hatte

Die köstlichste Entenleber serviert Madame Gracia in Poudenas

eine Enkelin Montaignes zur Frau und war überzeugt, der Teufel in Person sei aus Japan gekommen und habe sich in der Provinz Labourd festgesetzt, wo er lauter gefügige Werkzeuge besitze. Lancre, ebenso fanatisch wie schnell, veranstaltete einen regelrechten Pogrom und verbrannte die als Hexenmeister geltenden und die angeblichen Hexen zu Hunderten. Auch heute sind Exorzisten und Zauberbanner nicht arbeitslos. In abgelegenen Bezirken,

wie im Médoc, in den Landes, in den Double-Wäldern oder im Baskenland, begegnet man unschwer Praktiken und auch Leuten, die nicht ganz geheuer sind.

Jagd Ein Rekord für ganz Frankreich: Mit mehr als einem Gewehr pro Jagdschein und mit Jägern, die nicht alle einen Jagdschein besitzen, ist Aquitanien ein wahres Waffenarsenal! In der Region gibt es über 220 000 Jagdscheine, im Département Gironde

Fliegende Teller sollen die Ringeltauben so irritieren, daß sie tiefer fliegen und abgeschossen werden können

allein fast 90 000. Das meistbejagte Wild ist nicht die Ringeltaube (siehe dort), die *palombe* heißt, sondern die Drossel, der Krammetsvogel. Trotz europäischer Vogelschutzgesetzgebung geht die traditionelle Vogeljagd weiter: auf Schwalben, Turteltauben und die köstlichen Ortolane, deren Jagd und Genuß verboten sind. Trotzdem werden sie überall mit dem größten Vergnügen heimlich verspeist. Die Köpfe verschwinden dabei unter riesigen Servietten – nicht etwa aus Scham, wie man denken könnte, sondern damit vom feinen *parfum* der Speise nichts verlorengeht . . . Überdies betreiben im weiten Südwesten Frankreichs rund dreißig Gruppen die Hetzjagd auf Hasen. So ist es seit der Cromagnonzeit: Der Aquitanier ist zum Jäger geboren, und es kommt vor, daß er sich zusammen mit seinem Gewehr begraben läßt.

Etienne de La Boétie wurde 1530 in Sarlat (Dordogne) geboren. Sein »Discours sur la servitude volontaire« (»Abhandlung über die freiwillige Knechtschaft«) inspirierte den »Contrat Social« des Philosophen Jean-Jacques Rousseau. Eine brüderliche Freundschaft verband ihn mit Montaigne (siehe Seite 96), den er im Gericht in Bordeaux kennengelernt hatte. Montaigne war untröstlich über La Boéties frühen Tod im Jahre 1563. »Ich liebte ihn.

Denn er war eben er. Und ich war eben ich.« Nie hat einer das Unfaßbare besser in Worte zu fassen gewußt.

Lillet »Halbtrockener Aperitif«, schreibt der enzyklopädische Alexis Lichine, »hergestellt aus Weißwein und Branntwein. Mit seiner blaßgelben Farbe ähnelt er ein wenig dem Wermut, hinterläßt jedoch einen süßen Nachgeschmack.« Lichine könnte noch hinzufügen, daß die distinguierten Bordelesen früher zwischen den Mahlzeiten niemals etwas anderes tranken und sich regelmäßig von einem malerisch ausstaffierten Anlieferer damit versorgen ließen. Ein wenig in Vergessenheit geraten und verdrängt von den neuen Aperitifs Champagner und Whisky, kommt er nun allmählich wieder in Mode.

Lügner Der Gascogner, dessen heldenhafte Variante der

Musketier ist (wie Alexandre Dumas ihn verherrlicht hat), gilt als Maulheld, als Bonvivant oder, wenn man so will, ein klein wenig als Lügenbold. Und diese Sage muß wohl einen wahren Kern haben, denn in dem kleinen Nest Moncrabeau (Lot-et-Garonne) wird seit Anfang des 18. Jahrhunderts der abgefeimteste Lügner gekürt. Eine Akademie von Kennern erhebt ihn alljährlich am ersten Augustsonntag auf den Thron. Seit kurzem ist der traditionellen Wahl des Königs der Lügner noch eine Weltmeisterschaft im Grimassenschneiden zur Seite gestellt, wobei der Mensch zu beweisen trachtet, daß er imstande ist, sich in einen Affen zurückzuversetzen.

Albert Marquet und Odilon Redon Aquitanien ist trotz seines schmeichelhaften Lichts weniger reich an Malern als an Schriftstellern. Toulouse-Lautrec aus Albi für sich zu reklamieren, hieße, nicht redlich zu sein, wenn er auch in der Gironde, in Verdelais (einige hundert Meter vom Besitz François Mauriacs entfernt) begraben ist und sein Lehrer René Princeteau aus Libourne stammte. Redon (1840–1916) und Marquet (1875–1947), beide aus Bordeaux, waren in ihren Anfängen den Einflüssen von Camille Corot und Gustave Moreaus ausgesetzt, um dann doch gänzlich unterschiedliche Entwicklungen durchzumachen. Redons Malerei

spiegelt ein imaginäres Aquitanien wider, erstanden aus der Betrachtung der Wolken des Médoc, wo er seine Kindheit verbrachte, und aus den tiefen Räumen des Traums. Diese visionäre Malerei mit ihrer starken Metaphorik, die abseits der gängigen Richtungen des 19. Jahrhunderts angesiedelt ist, wird heute endlich anerkannt.
Marquet, Freund von Henri Matisse, suchte das Wesentliche durch vereinfachendes Weglassen darzustellen: Er verkörpert das ausgewogene Aquitanien, eine Vorliebe für die einfachen Harmonien. Man sagt von ihm, er sei der japanischste unter den französischen Malern. Nichts liebte er so sehr wie Häfen. Er malte Bordeaux, Hamburg, Le Havre, Oslo, Neapel und Algier, hundert Städte in Europa und Afrika, in denen es Kräne gab, Docks und ihre Reflexe im Wasser.

François Mauriac (1885–1970) Geboren wurde er in jenem Jahr, in dem der berühmteste französische Dichter starb. Das Mauriac-Jahr 1985 wird somit ein wenig überstrahlt von jenem immerwährenden Feuerwerk, das man zur Erinnerung an Victor Hugo abbrennt. Es scheint allerdings, als sei das Unbehagen darüber beseitigt, das Mauriac Bordeaux einen nur zur Hälfte gebilligten Ruhm bescherte, dieser Stadt, an deren Fassade er dabei manchmal gekratzt hat, der er aber in *(Fortsetzung auf Seite 110)*

(Fortsetzung auf Seite 110)

Heimlicher Genuß nach verbotener Jagd: geschmorte Ortolane

wie im Médoc, in den Landes, in den Double-Wäldern oder im Baskenland, begegnet man unschwer Praktiken und auch Leuten, die nicht ganz geheuer sind.

Jagd Ein Rekord für ganz Frankreich: Mit mehr als einem Gewehr pro Jagdschein und mit Jägern, die nicht alle einen Jagdschein besitzen, ist Aquitanien ein wahres Waffenarsenal! In der Region gibt es über 220 000 Jagdscheine, im Département Gironde

Fliegende Teller sollen die Ringeltauben so irritieren, daß sie tiefer fliegen und abgeschossen werden können

allein fast 90 000. Das meistbejagte Wild ist nicht die Ringeltaube (siehe dort), die *palombe* heißt, sondern die Drossel, der Krammetsvogel. Trotz europäischer Vogelschutzgesetzgebung geht die traditionelle Vogeljagd weiter: auf Schwalben, Turteltauben und die köstlichen Ortolane, deren Jagd und Genuß verboten sind. Trotzdem werden sie überall mit dem größten Vergnügen heimlich verspeist. Die Köpfe verschwinden dabei unter riesigen Servietten – nicht etwa aus Scham, wie man denken könnte, sondern damit vom feinen *parfum* der Speise nichts verlorengeht ... Überdies betreiben im weiten Südwesten Frankreichs rund dreißig Gruppen die Hetzjagd auf Hasen. So ist es seit der Cromagnonzeit: Der Aquitanier ist zum Jäger geboren, und es kommt vor, daß er sich zusammen mit seinem Gewehr begraben läßt.

Etienne de La Boétie wurde 1530 in Sarlat (Dordogne) geboren. Sein »Discours sur la servitude volontaire« (»Abhandlung über die freiwillige Knechtschaft«) inspirierte den »Contrat Social« des Philosophen Jean-Jacques Rousseau. Eine brüderliche Freundschaft verband ihn mit Montaigne (siehe Seite 96), den er im Gericht in Bordeaux kennengelernt hatte. Montaigne war untröstlich über La Boéties frühen Tod im Jahre 1563. »Ich liebte ihn. Denn er war eben er. Und ich war eben ich.« Nie hat einer das Unfaßbare besser in Worte zu fassen gewußt.

Lillet »Halbtrockener Aperitif«, schreibt der enzyklopädische Alexis Lichine, »hergestellt aus Weißwein und Branntwein. Mit seiner blaßgelben Farbe ähnelt er ein wenig dem Wermut, hinterläßt jedoch einen süßen Nachgeschmack.« Lichine könnte noch hinzufügen, daß die distinguierten Bordelesen früher zwischen den Mahlzeiten niemals etwas anderes tranken und sich regelmäßig von einem malerisch ausstaffierten Anlieferer damit versorgen ließen. Ein wenig in Vergessenheit geraten und verdrängt von den neuen Aperitifs Champagner und Whisky, kommt er nun allmählich wieder in Mode.

Lügner Der Gascogner, dessen heldenhafte Variante der

Musketier ist (wie Alexandre Dumas ihn verherrlicht hat), gilt als Maulheld, als Bonvivant oder, wenn man so will, ein klein wenig als Lügenbold. Und diese Sage muß wohl einen wahren Kern haben, denn in dem kleinen Nest Moncrabeau (Lot-et-Garonne) wird seit Anfang des 18. Jahrhunderts der abgefeimteste Lügner gekürt. Eine Akademie von Kennern erhebt ihn alljährlich am ersten Augustsonntag auf den Thron. Seit kurzem ist der traditionellen Wahl des Königs der Lügner noch eine Weltmeisterschaft im Grimassenschneiden zur Seite gestellt, wobei der Mensch zu beweisen trachtet, daß er imstande ist, sich in einen Affen zurückzuversetzen.

Albert Marquet und Odilon Redon Aquitanien ist trotz seines schmeichelhaften Lichts weniger reich an Malern als an Schriftstellern. Toulouse-Lautrec aus Albi für sich zu reklamieren, hieße, nicht redlich zu sein, wenn er auch in der Gironde, in Verdelais (einige hundert Meter vom Besitz François Mauriacs entfernt) begraben ist und sein Lehrer René Princeteau aus Libourne stammte.
Redon (1840–1916) und Marquet (1875–1947), beide aus Bordeaux, waren in ihren Anfängen den Einflüssen von Camille Corot und Gustave Moreaus ausgesetzt, um dann doch gänzlich unterschiedliche Entwicklungen durchzumachen. Redons Malerei

spiegelt ein imaginäres Aquitanien wider, erstanden aus der Betrachtung der Wolken des Médoc, wo er seine Kindheit verbrachte, und aus den tiefen Räumen des Traums. Diese visionäre Malerei mit ihrer starken Metaphorik, die abseits der gängigen Richtungen des 19. Jahrhunderts angesiedelt ist, wird heute endlich anerkannt.
Marquet, Freund von Henri Matisse, suchte das Wesentliche durch vereinfachendes Weglassen darzustellen: Er verkörpert das ausgewogene Aquitanien, eine Vorliebe für die einfachen Harmonien. Man sagt von ihm, er sei der japanischste unter den französischen Malern. Nichts liebte er so sehr wie Häfen. Er malte Bordeaux, Hamburg, Le Havre, Oslo, Neapel und Algier, hundert Städte in Europa und Afrika, in denen es Kräne gab, Docks und ihre Reflexe im Wasser.

François Mauriac (1885–1970) Geboren wurde er in jenem Jahr, in dem der berühmteste französische Dichter starb. Das Mauriac-Jahr 1985 wird somit ein wenig überstrahlt von jenem immerwährenden Feuerwerk, das man zur Erinnerung an Victor Hugo abbrennt. Es scheint allerdings, als sei das Unbehagen darüber beseitigt, das Mauriac Bordeaux einen nur zur Hälfte gebilligten Ruhm bescherte, dieser Stadt, an deren Fassade er dabei manchmal gekratzt hat, der er aber in *(Fortsetzung auf Seite 110)*

Heimlicher Genuß nach verbotener Jagd: geschmorte Ortolane

S·HL 9719

LX

Leonhardt & Kern

Der neue Prisma LX hat einiges, um das Herz eines Fans schöner schlagen zu lassen: erstklassige Technik, die in unzähligen Rennen und Rallyes mit viel Erfolg (allein 5 Weltmeistertitel) erprobt und bewiesen wurde. Dazu eine außergewöhnliche Ausstattung, die im Preis inbegriffen ist.

Der Motor (77 kW/105 PS) mit seinen zwei obenliegenden Nockenwellen ist ein Leckerbissen. Er ist ebenso drehfreudig wie elastisch, hängt also innig am Gaspedal, auch in den niedrigen Drehzahlen. Das aufwendige Fahrwerk sorgt für ausgezeichnete Fahreigenschaften, die komfortable Federung macht den neuen

Lancia zu einem angenehmen Reisewagen, ohne ihm etwas von seiner Sportlichkeit zu nehmen. Bei der Innenausstattung wirkte Modekönig Ermenegildo Zegna mit.

Außerdem hat der neue Lancia viele serienmäßige Raffinessen, die Sie bei manch anderem Auto nicht mal für Geld

CIA PRISMA LX:
H BEGRENZEN, LUXUS NICHT.

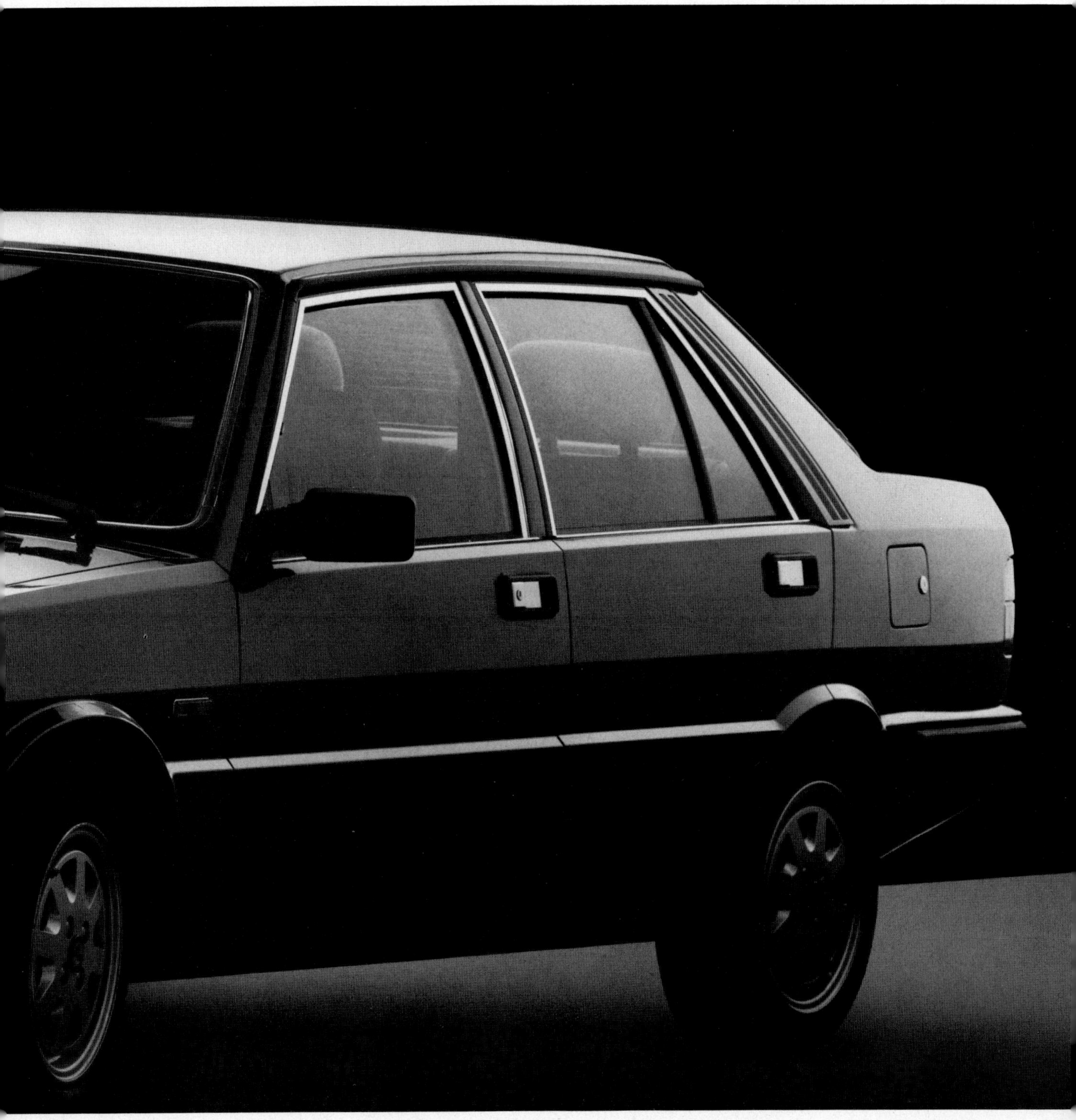

bekommen, z. B.: 5 Gänge, 4 Türen, höhenverstellbares Lenkrad, athermische Scheiben, elektrische Türzentralverriegelung, elektrische Fensterheber vorne und hinten, Kopfstützen vorne und hinten, digitale Zündelektronik, Econometer, Kontrollinstrument für 11 Funktionen, elektrische Scheinwerfer-Wisch-Wasch-Anlage, Niveauregulierung der Scheinwerfer von innen, Außenspiegel rechts, 14 Korrosionsschutzmaßnahmen, Leichtmetall-Felgen, Metallic-Lackierung. Wie gesagt, alles inklusive!

Wenn Sie also viel Auto fürs Geld wollen, dann fahren Sie mit dem neuen Lancia Prisma LX genau richtig.

LANCIA

Welch ein Fahr-Zeug!

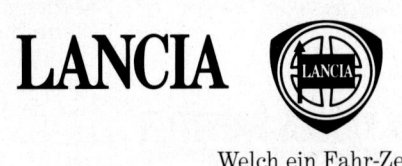

der Weltliteratur eine mythische Dimension verliehen hat.

Der (nach Montaigne und Montesquieu) dritte im Bunde der drei großen »M«s aus Bordeaux – 1952 erhielt er den Literaturnobelpreis – war, wie die beiden anderen, Grundbesitzer (Château Malagar in der Nähe von Langon) und, wie sie, trotzdem ein Feind jeglicher Tyrannei. Manches Mal hat Mauriac das konservative Bürgertum, dem er entstammte, schockiert, wenn er, vor allem anläßlich des Spanischen Bürgerkrieges, Standpunkte vertrat, die ein europäisches Ge-

Château La Brède: Geburtshaus von Montesquieu

wissen bekundeten. Er war ein Romanautor, der von der eingesperrten Seele und von der Familie als Natterngezücht, *nœud de vipères*, schrieb, dieser progressive Katholik war aber auch einer der größten Journalisten seiner Zeit wie die »Bloc-Notes« und seine »Mémoires intérieurs« beweisen.

Montesquieu Dieser Edelmann des 18. Jahrhunderts, Besitzer eines ansehnlichen Landguts, überhäuft mit Titeln und Auszeichnungen, mit einem Wort, ein Mann von Rang und Namen, verkörpert sicherlich ebenso wie Montaigne (siehe S. 96) die Werte, die man dieser Region zuspricht.

Charles de Secondat, Châtelain de la Brède, Baron de Montesquieu (1689–1755) ist mit 25 Jahren Ratsmitglied

des Gerichtshofes von Bordeaux, mit 27 dessen Präsident. Er ist gleichfalls eines der aktivsten Mitglieder der Akademie der Wissenschaften, die er mit Berichten über die Nebennieren, über Ebbe und Flut, die Schwerkraft, das Echo und so weiter geradezu überschüttet. Mit 32 Jahren bringt ihm die Veröffentlichung der »Lettres Persanes« einen Ruhm ein, der ihn auch in Deutschland, Ungarn, Venedig und schließlich England begleitet.

Mit seinem wie für eine Gedenkmünze geschaffenen Profil – Nase und Hals sind von seinen »geliebten Römern« entlehnt –, den vor heiterer Ironie blitzenden Augen, der schnellen Auffassungsgabe und der umfassenden Gelehrsamkeit besitzt Montesquieu alle Voraussetzungen, um zum Liebling der Salons zu werden. Trotzdem zieht er sich lieber auf das hübsche, kleine, etwa 25 Kilometer von Bordeaux entfernte Schloß zurück, wo er geboren wurde. Dort beschäftigt er sich gleichzeitig mit dem Weinanbau auf seinen Ländereien und mit seinem Werk, welches das Jahrhundert der Aufklärung erhellen, Europa erschüttern und bis in die Neue Welt hinein Widerhall finden wird. Als Verfechter der Toleranz und Vertreter der Rechtsphilosophie müht sich Montesquieu sein Leben lang, durch Überzeugung zu wirken, und hütet sich davor, etwas aufzuzwingen. Er ar-

beitet bis zur endgültigen Erschöpfung, er verliert sein Augenlicht, nicht aber den Glauben an die Unbeschwertheit, das Glück. Er ist so recht ein Sohn dieses Landes, in dem man mit pathetischem Gehabe geizt, nicht aber mit den Regungen des Herzens, wo wohldurchdachtes Epikureertum und ein besorgter Individualismus eine feste Bindung an die Freiheiten nicht ausschließen. Montesquieu ist, nach Montaigne, La Boétie und Fénelon, von jener Rasse, die noch Maine de Biran, Gobineau, Elie Faure und Mauriac hervorbringen wird, und von der die Philippe Sollers (siehe S. 31) sagt, daß sie »das Licht der Sprache und des Rechts« seien.

Pyrenäenbär Die Chancen sind gering, dem illustren Sohlengänger, Schafmörder und Märchenlieferanten zu begegnen: Kaum mehr als zehn davon leben noch im Grenzgebiet von Frankreich und Spanien. Dafür bildet die früher vom Aussterben bedrohte Gemse heute einen über dreieinhalbtausendköpfigen, springlebendigen Bestand. Zu der vom Nationalpark (Vallée d'Ossau) geschützten Pyrenäenfauna gehören auch der Luchs, die Ginsterkatze, das Hermelin, der Bartgeier, das Schneehuhn und der äußerst seltene Kaiseradler.

Maurice Ravel Geboren wurde er 1875 in Ciboure im Baskenland, wo man sein Haus am Quai von Saint-Jean-de-Luz sehen kann. Strawinski verglich diesen eleganten, zierlichen Herrn, der immer wie aus dem Ei gepellt aussah, mit einem »Schweizer Uhrmacher«. Trotzdem aber steuerten gerade das benachbarte Spanien und der Ferne Orient seiner eleganten, empfindsamen, raffinierten Musik, die einen harmonischen Übergang zwischen der alten und der neuen Musikwelt bildet, ihre Klangfarbe bei. Ravel kennt »seinen« Mozart, er kennt aber auch die neue

Wiener Schule und versteht den Jazz. Er ist ein Mann der klaren Synthesen und der klugen Spiegeleffekte. Niemals hat der Erfolg diesem Dandy geschadet, dem Liebling der *années folles*. Er hinterließ ein beachtliches Erbe, Autorenrechte und Tantiemen (der »Boléro« ist eines der meistgespielten Stücke der Welt), um die sich die Anspruchsberechtigten in langen und namhaften Prozessen streiten. Die Maurice-Ravel-Akademie in St-Jean-de-Luz befaßt sich mit dem musikalischen Erbe. Ravel starb 1937 in Paris.

Elisée Reclus wurde in Sainte-Foy-la-Grande (Gironde) geboren. Er lebte von 1830 bis 1905 und war der bekannteste Nachkomme aus einer Protestantendynastie oder besser einer Wunderfamilie. Der Vater, ein Pastor, gründete in Orthez (Pyrénées-Atlantiques) eine autonome Kirche. Die Söhne, sämtlich antikonformistisch und rebellisch, wurden von Napoleon III. verbannt. Gemeinsam vertraten sie eine planetare Weltsicht. Der älteste, Elie, war der Theoretiker der Anarchie. Elisée, der zweite, rüttelte an Monumenten der Wissenschaft: »Universelle Geographie«, »Geschichte eines Baches«, »Geschichte eines Gebirges«. Onésime, der dritte, schrieb »Die Erde aus der Vogelschau«. Armand, der vierte, war am Bau des Panamakanals beteiligt. Paul, der jüngste und letzte, war Arzt und führte die Lokalan-

ästhesie allgemein ein. Ihre Schwester Pauline Kergomard war die erste Frau, die in das Höhere Kollegium für öffentliches Schulwesen gewählt wurde; sie erfand die Vorschulerziehung, die *Ecoles maternelles*.

Ringeltaube Diese hierzulande *palombe* genannte Art der Feldtauben mit ihrem blaugrauen Gefieder wandert im Herbst in die klimatisch milderen Länder Nordafrikas und überfliegt dabei Aquitanien: zu ihrem Unglück und zum Glück für die Besitzer von Zehntausenden von Jagdflinten, die in der Hoffnung auf sie gen Himmel gerichtet sind… Am Lukastag (18. Oktober) steigt das sprichwörtliche »große Ding«; da knattern dann die Flintensalven aus den *palombières*, den Hütten aus Astwerk und Farnblättern, die der Traum einer verlängerten Kindheit in den Bäumen sind. Im Flachland der Landes, in den Vorbergen der Pyrenäen und an den baskischen Gebirgsübergängen fängt man die reiselustige Taube auch mit Hilfe von Netzen. Das Wichtigste ist in jedem Fall das »blaue Fieber«, die Ausrede der Männer, um der Arbeit fernbleiben und mit den Gefährten jubelnde Feste feiern zu können.

Romanische Kunst Die Gläubigkeit des Mittelalters begleitete die ganzen Wege, die nach Santiago de Compo-

Nationalsport der Basken: das Pelota-Spiel

Spiele Die Tage eines Aquitaniers sind mehr als ausgefüllt. Wenn er sich nicht einem Zeitvertreib hingibt, der auch andernorts bekannt ist, wie etwa dem Boulespiel, Skilaufen, Segeln, Tennis oder Fußball, dann beschäftigen ihn sicherlich eher eigentümliche Spiele.

Denn man spielt hier häufiger als anderswo, das gilt selbst für das Kartenspiel, das man sogar (im Baskenland) als Wettkampf betreibt. Man kegelt mit sechs oder neun Hölzern (es gibt hier die kleinsten Vereine ganz Frankreichs), man spielt natürlich Rugby, man wettet beim Stierkampf. Man spielt mit Kühen die *courses landaises* (siehe dort), man spielt mit Lederbällen Pelota, mit der bloßen Hand oder mit der *chistera*, dem Fangschläger, um Ehre oder Geld.

Diese Vielzahl von einheimischen Spielen und Sportarten, deren wesentlichstes Element Schnelligkeit und ein Gefühl für geschicktes Ausweichen anstelle von Konfrontation sind, mag zu dem Ausspruch geführt haben, der Aquitanier habe seiner Frau nur deshalb die häuslichen Finanzen überlassen, damit er genug Zeit für Spiele habe, den liebenswerten Ersatz für die Turnierkämpfe und Kriege, mit denen er jahrhundertelang beschäftigt war.

Steinpilz Der Edelpilz schlechthin, seit Urzeiten hochgeschätzt, wächst nach den ersten Sommerregen. Im

stela führten und sich im Südwesten Frankreichs, in Richtung auf die großen Pyrenäenübergänge wie Roncesvalles, vereinigten. Die kostbarsten Kunstschätze liegen sicherlich nördlich in der Region Poitou-Charentes, doch es wäre nicht richtig, Aquitanien einfach mit Stillschweigen zu übergehen. Das Périgord ist, wie seine Erde mit Trüffeln, mit reizvollen kleinen Kirchen gespickt. Nicht versäumen sollte man davon zumindest Sainte-Croix (Bordeaux), Lescar (Pyrénées-Atlantiques), Moissac (Tarn-et-Garonne), Flaran (Gers), Sorde-l'Abbaye (Landes) und die großartige Ruine von La Sauve-Majeure (Gironde).

Schalotte Die verschiedenen Kulturen Frankreichs lassen sich auch so definieren: im Norden Schweineschmalz und Kartoffel, im Westen Butter und Sahne, im Süden Olivenöl und Knoblauch. Dem Südwesten entspricht die Schalotte und das Gänsefett, auf denen die traditionelle Küche des Landes basiert. Charakteristisch für diese Landschaft ist überdies, daß die Ausgangsstoffe in reicher Fülle vorhanden sind; man braucht sie nicht einzuführen, sie sind in nächster Nähe zu finden: Austern, Barben, Thunfische, Glasaale, Alsen, Lampreten, Geflügelleber, Trüffel, Steinpilze, die unvergleichlichen Marensin-Spargel, Melonen und Tomaten aus Marmande, Pflaumen aus Agen, Nüsse aus dem Périgord, Flußfische, Wild, Gewürze aus Espelette, Pökelwaren und natürlich Bordeaux-Weine, aber auch Weine aus Bergerac, Madiran, Irouléguy, Jurançon, Cognac, Armagnac... So konnte Michel Guérard wohl mit Recht sagen: »Würde man die Grenzen Aquitaniens schließen, wären die Feinschmecker außerhalb aufgeschmissen.«

Ski Eine der beliebtesten Arten der Freizeitgestaltung für den Aquitanier, wenn er nicht auf die Jagd geht (siehe unter »Gewehre«) oder sich auf sportliche Spiele verlegt, die er – wie die Pelota – erfunden oder – wie Rugby und Golf – bei sich heimisch gemacht hat. Als besonders vom Glück Begünstigter kann er, ohne weit fahren zu müssen, über die Wogen wie über den Schnee dahingleiten. So hat er die Pyrenäen für sich erschlossen. Die Skiorte La Mongie, Barèges, Luz-Saint-Sauveur, Cauterets, Saint-Lary-Soulan gehören zu den wenigen Stellen, wo Leute aus Bordeaux sich bereit finden, mit Leuten aus Toulouse zu sprechen.

Périgord setzt dann der Run auf die Eichenwälder ein, mitunter ist es der reinste Krieg! Gegen das ehedem freie Sammeln machen die Gemeinden heute ihr Eigentumsrecht geltend, denn die Preise für Steinpilze, auch wenn sie die der Trüffel nicht erreichen, bessern den Etat angenehm auf. In den letzten Jahren kam es vor, daß auf Pilzsammler geschossen wurde. Und es wird sogar von einem Mann berichtet, der verrückt geworden sei, weil er mehr als eine Tonne Steinpilze gefunden haben soll.

Aus Steinpilzen bereitet man mit gehacktem rohen Schinken, einigen Brotbröseln und Weißwein die beste unter den in den Landes heimischen Soßen zu. In Bordeaux ißt man Steinpilze lieber frittiert mit Schalotten (oder mit Knoblauch) und Petersilie.

Strände Der 240 Kilometer lange Gürtel aus feinem Sand ist seinem Urzustand noch sehr nahe (siehe S. 38). So sehr, daß die Badeorte der Côte d'Argent, der Silberküste, einen etwas herben Reiz bewahrt haben, den man an den Ufern des Mittelmeeres vergeblich suchen würde. Soulac, der nördlichste, bei dem eine uralte Siedlung unter den Wogen schlummert, ist ein köstliches Sammelsurium blütengeschmückter *folies* und abenteuerlich gestylter Buden ... Lacanau ist ziemlich verschandelt; Le Porge gleicht einem provisorischen Feldlager; Arcachon ist eine Welt für sich (siehe S. 124); Mimizan, wo das Wüten des Golfs von Biskaya zuweilen Wracks ans Land wirft, hat etwas Kraftvoll-Stärkendes an sich; Hossegor, von Blumen überschäumend, ist mondäner. Jenseits von Bayonne beginnt dann die Baskenküste, romantischer mit ihrem zerklüfteten Profil, mit ihren putzigen Häfen und den kleinen Buchten daneben. Biarritz ist ihre ein klein wenig müde gewordene Königin, Saint-Jean-de-Luz die lichtstrahlende Infantin. Doch es gibt in dieser Krone

Perlen geringerer Größe, winzige, ländliche Juwelen, die es zu entdecken und dann nie mehr mit jemandem zu teilen gilt, wie etwa L'Amélie-sur-Mer, Contaut-l'Herbe oder Saint-Girons ...

Tabak Wie für den Mais ist das milde, feuchte Klima auch günstig für die Entwicklung der Tabakpflanze, die zu Beginn des 17. Jahrhunderts im Département Lot-et-Garonne auftaucht. Die großen Tabakdarren aus Holz gehören ebenso hierher wie die Taubenhäuser zur Landschaft des Périgord und des Agenais. Beim Tabakanbau gewinnt mehr und mehr der »blonde« an Boden gegenüber dem »schwarzen«, den die Franzosen immer weniger rauchen. Man stellt noch einen echten »Puro« – wie die Havanna! – kleineren Durchmessers, den »Picaduro«, her. Ob die Zigarettenarbeiterinnen von Bergerac ihn wirklich auf dem Oberschenkel rollen, weiß ich nicht. Aber vielleicht tun es die Leute von dem hübschen Tabakmuseum in Bergerac.

Täler Von rieselnden Wassern ausgewaschen, von Flüßchen und Flüssen (siehe Seite 6) fruchtbar gemacht, ist Aquitanien ein komplexes, bezauberndes In- und Durcheinander von Tälern ... Bezaubernd, weil das Tal mit dem Rauch seiner Häuser, mit seinem Geläute, seinen langen Schatten, seinem umzäunten Grün in unserer Kulturtradition mit dem Inbegriff von Ruhe, von Frieden verbunden ist. Komplex, weil nur selten von einer dieser kleinen Welten Verbindung zur anderen besteht. Vom baskischen Labourd ins Vallée d'Ossau im Béarn, von der Eyre im Département Gironde an die Vézère zu fahren, heißt, jedesmal wieder in eine andere Welt, in eine andere Mentalität, beinahe in eine andere Sprache eintauchen. Die rätselhaftesten unter den rätselhaften, stolz und großartig: die Pyrenäentäler.

Unter all den Stückchen Erde, auf denen sich die bewegte Geschichte der Gallier vollzieht, ist keines weniger von Gewaltsamkeit geprägt als das Dreieck zwischen den Wildbächen der Pyrenäen, dem Atlantik und der Garonne.

Und dieses so gewaltlose Volk erwählte sich als Lieblingsspiele ausgerechnet das Rugby, den brutalsten Sport, den britische Gentlemen jemals erfunden haben, und den Stierkampf, diese blutige Konfrontation, in der die spanische Kultur ihre zwiefache Obsession – den Tod und die Wahrung der Ehre – ritualisiert hat. Als wollten sich die friedlichsten unter den Franzosen für ihr langes Abseitsstehen bei den grausamen Zwistigkeiten der Geschichte dadurch revanchieren, daß sie aktiv dabei sind, wenn Krieg und Leiden auf ingeniöse Weise verbildlicht werden.

Nur das Phänomen von Ersatzhandlungen? Ein sanftes Volk – gewaltsame Spiele? Sollten die Aquitanier, statt sich auf dem Schlachtfeld zu zerfleischen, es vorgezogen haben, ihren Aggressionstrieb an gleichnishaften Übertragungsobjekten auszulassen? Nein, die Gründe für die vehemente Liebe für Rugby und Stierkampf in Aquitanien müssen mehr in der

Rugby – ein Phänomen von Ersatzhandlungen?

DIE LEIDENSCHAFTEN EINES SANFTEN VOLKES

Jean Lacouture über Rugby und Stierkampf

Geschichte, der Geographie und den Handelsbeziehungen gesucht werden als in Triebkräften der Massenpsychologie. Seit Mitte des 19. Jahrhunderts verwandelten sich junge Briten, die sich zum Weineinkauf oder zum Verkauf ihrer Stoffe an der Gironde niedergelassen hatten oder die man zum Auskurieren ihrer Lungen ins Béarn geschickt hatte, in »Fünfte Kolonnen« des 15-Mann-Spiels. So wurde 1890 der Bordeaux Athletic Club, der anfangs nur aus Briten bestand, gegründet. Neun Jahre später wurde eine andere Mannschaft der Gironde, Le Stade aus Bordeaux, französischer Meister. In diesem Sieg wenige Jahre nach der furchtbaren Phylloxera-Katastrophe (Phylloxera ist eine Reblaus, die den Weinbau um Bordeaux für lange Zeit ruinierte) mag man einen erfolgreichen Versuch des Médoc und von St-Emilion sehen, die Scharte auszuwetzen.

Doch nicht allein Geschichte und Handel bestimmten die Verbreitung und die Popularität des Rugbyspiels in Aquitanien; der ovale Ball hätte das Land nicht erobern können, wenn die soziologischen und morphologischen Bedingungen nicht günstig gewesen wären.

Für die Liebe der Aquitanier zum Rugby habe ich eine andere Erklärung. Sehen wir doch mal einem Rugbyspieler zu, und dann schauen wir uns an, wie ein Bauer hier redet: Frappierend ist bei beiden die Rolle, die ihre Hände spielen. Im Gegensatz zu einer Fußball-Elf ist es für das 15-Mann-Spiel charakteristisch, daß die Hände auch dazu da sind, Platz zu schaffen, den Gegner zu behindern und den Ball zu tragen. Der ganze Körper ist beim Rugby aktiv beteiligt. Man muß gesehen haben, mit welcher Verachtung meine rugbyspielenden Freunde von den Fußballchampions als »Pinguinen«, als »einarmigen Krüppeln« sprechen. Und wie man von den Gascognern sagt, sie redeten genauso mit den Händen wie die Mittelmeervölker, so drücken sich die Rugbyspieler mit ihren Fingern, Handflächen und Armen aus: eine schicksalhafte Übereinstimmung zwischen dem Ausdrucksfähigsten, das diese Männer besitzen, und einem Spiel, das genau diesen Teil des einzelnen zur Darstellung bringt. Das Hilfsmittel beim Reden ist die Waffe beim Spiel.

Es mag noch hingehen, sich Schädel an Schädel und Fresse an Fresse mit den kräftigsten Kerlen des nächsten Dorfes oder mit den rauhesten *boys* aus dem Kohlenbergland von Monmouth herumzubalgen. Aber sich zehn- oder zwölfmal jährlich in Dax, Mont-de-Marsan, Bayonne oder Tyrosse um die sandigen Arenen zu scharen und zuzusehen, wie Stiere gemordet werden, die wie die meisten ihrer Mörder aus Spanien stammen – liegt darin für Leute, die so sanftmütig sind, nicht eine ungeheure Inkonsequenz?

Aber Spiele mit Stieren haben die Menschen hier zu allen Zeiten begeistert. Im Südwesten Frankreichs sind es freilich auch oft keine Stiere, sondern nur Kühe, gegen die junge Leute seit Jahrhunderten auf Dorfplätzen oder in Arenen zum Kampf antreten. Ist das weniger gefährlich und unblutig? Sicher, denn das traditionelle Stierspiel in den Landes besteht hauptsächlich darin, dem Ansturm des gehörnten Tieres ohne Waffe durch eine rasche Seitwärtsbewegung der Körpermitte auszuweichen oder darüberzuspringen. Das Tier ist dabei nicht in Gefahr. Wohl aber der Torero – von ihnen sind in den letzten Jahren drei ums Leben gekommen. Aber so sehr sich dieses Spiel auch von der spanischen Corrida unterscheidet, es beruht hier wie da auf dem beredten Gegensatz zwischen dem blindwütigen Drauflosstürmen eines Tieres und der gelassenen Ruhe eines Menschen und dessen überlegenem Können.

Die nach den Landes benannte Art des Stierkampfs, die Course landaise, ist sehr populär, wenngleich auch weniger als die Corridas nach spanischem Vorbild, bei denen die be-

rühmtesten Toreros gegen Stiere aus den bekanntesten Zuchtfarmen Spaniens, Miura, Domecq oder Martin, auftreten. Und dabei wird der Stier getötet. Nun ja, eine *feria* in Dax oder Mont-de-Marsan weicht eben, was das Geschehen in der Arena anlangt, nicht im geringsten von denen in Santander oder Huesca ab. Und der große Torero Paquirri, der unlängst von einem Stier getötet wurde, hatte Dax, wo er eine Woche vor seinem Tod noch gekämpft hatte, zu seiner Lieblingsarena erkoren.

Abgesehen von den lokalen Traditionen – die Geschichte unseres Landes wurde von zwei Ereignissen geprägt, die dazu beitrugen, daß die spanische *fiesta nacional* zu einem Bestandteil unserer Kultur wurde: dem Tod eines großen Malers und der Eheschließung eines Kaisers. Der größte spanische Künstler seiner Zeit, Francisco José de Goya y Lucientes, der als gefährlicher »Liberaler«, Atheist und Republikaner galt, sah sich 1824 gezwungen, aus dem Spanien der Bourbonen zu fliehen. Er suchte Zuflucht in Bordeaux. Und obgleich er aus Aragón südlich der Pyrenäen und damit aus einer der Provinzen stammte, die am wenigsten stierkampfbegeistert sind, brachte er mit seinem Genie auch die Leidenschaft für die Stiere mit. Durch die berühmten, wenige Jahre vor seinem Tod gemalten »Stiere von Bordeaux« erteilte der greise, schon taube Meister dem Stierkampf in Aquitanien seinen Adelsbrief.

In der Maison Goya in Bordeaux kann man die schönen »Tauromaquia«-Stiche sehen, auf denen der Maler aus Saragossa eine recht seltsame Schilderung des Stierkampfs gibt: So läßt er auch Araber auftreten, die doch in Spanien kaum Geschmack an Stierkämpfen gefunden zu haben scheinen. Im Gegenteil, es waren die jungen spanischen Adligen, die sich seit dem 14. Jahrhundert in diesen gefährlichen Kampfspielen übten, um für die Kämpfe gegen die maurischen Besatzer im Zuge der Reconquista gewappnet zu sein.

Noch wichtiger ist die Eheschließung Napoleons III. im Jahre 1853 mit Eugenia de Montijo, einer stierkampfbegeisterten und für das Baskenland schwärmenden Madriderin. Sie war es, die 1855 in Bayonne den Stierkampf nach spanischer Art durchsetzte, die jeden Herbst die Arena eröffnete und den Corridas präsidierte. Sie wurde vom damaligen Zeitgeschmack unterstützt, der durch die Bücher von Prosper Mérimée und Théophile Gautier in Frankreich mitgeprägt wurde, vor allem durch »Tras los montes«, eine glänzende Reportage über die Corrida in Spanien gerade zu der Zeit, als die Kampfregeln entstanden, die heute noch Geltung haben. In Spanien ist die Corrida, obgleich im Verfall begriffen, ein Ausfluß des gesellschaftlichen Lebens. Sie ist sorgfältig integriert und reglementiert, während sie in Aquitanien sogar dann, wenn französische Toreros ihr Können zeigen, immer noch »importiert« ist und ein exotisches Aroma behält. Aber was sie so eng mit unserem Leben verbindet, und sogar mit dem ihrer zahlreichen Feinde, ist das, was sie mit der Leidenschaft für das Rugby gemeinsam hat.

Vor kurzem traf ich beim Verlassen der Arena von Bayonne, wo ich gerade gesehen hatte, wie der en vogue gewesene Matador Paco Ojeda sich von einem zu Recht anspruchsvollen Publikum auspfeifen lassen mußte, die Frau eines der einflußreichsten Mitglieder der Regierung Fabius. »Und der Minister ist nicht da?« fragte ich. »Er? Er mag nur Rugby, der Arme. Er hat noch nicht begriffen, daß das ein und dasselbe ist«, meinte sie seufzend – eine ungemein kluge Frau.

Ein und dasselbe? Natürlich nicht ganz. Mag

das Rugbyspiel auch seine Gefahren mit sich bringen – es macht den Tod nicht zum Mittelpunkt. Rugby ist eine Hymne auf das pralle Leben, der Stierkampf hingegen eine Totenmesse. Aber in den Bewegungen sowie in den Worten und Gebräuchen von Akteuren und Zuschauern, in jenem maßlosen, hingerissenen, spannungsgeladenen, gefährlichen Etwas, das über den Arenen wie über den Stadien liegt, ist etwas Geheimnisvoll-Verwandtes. Es ist nicht zu übersehen, daß sich auf dem Gras, wo unsere Spieler gegeneinander antreten, auch der Schatten von Stierhörnern abzeichnet. Und die Toreros, die wir am meisten schätzen, sind stets dieselben, die schon morgen auch im Gedränge des Rugby mitmischen könnten.

Jedenfalls ist an den Beziehungen zwischen Aquitaniern und dem Stierkampf eines klar. Sie folgen nicht den von den amerikanischen Anthropologen J. R. Conrad aufgestellten Regeln, wonach in der Corrida die Hinrichtung des Vaters, die Zerstörung der Hierarchien zu sehen ist: Mangels Möglichkeit, gegen Chef, Staat oder Kirche vorzugehen, töte der Spanier sie im Stier, durch die Hand des Toreros. Eine verführerische These, die aber seit der Liquidierung des Franco-Regimes, dem Verfall des Klerikalismus, den heute freieren Sitten in Spanien und dem fortdauernden engen Nebeneinander von Demokratie und Corrida weitgehend entkräftet wird. Francos Tod hat den Stierkampf südlich der Pyrenäen nicht zum Erliegen gebracht, ebensowenig wie in Frankreich der Mai 1968 und das Bersten des Familiengefüges den Geschmack an der Corrida verlorengehen ließ.

Für uns jedenfalls kann sie kein Revolteersatz sein – vielmehr eine der wenigen magischen Feiern, die mit einer an Ritualen arm gewordenen Gesellschaft noch vereinbar sind, ein zauberhafter Rausch, dem sich ein Bürger von heute hingeben, dessen er sich aber auch wieder entledigen kann.　□

Sempé

Der neue BMW 325e mit Katalysator:

M · NX 5428

Ein neues, ganz eigenständiges Katalysator-Automobil, dessen Umweltfreundlichkeit weit über den Katalysator hinausgeht.

BMW 325 e mit Katalysator:
Ein eindrucksvolles Beispiel dafür, daß überlegenes BMW Know-how zwingende Antworten auf Probleme unserer Zeit möglich macht.
BMW bietet heute schon ein umfassendes Programm von Katalysator-Automobilen

318i	/ 318i Automatic	2 Türen
318i	/ 318i Automatic	4 Türen
325e	/ 325e Automatic	2 Türen
325e	/ 325e Automatic	4 Türen
525e	/ 525e Automatic	
535i	/ 535i Automatic	
M 535i	/ M 535i Automatic	
735i	/ 735i Automatic	
635CSi	/ 635CSi Automatic	

– 18 Modellvarianten aus 4 Baureihen. Und BMW besitzt ein einzigartiges Know-how beim Einsatz der dafür notwendigen leistungsfähigen elektronischen Triebwerkssteuerungen.
Der neue BMW 325 e mit Katalysator ist ein besonders eindrucksvoller Beweis für das zukunftweisende BMW Engagement für umweltfreundlichste Automobiltechnik.

Der 325 e ist ein eigens und speziell für den Katalysatorbetrieb ausgelegtes Fahrzeug – ein Automobil mit ganz eigenständigem Charakter, wie man es woanders nicht kaufen kann.
Der 325 e bietet eine neue Form von Leistungsfähigkeit, kombiniert mit einer außergewöhnlichen Energie-Ökonomie und Umweltfreundlichkeit, wie es sie in dieser kompakten Form noch nie gegeben hat.

Der BMW 325 e hat bei vergleichsweise zurückhaltender Maximalleistung ungewöhnlich viel Hubraum: 2,7 l bei 90 kW (122 PS).
Seine gesamte Charakteristik mit sehr hohem Drehmoment bereits bei geringen Drehzahlen macht umweltfreundliches und zugleich sehr wirtschaftliches Fahren besonders leicht.

Das Triebwerk besitzt alle Tugenden berühmter BMW 6-Zylinder-Reihen-Motoren, arbeitet aber mit einer Effizienz, die nahe an die eines Dieselmotors heranreicht.
Grundlage dafür ist der konsequent gesteigerte Wirkungsgrad der Triebwerksmechanik, der Gasführung und -verbrennung. Vor allem aber der Einsatz der leistungsfähigsten Triebwerkssteuerung: der Digitalen Motor-Elektronik.

Digitale Motor-Elektronik bei BMW:
Mit technologischem Fortschritt zu ökologischen Zielen.
Der Computer im BMW 325 e steuert mit seinen vielfältigen Möglichkeiten

das Triebwerk auch unter schwierigsten Bedingungen immer optimal.
Diese umfassende Triebwerkssteuerung sorgt nicht nur für geringstmöglichen Verbrauch, sondern ist auch eine ideale Basis für bestmöglichen Katalysatorbetrieb.

Der BMW 325 e: Durch das integrierte Gesamtkonzept von Motor und Getriebe wird eine Leistung erzielt, wie sie zeitgemäßer nicht sein kann.
Das Konzept des 325 e umfaßt auch die optimale Abstimmung der Triebwerks-Charakteristik auf die Getriebe und umgekehrt.
Das betrifft sowohl das serienmäßige 5-Gang-Getriebe als auch ganz besonders die auf Wunsch lieferbare neue 4-Gang-Automatic mit Wandlerüberbrückungs-Kupplung – beide mit Schongang-Charakteristik.

325 e Katalysator	5-Gang-Getriebe	4-Gang-Automatic
Höchstgeschwindigkeit km/h	193	188
Beschleunigung 0-100 km/h s	10,1	11,9

Die Umwelt braucht nicht neue Diskussionen, sondern neue BMW. Handeln Sie. Der neue BMW 325 e mit Katalysator gibt Ihnen die besten Voraussetzungen.
Selbstverständlich kann der 325 e – wie das gesamte BMW Katalysator-Modellprogramm – vorbereitet zur späteren Umrüstung ausgeliefert werden.
Sie kaufen also ein Katalysator-Automobil jetzt, fahren es mit einem Katalysator aber erst dann, wenn der gegenwärtige Engpaß bei der Versorgung mit bleifreiem Benzin überbrückt ist.

Werden Sie jetzt ganz im Sinne der Allgemeinheit für die Umwelt aktiv.
Wer aus sozialer, ökonomischer und vor allem ökologischer Weitsicht besondere Ansprüche an ein Fahrzeug der ersten Klasse stellt, findet bei BMW viele ideale Angebote. Ein eindrucksvolles Beispiel: der neue 325 e mit Katalysator.

Kauf, Finanzierung, Leasing – Ihr BMW Händler ist immer der richtige Partner.

BMW in Btx ★ 20900 #

Jean Gaumy

Seit dem 16. Jahrhundert baut man im Périgord und in Lot-et-Garonne Tabak an

Seit dem 16. Jahrhundert baut man im Périgord und in Lot-et-Garonne Tabak an

Das Département Gironde weist zwei prächtige Fassaden auf. Die ältere ist das Erbe von Patriziern; sie besteht aus sauberen Bordeleser Steinquadern von klassischer Strenge: Hier zeigt sich der Reichtum in der Qualität. Das ist die Fassade des Handels.

Wer in unserer Gegend von Handel spricht, meint in erster Linie Wein. Die noble Schönheit der ersten Fassade wurde indessen bis zur Mitte des letzten Jahrhunderts in gleichem Maße – wenn nicht sogar überwiegend – durch einen ganz anderen Handel finanziert: den Sklavenhandel, das Geschäft mit »Ebenholz«, wie man es verschämt nannte. Es funktionierte dank eines Dreiecksgeschäfts zwischen dem Quai des Chartrons (siehe Seite 137) in Bordeaux, den Küsten Afrikas und den Antillen; von dort kamen die Schiffe dann zurück, voll beladen mit Rohrzucker und Vanille, kraft derer die Kais und auch die Stadt von exotischen Wohlgerüchen dufteten.

Die andere, halbluxuriöse Fassade von Gironde und ganz Aquitanien ist modern. Es ist ein knapp dreihundert Kilometer langes riesiges Schaufenster, in dem sich Meeresstrände aus blondem Sand spiegeln, und dazu der ausgedehnteste und ebenmäßigste Wald im westlichen Europa, gänzlich von Menschenhand geschaffen: sechstausend Quadratkilometer, allesamt mit Kiefern bepflanzt. Das Paradies des Jedermann-Tourismus, natürlich mit seinen Enklaven für Milliardäre: Royan, Arcachon, Hossegor, Biarritz.

Das Hinterland ist die Ladenstube dieser beiden aufwendigen Fassaden, an denen die beiden Monokulturen Wein und Kiefern die Schaufenster füllen. (Das Geschäft mit Sklaven, nur historisch bedeutsam, und auch das mit dem Tourismus, das nur saisonbedingt ist, lassen wir hier beiseite.) Wie in allen Ladenstuben, selbst den ordentlichsten, findet sich auch hier ein bunter Trödelkram. Hier ist es der der Polykultur.

Wir aus dem Hinterland, besonders aus dem Département Lot-et-Garonne, versorgen die Mittelstädte und Marktflecken unserer Gegend im jahreszeitlichen Rhythmus mit Fleisch, Gemüse und Obst aller Art. Ohne uns wären unsere reichen Nachbarn mit ihren Monokulturen auf die Tiefkühlkost und die Konservendosen der Lebensmittelindustrie angewiesen.

Wenn Sie die Schönheiten von Lot-et-Garonne entdecken wollen, dürfen Sie sich nur auf sich selbst verlassen. Und Sie müssen sich Zeit nehmen, um kennenzulernen, wie glücklich es sich hier leben läßt. Das ist an einem Tag nicht zu schaffen.

In Langon verlassen Sie die Weingegend und lassen das Sauternais ein paar Kilometer rechts liegen: Der Sprung ist deutlich sichtbar, wie auch nachher wieder, wenn Sie in der Nähe von Villandraut den Kiefernwald erreichen. Sie kommen da in eine Gegend, deren Gleichförmigkeit in ihrer launenhaften Vielfalt wurzelt: Talmulden, Wäldchen, kleine Wasserläufe, die sich genauso wie die Straßen dahinschlängeln, die Häuser umgeben von Wiesenland (weitgestreute Siedlungsweise, weil im Untergrund überall Wasser ist und jeder Bauernhof seinen eigenen Brunnen besitzt).

Getreide-, Tabak- oder Weinfelder oder auch Obstgärten ziehen sich kaum jemals über mehr als einen Hektar hin, und diese Vielfalt reizt wie in den Bergen ständig das Auge – doch hier und überall, wohin mein Fahrtvorschlag führt, sind keine Berge.

Und so entdecken Sie bald hinter Langon, auf dem flachen Land, zwischen Äckern und kleinen Wäldern eine richtige Burg mit Türmen, Wehrmauern, Pechnasen, mit Zugbrücke und Ringgraben. Es ist das Château de Roquetaillade, erbaut im Jahr 1306 von einem Neffen Bertrands de Got, der ein Jahr vorher zum Papst gewählt worden war und sich Clemens V. nannte. Er war 1264 ganz in der Nähe, in Villandraut, geboren, und er ruht seit fünfhundert Jahren einige Kilometer entfernt im Dorf Uzeste in seinem weißen Grabmal.

Er war der Papst, der seinen Sitz nach Avignon verlegte. Und er war es auch, der die Tempelritter der finanziellen Begehrlichkeit Philipps des Schönen opferte. Hier nimmt man ihm das kaum übel: Es ist ja längst Geschichte, doch für den Touristen ist es fast immer eine gerngesehene Überraschung, wenn er so, bei einem Umweg über eine Nebenstraße, auf das Grab des ersten französischen Papstes stößt.

Schloß Roquetaillade und die Kollegiatskirche des Papstes in Uzeste haben noch andere Besonderheiten. Das Schloß wurde im vorigen Jahrhundert von dem berühmten Viollet-le-Duc »restauriert«, der in Paris die Kathedrale Notre-Dame so umgestaltet hat, wie wir sie heute sehen; er hat große Fenster herausgebrochen, hat es nach seiner Fasson und nach seinem – sehr kitschigen – Geschmack verziert und es so zu etwas Bürgerlich-Wohnlichem oder wenigstens annähernd dazu gemacht.

Ich mag das Schloß sehr, denn es war Kulisse für den Film »Mit Mantel und Degen«, aber viele kritisieren den Umbau. Jedenfalls ist Roquetaillade so »hübsch«, daß man sich in ihm in einen historischen Roman aus dem 19. Jahrhundert versetzt glaubt, mit galanten Szenen auf den Wiesen ringsum und unterm Laub der großen, hundertjährigen Bäume.

Um das Grabmal von Papst Clemens V. versammeln sich jeden Sommer einige tausend junge Leute. Das ist Bernard Lubat, einem Sohn des Landes, zu verdanken, der vor rund zehn Jahren beschloß, seinem Heimatort Uzeste ein Festival

HINTER KIEFERN UND WEIN

Roger Boussinot über das Département Lot-et-Garonne

der modernen Musik zu schenken; es spielt sich in und um die gotische Kollegiatskirche ab, wo die ruhende Gestalt in weißem Marmor ganz ohne Zweifel zuhört und sich an so viel Respektlosigkeit ihr gegenüber freut.

Von Bazas im Département Gironde bis nach Auch im Département Gers erstreckt sich ein Gebiet, in dem es für einen geschichtsliebenden Geist noch viel zu erforschen und zu entdecken gibt: Das flache Land ist übersät von Kapellen, Kirchen, adretten Schlössern, Klöstern und Marktplätzen mit Arkaden, und die Vertrautheit im Umgang mit alledem gehört hierzulande zum Lebensgefühl, zur Lebensfreude – manchmal schon seit dem zwölften oder dreizehnten Jahrhundert.

Die ältesten Kirchen sind die des Landvolks oder der Bevölkerung der bescheidenen Landstädtchen. Die »Schlösser« wie etwa Château Grignols, kaum zwanzig Kilometer südöstlich von Bazas, waren trotz ihrer runden Türme und ihres vierschrötigen Bergfrieds Jahrhunderte hindurch keine »festen« Burgen, denn sie erlebten praktisch nie einen Krieg.

Die heftigsten Schlachten unter den örtlichen Adelsherrn erledigten sich durch bloßes Palavern, sobald erst einmal zehn Menschen eines gewaltsamen Todes gestorben waren, was sicher auch schon zu viele waren! Aber ich erwähne es ja auch nur wegen des nützlichen Vergleichs zwischen unserer sanftmütigen Gegend und der Grausamkeit der Jahrhunderte, die sie durchgemacht hat. Das ging so weit, daß manche dieser Schlösser die reinen *gasconnades* (Witze) sind, so etwa Casteljaloux, das nie etwas anderes war als ein Jagdtreff Heinrichs IV. und des Hofes von Navarra.

Aber ist bei uns Geschichte je ganz ernstgenommen worden? Ja, gewiß, freilich anderswo: Besuchen Sie beispielsweise Xaintrailles. Da finden Sie eine Burg aus dem 12. Jahrhundert, die gegen 1440 gänzlich erneuert wurde – zum Vergnügen, zur Glorie ihres Herren, des berühmten Xaintrailles, Marschall von Frankreich, Waffengefährte von Jeanne d'Arc, der, nachdem er einen Schlußpunkt hinter den Hundertjährigen Krieg gesetzt hatte, in seine heimische Umgebung zurückkehrte.

Und da wir nun schon einmal im Umkreis von Nérac sind, fahren Sie doch das Sträßchen, das in der kleinen Gemeinde Durance zur Chapelle Lagrange führt, und schauen Sie sich dort die rund sechzig »bemalten Figuren« an, die diese Kapelle zu bieten hat! Sie sind aus dem 15. Jahrhundert, und obschon von der Zeit etwas mitgenommen, noch immer so, wie Heinrich IV. – Nérac war eine seiner Hauptstädte – sie betrachtet hat.

Bei uns schlendert man, treibt man sich herum, stößt man durch Zufall auf Wunderdinge, und die Natur, das sei zuzugeben, ist großzügig mit uns; sie schenkt uns das allergemäßigtste von einem gemäßigten Klima: Ein ganzer Tag Regen – das ist schon Schlechtwetter; eine Nacht lang Westwind nennen wir schon einen Sturm; drei Tage Schnee (fünf Zentimeter) im Februar ist für uns bereits Sibirien, der Frühling reizt uns mit den Koketterien eines Verliebten: Er leistet sich

in den letzten Jahren häufig den Spaß, uns zu drohen, er komme nie wieder; dabei spielt er dann, wie mit Bällen, mit den Wolken vom Atlantik.

Aber der Herbst ist immer verschwenderisch mit Farben und Düften; ich kenne recht viel an Farbpaletten der Natur, aber keine hat diese zugleich tiefen und leichten Braun-, Ocker- und Lilatöne, dieses vielfältige Grün, dieses Rostrot, unterschiedlich je nach den verschiedenen Arten von Ginster oder Brombeerranken und von Sträuchern oder Wiesen.

Sofern man noch einen von der Zigarette nicht ganz zerstörten Geruchssinn besitzt, haben alle Farben die subtilen Düfte der Erde, des Heidekrauts, der Edelkastanien, der Gräser und der Eichen, der Farnkräuter und der Maispflanzen, mit all den Nuancen, die hinzukommen, je nachdem, ob sie mehr oder weniger trocken, mehr oder weniger feucht sind.

Das Département Gers ist zur Stunde vielleicht eines der am wenigsten bekannten in Frankreich und sehr wahrscheinlich im touristischen Wildwest Europas das am besten erhaltene. Es ist die tiefgründigste Gegend in unserem Hinterland, deren Lebensfreude die verschwiegenste, die innerlichste ist. Die Maisfelder am Grund der kleinen Täler sind nicht für die Futtermittelindustrie bestimmt, sondern dafür, Enten und Gänse zu mästen und so das pastoseste Gericht zu erzeugen, das wir auf den Tisch bringen: die *pâté de foie gras*, die Gänseleberpastete, die noch immer nach gut tausend Jahre alten Rezepten hergestellt wird.

Ein sehr langer, sehr windungsreicher und sehr schmaler Fluß, die Baïse, bewässert all diese Felder und diese Kleinstädte, wo die einzige bekannte Gewalttat die ist, die unter kräftigen Burschen auf dem städtischen Sportplatz um einen ovalen Ball verübt wird, wo jeder junge Kerl davon träumt, ein Champion zu werden. Es sind moderne Zirkusspiele, Spiele gewandter Körper; sie werden ergänzt von den Spielen des Geistes, die fröhlich gedeihen: am Ufer der Baïse nämlich, bei der Zisterzienserabtei Flaran, in der Nähe des Städtchens Condom. Nördlich davon, bei Moncrabeau, steht der »Wahrheitsstein«, eine Art Altar der Prahlerei, an dem man nicht etwa die Wahrheit, sondern dicke glaubhafte Lügen von sich geben muß – die zu erfinden, zur größten Freude der Zeitgenossen, jeder gute Gascogner fähig sein muß.

Und natürlich wird jeder Erfolg, im Rugby oder am »Wahrheitsstein«, an einer Tafelrunde gefeiert, in der die Gänseleberpastete zuerst kommt und die *confits*, die Steinpilze und die Blätterteigpastetchen folgen oder auch das Ringeltaubenragout, die Lampretensauce und jener leichte Kuchen, den man einen *anis* nennt.

Man wird es leicht verstehen: Das alles hat nichts mit Frankreichs Außenhandelsbilanz zu tun. Ja, noch schlimmer: Wenn wir daran gingen, unsere ganz eigene Art von Lebensfreude dem Tourismus zu opfern, so wären wir sehr bald nicht mehr die Einwohner jenes Hinterlandes, das eine so vollkommene Illustration der Redensart ist: »Um glücklich zu leben, laßt uns im Verborgenen leben.« ☐

MERIAN
Impressum · Leserservice

MERIAN – das Monatsheft der Städte und Landschaften · Herausgeber: Dr. Will Keller · Chefredakteur: Ferdinand Ranft · Stellvertretende Chefredakteure: Emanuel Eckardt (verantwortlich für den Textteil) · Max Scheler (verantwortlich für den Bildteil) · Redaktion: Gabriele Oettgen · Tibor M. Ridegh · Sonja Sayed Ahmed · Helga Thiessen · Hans Markus Thomsen · Bildredaktion: Hanni Rapp · Dokumentation: Reinhard Hoheisel-Huxmann · Dr. Franklin Kopitzsch · Layout: Erika Schmied (Leitung) · Sabine Lehmann · Herstellung: Wolfgang Schöppel · Anzeigenleitung: Michael Wittke · Anzeigenstruktur: Bernd Knospe

MERIAN erscheint monatlich im Hoffmann und Campe Verlag, Harvestehuder Weg 45, 2000 Hamburg 13 · Telefon 4 41 88-1 · FS 02 14 259 · Telefon-Nr. der Anzeigen-Abteilung: 27 17-0, Adresse der Anzeigen-Abteilung: Poßmoorweg 1, 2000 Hamburg 60, FS 02 13 214 – Sie erreichen MERIAN über 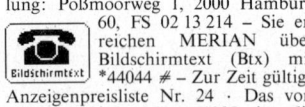 Bildschirmtext (Btx) mit *44044 # – Zur Zeit gültige Anzeigenpreisliste Nr. 24 · Das vorliegende Heft März 1985 ist die 3. Nummer des 38. Jahrgangs · Nachdruck nur mit Zustimmung der Redaktion gestattet, alle Übersetzungsrechte bleiben vorbehalten, für unverlangte Einsendungen haftet die Redaktion nicht. Bezug über den Buch- und Zeitschriftenhandel, die Postanstalten und den Verlag, der auch Liefermöglichkeiten im europäischen Ausland und in Übersee nachweist · Preis im Abonnement monatlich 8,40 DM, zuzüglich 1,50 DM Versandkosten bei Zustellung frei Haus · Der Bezugspreis enthält 7 Prozent Mehrwertsteuer · Kündigungen sechs Wochen zum Ende des Bezugsquartals. – Führen in Lesemappen ist nur mit Genehmigung des Verlages gestattet. – Printed in Germany. Gesamtherstellung: Mainpresse Richterdruck Würzburg

Bemerkungen

Die Redaktion dankt allen Mitarbeitern für die Anregungen und Hinweise, besonders Pierre Veilletet in Bordeaux und Jean-Jacques Sempé in Paris, der hier zum ersten Mal für eine Zeitschrift durchgängig Texte illustriert hat. Zusätzlich entnahmen wir einige Zeichnungen seinen von den »Editions Denoël«, Paris, herausgegebenen Büchern. Auf Deutsch erscheinen seine Bücher im Diogenes Verlag, Zürich.
Philippe de Rothschild danken wir für die Erlaubnis zum Abdruck seines unveröffentlichten Gedichtes »Der Wein«.

Übersetzungen: Alle Texte französischer Autoren wurden von Hellmut Waller ins Deutsche übertragen, mit Ausnahme von einigen Stichworten aus »Aquitanien von A–Z«, die Doris Rezvani Khorasani übersetzte.

Beilagenhinweis: Einem Teil der Gesamtauflage liegen Prospekte folgender Firmen bei: Ernst Breuel Verlag, Postfach 560 522, 2000 Hamburg 56; Horizont Verlag, Raiffeisenstr. 13, 7024 Filderstadt; Dr. Müller Verlagsbuchhandel, Gewerbestr. 24, 8036 Herrsching; Time-Life Books, Postfach 17 05 23, 6000 Frankfurt 17.

Bücher zum Thema

Delpal, Jacques Louis: Französische Atlantikküste und Périgord in Farbe (Reisen heute, Bd. 19). Stuttgart: Geo Center, 2. Aufl. 1981; 240 S., 85 S. farb. Abb., 10 Karten; 39,80 DM
Domke, Helmut: Aquitanien. Südwestfrankreich zwischen Loire, Atlantik und Pyrenäen. München: Prestel, 1978; 496 S., 7 farb. u. 42 s/w-Abb.; 38,– DM
Droste, Thorsten: Périgord und Atlantikküste. Kunst und Natur im Tal der Dordogne und an der Côte d'Argent von Bordeaux bis Biarritz (DuMont Kunst-Reiseführer). Köln: DuMont Buchverlag, 1981; 341 S., 46 farb. u. 107 s/w-Abb., 130 Zeichng.; 32,– DM
Jaumonet, Leopoldo/Herbrecht, Dieter: Französische Atlantikküste. München: F. Bruckmann, 1982; 152 S., 64 s/w- und 66 Farbabb.; 64,– DM
Streit, Conrad/Rast, Josef: Frankreich Südwest (Walter-Reiseführer). Olten/Freiburg: Walter-Verlag, 4. Aufl. 1982; 376 S., 106 s/w-Abb.; 29,– DM

Bildnachweis

Anordnung im Layout:
l = links, r = rechts, o = oben, m = Mitte, u = unten
Titel: Jacques Sierpinski/Scope; S. 3 Jean-Jacques Sempé; S. 4 Bruno Barbey/Magnum; S. 9–15 Michel Guillard/Scope; S. 18/19 G. Boutin/Explorer; S. 20/21 Barbey/Magnum; S. 22/23 Jean Daniel Sudrés/Scope; S. 24–29 Barbey/Magnum; S. 30 François Ducasse/Rapho; S. 32, 35, 36/37, 38, 40/41, 42/43, 46 Sempé; S. 47 Barbey/Magnum; S. 48/49 F.A.Z.Mag./Hermann Dornhege; S. 50/51 o Sierpinski/Scope, u Sudrés/Scope; S. 50 u François Lehr/Gamma/Studio X; S. 51 u Gérard Vandystadt/Focus; S. 52–56 o Barbey/Magnum; S. 56 u Guillard/Scope; S. 56/57 o Jean Gaumy/Magnum, u Guy Marineau/Agence Top; S. 57 u Patrick Ward/Susan Griggs; S. 58/59, 60 o Barbey/Magnum; S. 60 m Jean-Luc Barde/Scope, u Martin Fraudreau/Agence Top; S. 60/61 o, u Guillard/Scope, m Serge Bois Prevost/Rapho; S. 61 o Barbey/Magnum, m, u Guillard/Scope; S. 62 A. Bordes/Explorer; S. 64–69 Sempé; S. 71 Ward/Susan Griggs; S. 72 Jacques Sierpinski/Scope; S. 78 o Fraudreau/Top, m H.W. Silvester/Rapho, u Ducasse/Rapho; S. 78/79 Théodore Vogel/Rapho; S. 96 Bildarchiv Preuß. Kulturbesitz; S. 102 o Barbey/Magnum, u Sempé; S. 103 lu Barbey/Magnum, lo, ro, ru Ducasse/Rapho; S. 104 Sempé; S. 106 m, u Barbey/Magnum; S. 107 m Barbey/Magnum, u Michel Desjardins/Top; S. 110 m Barbey/Magnum; S. 111 F.A.Z. Mag./Dornhege; S. 112, S. 114 Gamma; S. 115, Sempé; S. 118 Gaumy/Magnum; S. 122 Ulf Andersen; S. 123 u J. Morell/KIPA; S. 124/125 Sempé; S. 127 Barbey/Magnum; S. 128/129 Barbey/Magnum; S. 130/131 Guillard/Scope; S. 132/133 o Roger Picherie/Paris Match, u Martine Franck/Magnum; S. 134 o Barbey/Magnum, u Ducasse/Top; S. 135 Guillard/Scope; S. 138 Sempé; S. 140 u Ch. Vionjard/Gamma; S. 141 Guillard/Scope; S. 142 Vionjard/Gamma; S. 144 l Guillard/Scope, ro Barbey/Magnum; S. 145 Sierpinski/Scope; S. 147 Guillard/Scope; S. 148/149 o Colorphoto Hinz, u Foundation Kodak-Pathé/Paris; S. 150 o Sudrés, u Gaumy/Magnum; S. 151 o Jalain/Explorer, u G. Biollay/Diaf; S. 152 o Manfred Storck, m Barbey/Magnum, u Sudrés/Scope; S. 153–155 Hilda Körner/Lothar Walter; S. 156 o Barbey/Magnum, m Jalain/Explorer, u Guy le Querrec/Magnum; S. 157 o Barbey/Magnum, u Jalain/Explorer; S. 158 o Marineau/Top, u Jalain/Explorer.

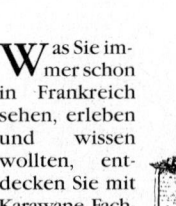

122

Henri Amouroux, 1920 in Périgueux geboren, war Mitbegründer und Chefredakteur der Tageszeitung »Sud-Ouest« in Bordeaux. Später war er Chefredakteur der Tageszeitung »France Soir«, jetzt ist er Mitherausgeber der Tageszeitung »Rhônes-Alpes«. Er veröffentlichte mehrere Bücher und steht kurz vor dem Abschluß eines achtbändigen Werkes über die Jahre 1940–44 unter dem Titel »La Grande Histoire des Français sous l'Occupation«.

Guy d'Arcangues, achter Marquis von Iranda, Jahrgang 1924, ist Journalist, Romancier und Poet. 1977 erhielt er den »Prix de Poésie« der Académie française, 1984 den der Académie des Jeux Floraux de Toulouse. Er lebt im Château d'Arcangues bei Biarritz.

Roger Boussinot, Jahrgang 1921, lebt im Département Lot-et-Garonne in Pondaurat, dessen Bürgermeister er ist. Er ist Journalist und Autor zahlreicher Romane und Erzählungen; auf deutsch erschien »Der letzte Schäfer«. Er verfaßte das Drehbuch des Films »Bilitis« sowie eine umfangreiche Kino-Enzyklopädie.

Jean Cayrol, 1911 in Bordeaux geboren, lebt in einem kleinen aquitanischen Fischerdorf. Er ist Autor verschiedener Romane, u.a. »Lazaréenne«, der von Alain Resnais verfilmt wurde, und literarischer Berater der Académie Goncourt. Erhielt mehrere Auszeichnungen.

Jean-Claude Guillebaud, Jahrgang 1944, war u. a. Chefreporter von »Le Monde« und ist seit 1979 literarischer Direktor des Verlags »Editions du Seuil«. U.a. Bücher über die überseeischen französischen Gebiete, die Ereignisse des Mai 1968 und den Roman »L'Ancienne Comédie«. 1972 Preis »Albert Londres« für Reportagen über den Vietnam-Krieg.

Yves Harté, 1954 in St-Sever in den Landes geboren, ist Journalist beim »Sud-Ouest-Dimanche« in Bordeaux.

Walter Haubrich, 1935 im Rheinland geboren, ist seit 1969 Korrespondent der »Frankfurter Allgemeinen« in Madrid. 1976 erschien sein Buch »Francos Erben – Spanien auf dem Weg zur Gegenwart«. Er ist Mitautor eines Lexikons der Weltliteratur und eines Buches über den Eurokommunismus.

Dr. Franz Herre, Jahrgang 1926, Historiker und Publizist, war Leiter der Zentralen Dienste der Deutschen Welle für das Ausland. Er ist durch Biographien (u. a. Wilhelm I., Kaiser Franz Joseph und Radetzky) bekannt geworden.

August Graf Kageneck, Jahrgang 1922, lebt seit 1955 in Paris. Seit 1969 Korrespondent der »Welt«. Vorher Fernsehen (Peter von Zahns »Windrose«) und bis heute »Deutschlandfunk«. Mitarbeit bei deutschen und österreichischen Tageszeitungen.

Arne Krüger, Jahrgang 1929, organisierte jahrelang Reisen in Weinbaugebiete, besonders ins Bordelais. Mitbegründer der Vereinigung der Weinfachleute in der Gastronomie und der Gastronomischen Akademie Deutschlands.

Jean Lacouture, 1921 in Bordeaux geboren, Schriftsteller und Journalist, arbeitete für das französische und kanadische Fernsehen sowie den kanadischen Rundfunk. Mehrere Bücher und Biographien zeitgenössischer Persönlichkeiten wie André Malraux, Léon Blum, Pierre Mendès-France und Charles de Gaulle.

Guy Lagorce, 1937 in La Bachellerie in der Dordogne geboren, ist Drehbuchautor, Schriftsteller und Journalist. Zur Zeit Chefredakteur für Kultur beim »Figaro« in Paris. Erhielt mehrere Literaturpreise.

Guy Lagorce

Hubert Monteilhet, 1928 in Paris geboren, war Geschichtslehrer in Frankreich und Tunis. Seit den 60er Jahren erfolgreicher Romanschriftsteller, seit 1981 schreibt er die Gastronomie-Kolumne beim »Sud-Ouest-Dimanche«.

André Pautard, 1936 in Cauderan bei Bordeaux geboren, ist seit 1960 Journalist. Zunächst bei »Le Monde« und »France Soir«, seit 1971 Politikredakteur beim »Express« und Berater der Herausgeber. Seine Reportagen führten ihn u. a. nach Nordafrika, Südamerika und in den Nahen Osten.

Marianne Schmidt, Jahrgang 1943, Studium der Romanistik und Kunstgeschichte. Sie arbeitete als freie Journalistin für den Rundfunk, verschiedene Zeitungen und Zeitschriften und ist Mitbegründerin des Newmag-Verlages und stellvertretende Herausgeberin von »lui« und »photo«; seit 1980 Herausgeberin von »Transatlantik«.

Uwe Siemon-Netto, Jahrgang 1936, war lange Zeit Auslandskorrespondent in London, Paris, New York, Südostasien und Nahost. Er lebt heute als freier Journalist in der Dordogne.

Philippe Sollers, 1936 in Bordeaux geboren, ist Romancier und Essayist. Er leitet das Literaturmagazin »L'Infini« der »Editions Denoël«, das früher »Tel Quel« hieß. Sein letzter Roman »Portrait du Joueur« (Porträt des Spielers) spielt vor der Kulisse von Bordeaux.

Philippe Sollers

Jean-Marc Soyez, 1927 im Massif Central geboren, ist Schriftsteller, Filmautor und Regisseur. Er schrieb diverse Romane, Geschichtsbücher sowie eine

»Enzyklopädie der Natur« und drehte sieben Filme, von denen »Der Wolfsziegel« in der Bundesrepublik zu sehen war.

Prof. Dr. Dolf Sternberger, 1907 in Wiesbaden geboren, lehrte an der Universität Heidelberg, ist Berater und Mitarbeiter der »Frankfurter Allgemeinen« sowie Autor zahlreicher Bücher, u. a. über Politik und Philosophie. Seit 1963 Vizepräsident der Deutschen Akademie für Sprache und Dichtung. Erhielt sehr viele Auszeichnungen und die Ehrendoktortitel der Pariser Sorbonne und der Universität Trier.

Dolf Sternberger

Maria Elisabeth Straub, in Pinneberg geboren, studierte Kunstgeschichte. Sie arbeitet als freie Autorin für Rundfunk, Fernsehen, Zeitschriften und veröffentlichte mehrere Bücher. 1981/82 war sie Hamburger Stadtteilschreiberin.

Marina Tetzner, Jahrgang 1944, Studium der Romanistik und Kunstgeschichte, lebt als freie Journalistin in Jesteburg.

Pierre Veilletet, 1944 in den Landes geboren, lebt in Bordeaux. Er ist Schriftsteller und Chefredakteur beim »Sud-Ouest«, der einzigen Tageszeitung in Aquitanien. Erhielt 1976 den Albert-Londres-Preis für seine Reportagen.

Pierre Veilletet

Dr. Wilfried Wiegand, 1937 in Berlin geboren, Kunsthistoriker, ist Kulturkorrespondent der »Frankfurter Allgemeinen« in Paris. Er veröffentlichte u. a.: »Pablo Picasso in Selbstzeugnissen und Bilddokumenten«.

Heinz Weissenberger, 1924 in Würzburg geboren, ist seit 1964 Korrespondent des Springer-Auslandsdienstes in Paris.

Helga Wingert-Uhde, Jahrgang 1941, arbeitet für verschiedene Rundfunkanstalten, den »stern«, die »Zeit« und seit 1982 für »natur«. Bücher: »Schätze und Scherben« und »Der Haushalts-Knigge« (1984).

Jean-Jacques Sempé

Zeichner

Jean-Jacques Sempé wurde 1932 in Bordeaux geboren. 1961 erschien das erste Buch mit seinen Zeichnungen. Inzwischen sind es allein in Frankreich achtzehn. Seit 1978 arbeitet er auch für »The New Yorker«. Ausstellungen in Amerika, Frankreich und Deutschland.

Fotograf

Bruno Barbey, Jahrgang 1941, seit 1966 Mitglied der Fotografengruppe Magnum-Paris, ist einer der profiliertesten Fotografen der Welt, Mitarbeiter von Life, National Geographic, Sunday Times, Stern. Autor mehrerer Bildbände, u. a. des MERIAN-Buches »Polen«.

Das nächste Heft:

Augsburg

Vor dem Rathaus grüßt er vom Brunnen herab, Kaiser Augustus, Gründer der römischen Provinzstadt Augusta Vindelicum, die heute – zweitausend Jahre später – unter dem Namen Augsburg besser bekannt ist. Sie zehrt freilich nicht allein von der römischen Vergangenheit, sondern besinnt sich auch auf ihre Stellung als Weltstadt des Mittelalters, als Zentrum der Handelsdynastien der Fugger und Welser und als Heimatstadt eines Elias Holl, Leopold Mozart, Rudolf Diesel und Bert Brecht.

Die darauf folgenden fünf MERIAN-Hefte: Türkei; USA: Neuengland; Norwegens Fjordland; Frankfurt; Sahara. **Die letzten sechs MERIAN-Hefte:** Sri Lanka · Ceylon; Salzburger Land; Rom; Schweden; Heidelberg; Hawaii. □

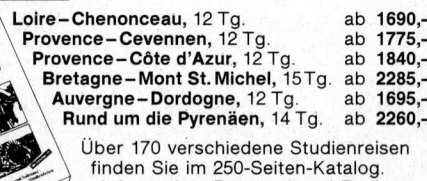

Überall sonst in der Welt erweckt das Wort Bassin die Vorstellung von einem Wasserbecken im Garten, nur nicht im sechzig Kilometer entfernten Bordeaux, wo es eine ganz besondere, zudem vornehme Bedeutung annimmt: Bassin d'Arcachon (siehe Fotos auf den Seiten 18–23). Das »Vorzimmer zum Ozean«, wie Jules Michelet es nannte, ist auch die Vorstadt des wohlhabenden Bordeleser Bürgertums. Wer eine Villa am Bassin hat, stellt etwas dar – und umgekehrt. Zumindest aber hat man ein Boot im riesigen Yachthafen von Arcachon mit seinen 2000 Liegeplätzen.

Ehedem völlig einsam und lediglich Ziel obskurer Wallfahrer, wurde dieser übergroße, einen Spalt breit zum Meer hin geöffnete *étang* Mitte des 19. Jahrhunderts durch die dritte französische Bahnlinie erschlossen. Alsbald entstand ein kleiner Kurort. Und die Mode tat, wie bei Biarritz, das übrige. Sich in der Ville d'Hiver, der Winterstadt, zwischen den in sämtlichen Pseudostilen erbauten Villen sehen zu lassen, war gegen Ende des vorigen ebenso wie zu Beginn unseres Jahrhunderts ein Gebot der Eleganz: Alfons XIII. von Spanien, Guy de Maupassant, Sarah Bernhardt, Winston Churchill, Jean Cocteau, Anthony Eden, Foujita, Tyrone Power, Jean-Paul Sartre und so weiter weilten hier. Gabriele d'An-

DIE BUCHT VON ARCACHON

Von Heinz Weissenberger

nunzio, der hier zwischen 1910 und 1915 seine große Liebe mit der russischen Gräfin Gulubow erlebte, verglich das Bassin mit »einer jungen, hübschen Frau, die nach einer Liebesnacht erwacht« ...

Einer in Wahrheit äußerst belebten Nacht, denn Arcachon zählt zwar im Winter nur 14000 Seelen, im Sommer jedoch wächst die Bevölkerung auf 300000 an. Für eine solche Menge Menschen findet man nur eine lächerlich geringe Anzahl Hotels: Der Ort hat sich im Gegensatz zu den meisten großen französischen Seebädern entschieden familienfreundlich und intim-mondän entwickelt.

Hier steht keine Hotelburg, kein Betonklotz. Himmel und Horizont sind heil und unverstellt, und wenn spätabends der Vollmond scheint, wie von einem Dekorateur in einen Theaterhimmel gehängt, wenn dann die riesige Dune du Pilat geisterhaft blaß ihren gewaltigen Buckel aufreckt und von weither die Brandung wie ein heranziehendes Gewitter dröhnt, hat man das Gefühl, an einem fernen Gestade Afrikas oder des Indischen Ozeans zu sein. Die Düne, der Sand, das Rauschen der Bäume ringsum, die weiche, feuchte und liebkosende Luft sind so exotisch wie die »Paradiesstrände« aus den Katalogen der Reiseveranstalter.

Doch bei Tageslicht schwindet jeder Zweifel: Arcachon ist so urfranzösisch wie es nur geht mit den *brasseries* an der Strandpromenade, den renommierten *pâtisseries,* den exklusiven Modeboutiquen wie in den Metropolen. Aber der Besucherzustrom hat hier nicht den modernistisch-futuristischen Boom ausgelöst wie anderswo. Arcachon, Andernos-les-Bains, Cap Ferret und die übrigen Orte rund um die siebzig Kilometer lange Peripherie der Bucht herum sind behäbig bourgeois, ja oft geradezu anachronistisch spießbürgerlich geblieben wie im vorigen Jahrhundert.

Die Bucht von Arcachon ist der einzige praktikable Hafen zwischen Bordeaux und Spanien, doch nur für kleinere, flache Schiffe. Niemand vermag zu sagen, ob die Bucht seit eh und je ein Meeresarm war oder ob in grauer Vorzeit hier der Fluß Eyre den Riegel der Dünen zum Atlantik hin durchbrach. Wegen der steten Verlagerung der Durchfahrten zum Meer, der *passes,* ist die Navigation nicht ungefährlich: 1836 ist in Erinnerung geblieben als das Jahr des *gran malhur,* gascognisch für das »große Unglück«, denn damals ertranken 78 Fischer nach dem Kentern von sechs Schaluppen in der Brandung vor den *passes.*

Wer Arcachon heute besucht, wird kaum glauben, daß dies einst ein bettelarmes, kaum bewohntes Land war; die Jakobs-

»–Ruhe, verdammt!«

pilger auf dem Weg nach Santiago de Compostela fürchteten es. Jahrhundertelang trug die Region den Namen *solitudo,* Einöde. Bewundernswert ist der Mut der Fischersfrauen, die früher allnächtlich auf kleinen flinken Pferdchen trotz umherstreichender hungriger Wölfe durch diese *solitudo* zogen, um ihre *peychouneyres,* die Körbe mit Fischen und wilden Austern, nach Bordeaux zum Markt zu bringen.

Außer Fischern lebten in der *solitudo* nur Hirten, die auf hohen Stelzen die sumpfige Landschaft durchzogen und in Laub- und Zweighütten schliefen, und die noch ärmeren *résiniers,* die in den ausgedehnten Kiefernwäldern die Bäume anzapften, um das Harz zu gewinnen, welches vor allem für das Kalfatern der Boote und Schiffe gebraucht wurde. Krankheiten, Fieber, Hunger und Schwerarbeit, deren Ertrag noch dazu zum Teil an die Feudalherren, die *captals,* abgeführt werden mußte, ließen die Menschen nicht alt werden. Das Gebiet ist vermutlich um das Jahr 1000 v. Chr. herum besiedelt worden. Die Küste verlief damals weiter draußen, und noch heute werden gelegentlich Werkzeuge aus Feuerstein von einstigen Niederlassungen, die heute im Meer liegen, angespült. Auch die Dune du Pilat gibt bei ihrer Wanderung von Zeit zu Zeit Spuren früherer Siedlungen frei, wie Austernschalen, Werkzeuge und Bruchstücke von Töpferwaren. Die Römer ließen sich hier im letzten vorchristlichen Jahrhundert nieder, und mit ihnen kam etwas Reichtum.

Von den Einheimischen dieser Zeit, den Bojern, ist nicht viel überliefert. In ihrer »Hauptstadt« Lamothe fanden die Archäologen nur vier Gebäude, darunter ein gallisch-römisches Heiligtum. Die Invasion der Wandalen 407 ließ das Land völlig verarmt zurück, denn sie zerstörten die Wälder, woraufhin die Dünen ihren unaufhaltsamen Vormarsch ins Landesinnere begannen. Der heutige Name der Region von Arcachon, Pays de Buch, geht auf die Bojer zurück.

Von der traditionellen Harzgewinnung in den umliegenden Kieferwäldern leben heute nur noch eine Handvoll *résiniers.* Statt dessen entwickelte sich die Papierverarbeitung; die dem Konzern Saint-Gobain gehörende Fabrik in Facture ist einer der größten Hersteller von Papier in Europa. Haupteinnahmequellen in der Bucht von Arcachon sind nach wie vor Fische und Austern. Die Fische werden großenteils in schleusenbewehrten Becken, ehemaligen Salztrockenbecken, aufgezogen. Die Austern fühlen sich in der bei Flut 15 000 Hektar großen Bucht (4900 Hektar Wasserfläche bei Ebbe) besonders wohl, da ständig frisches Meerwasser – 370 Millionen Kubikmeter bei jeder Flut – und Süßwasser von der Eyre

und mehreren Bächen zufließt. Rund 1750 Hektar des Beckens sind mit Austernbänken bestückt, 2500 Züchter mit ihren Familien leben davon.

Bis Mitte des vorigen Jahrhunderts gab es nur »wilde« Austern; die systematische Aufzucht wurde erst 1858, als jene auszusterben drohten, von Jacques-Marie Coste propagiert. Die ursprünglichen Arcachon-Austern, die *gravettes* (Ostrea edulis), sind heute relativ selten – und teuer. Coste führte die Portugiesischen Austern (Crassostrea angulata) ein, die aus Indien stammten und mit portugiesischen Handelsschiffen, an deren Bordwänden sie sich festsetzten, nach Europa gelangt waren. Nach dem Massensterben der Austern 1972 infolge eines Virusbefalls wurde die widerstandsfähige Riesenauster aus Japan, die Crassostrea gigas, angesiedelt, die sich hervorragend akklimatisiert hat. Die Produktion erreicht seither wieder rund 20 000 Tonnen im Jahr.

Die hoch aus dem Wasser ragenden Pfähle der Austerngehege geben dem Bassin d'Arcachon sein typisches Aussehen. Sie halten die Zäune, die das Eindringen von Seesternen, Krebsen und Raubfischen verhindern sollen, denen jährlich fünfzehn bis zwanzig Prozent der jungen Austern zum Opfer fallen. Vier Jahre dauert es, bis die Austern reif für den Verzehr sind. Die Züchter fahren Tag und Nacht im Rhythmus von Ebbe und Flut mit ihren Booten oder Pontons hinaus, um die Bänke zu pflegen. Die vielen kleinen Austernhäfen um die Bucht mit ihren hölzernen, von Wind und Wetter gebleichten Hütten, den Bergen von Austernschalen und den an Land gezogenen flachen Booten wirken wie Szenen auf alten Stichen.

Die enorme Ausdehnung der Austernbänke ermißt man erst von der Kuppe der Dune du Pilat aus, die acht Kilometer südlich von Arcachon liegt und von der aus man einen herrlichen Blick über das Meer und den ausgedehnten Waldteppich im Landesinneren hat. Die Düne ist einzigartig in Europa: 2700 Meter lang, 500 Meter breit und 114 Meter hoch, insgesamt sechzig Millionen Kubikmeter Sand. Die Düne bewegt sich pro Jahr um 4,60 Meter nach Osten. Alle Versuche, sie wie die anderen Dünen entlang der Küste zu »fixieren«, mißlangen. Die Befestigung der Dünen durch den Bau von Palisaden und die Anpflanzung von *goyat,* einer Art Strandhafer, begann 1787 aufgrund von Studien, die ursprünglich im Zusammenhang mit dem Plan Ludwigs XVI., in der Bucht von Arcachon einen Kriegshafen anzulegen, unternommen worden waren. Das Projekt eines Flottenstützpunkts scheiterte, doch die Dünenfixierung wurde durchge-

Sempé

126

führt. Lediglich die Dune du Pilat wandert nach wie vor, und das Restaurant an ihrem Fuß mußte bereits mehrmals versetzt werden, um nicht vom Sand verschluckt zu werden. Die Düne wirkt so authentisch »afrikanisch«, daß sie schon als Kulisse für zahlreiche »Sahara«-Filme benutzt wurde.

Auch das Cap Ferret gegenüber der Düne »wandert«. Seit 1708 ist die schmale Landzunge, die die Bucht vom Meer abtrennt, um viertausend Meter länger geworden. Auf der südlichen Hälfte haben die wohlhabenden Bürger aus Bordeaux oft traumhaft schöne Villen in baskischem Stil gebaut. Cap Ferret und Pyla sind die beiden modernsten Badeorte der Bucht. Als die Eisenbahnstrecke Bordeaux–La Teste 1841 eingeweiht wurde, hatte Arcachon nur 112 ständige Einwohner, und fast alle Männer waren Fischer oder Matrosen. Die Seemannstradition lebt in der Chapelle des marins weiter, in der zahlreiche Exvotos und Schiffsmodelle hängen. Rührend ist ein Fäßchen mit der Inschrift »An diesem Faß klammerte sich Camin Laborde im Februar 1842 sechs Tage lang im Golf von Mexiko fest, um nicht zu ertrinken«.

Prosaische Gemüter bezeichnen das Bassin heute als »Sonntagsbadewanne der Bordelesen«. Was nicht mehr ganz zutrifft, denn zu den Bordelesen sind in den letzten Jahren zahlreiche zivile Angestellte und Militärs der ultramodernen und streng geheimen Anlagen in den nahen Landes gekommen: einem Forschungslaboratorium des Commissariat à l'Energie Atomique (CEA), dem Raketenabschußzentrum bei Biscarosse, dem Flugerprobungszentrum der Luftwaffe und dem Atombomberstützpunkt in Cazaux. Das 20. Jahrhundert hat den diskreten Charme der Bourgeoisie in Ferien, die verschlafene und etwas antiquiert wirkende Welt der Bucht von Arcachon eingeholt. □

DIE GEHEIMNISSE DER BASKENMÜTZE

Von André Pautard

»Man trägt seine Mütze, wie man eine Fahne hißt. . .«

Eines Tages machte der Regen aus einer dicken Pudelmütze eine Art flachen, filzigen Kuchen. Und tatsächlich – er gefiel und war bequem. Das geschah im 13. Jahrhundert in einem abgelegenen Pyrenäental. Damit war, zunächst allerdings nur auf dem Kopf eines einheimischen Hirten, die Baskenmütze geboren, die bis heute traditionelle Kopfbedeckung der Männer.

Aber ist sie denn wirklich nur baskisch, diese Mütze? Die zwei Fabriken, die sie noch herstellen (eine Million pro Jahr), liegen zwar in Oloron-Sainte-Marie am Rande des Baskenlandes bei Pau, aber in allen Mützenträgern einen Basken zu sehen, wäre wohl doch etwas voreilig. Und das wird jeder in Aquitanien bestätigen: Mag auch das Tragen der Mütze eindeutig auf die Zugehörigkeit zu der weiten aquitanischen Landschaft hinweisen, mag der *béret* auch aus denselben Fabriken stammen und völlig identisch sein – man erkennt doch auf den ersten Blick, woher derjenige kommt, der ihn sich über den Kopf zieht. In Biarritz oder Tarbes, in Mont-de-Marsan oder Auch ist die Art, ihn aufzusetzen, nach einer Richtung zu neigen oder in Falten zu legen, ganz unterschiedlich. Es ist weniger eine Frage der Mode als des Lokalpatriotismus: Man trägt seine Mütze, wie man eine Fahne hißt: um von den Seinen erkannt zu werden – und auch von den anderen.

Alte Bauern aus dem Baskenland oder den Landes trennen sich von ihrer Mütze manchmal nur, wenn sie schlafen gehen, und auch da – es gibt manchmal sehr kühle Nächte . . . Wie kann man aber nun erkennen, woher sie stammen? Es ist ziemlich einfach. Nehmen Sie eine Baskenmütze, aber keine neue. Sie muß schön weichgeknautscht und ohne Appretur sein. Vor allem weit. Setzen Sie sie richtig flach auf, knüllen Sie das Oberteil seitlich etwas zusammen, und lassen Sie sie über die Augen hängen wie ein Visier, das den Blick verbirgt – das ist die baskische Art, sie zu tragen: ein wenig mißtrauisch, wie es die Bewohner dieses Landstrichs eben sind.

Nehmen Sie dieselbe Mütze, aber ziehen Sie das Oberteil stark nach vorn, und machen Sie daraus eine Art schräges Dach, ein waagerechtes Horn, das den Blick unausweichlich geradeaus und in die Ferne leitet: So machen es die Leute in den Landes, die gern vorwärts schauen, zumal sie sicher sind, daß ihr Blick durch kein Hindernis gestört wird. Und die außerdem froh sind, von weitem schon sehen zu können, wer auf dem Weg zu ihnen ist, um ihn noch freundlicher empfangen zu können. Ehedem freilich auch, um sich besser vor ihm schützen zu können . . .

Wer im Béarn zu Hause ist, trägt die Mütze rund, etwa wie eine bucklige Krone, deren Unregelmäßigkeiten er immer wieder anders gestaltet – ein äußeres Zeichen biederen Wohlstandes. Den sieht man auch den Gesichtern und der Landschaft an, denn das Béarn ist ein reiches, ruhiges, selbstsicheres Land . . .

Und dann kommt man schon bald an die Grenzen im Reich des *béret basque*. Man sieht die Mütze auch im Département Gironde, aber dort wird sie schon zu einer verstädterten, zu knapp geschnittenen Kopfbedeckung. Ähnlich wie in den Départements Gers und Lot-et-Garonne: ein Teil der Arbeitskleidung, abgenutzt, verwaschen, etwas, das man sehr rasch wieder ablegt, wenn man sein Pensum erledigt hat, wenn man Baustelle oder Werkstatt verläßt. Eine rein zweckbezogene Kopfbedeckung also, mit völlig anderer Bedeutung als der opulente schwarze Filzkuchen, den sich die Leute in den Landes, im Baskenland und im Béarn am Sonntag mit soviel Stolz aufs Haupt setzen!

Mit soviel Stolz, daß die jungen Leute die Mütze zum Bestandteil ihrer Festkleidung gemacht haben und sie den ganzen Sommer über tragen, wenn sie von Condom nach Bayonne fahren, oder eben überallhin, wo eine *fiesta* im Gange ist. Sie wählen dann eine rote oder grüne oder, natürlich auch, eine schwarze. In den dreißiger Jahren verriet der Refrain eines Liedes, daß die Baskenmütze in Aquitanien äußerst vielseitige Zwecke erfülle. Unwiderrufen wurde da festgestellt, daß sie dazu dient, die Kinder zu versohlen oder auch Erregung zu verbergen. Und man muß sie einmal hineinbeißen sehen, die Rugby-Fans auf den Bänken im Stadion in den entscheidenden Momenten eines Spiels. Bei Ankunft oder Abschied winkt man mit der Mütze, und die *écarteurs* bei der Course landaise springen selbst heute mit einem Satz über die wilde Kuh hinweg, die auf sie losstürmt, wobei ihre Füße festgezurrt in einer Baskenmütze stecken. Zuweilen kann man auch die Männer in den Städten des Baskenlandes auf dem freien Platz vor einer Spielwand gegeneinander Pelota spielen sehen, alle – trotz der Hitze – mit der Baskenmütze auf dem Kopf. Oft sind es junge Geistliche, die da spielen. Wie? Dieser Aufzug sei unpraktisch beim Sport? Weit gefehlt! Er ist unentbehrlich. Wie soll denn sonst ein Priester, der das Spiel verliert, Ingrimm und Wut besser zeigen als indem er sie auf den Boden schleudert, diese Baskenmütze?

□

Vor den Mitgliedern der *jurade*
haben die Weinbauern in
Saint-Emilion großen Respekt.
Die Bruderschaft der Winzer,
die auf einen mittelalterlichen
Brauch zurückgeht, wurde
im Jahre 1948 neu gegründet.
Sie verkündet jedes Jahr im
Mai das Urteil über die Qualität
der Weine des Vorjahres.
Ihr zweiter jährlicher Auftritt
(Foto) ist weniger schwer-
wiegend: Am dritten Sonntag
im September eröffnen die
Mitglieder in prächtigen Gewän-
dern offiziell die Weinlese

WEIN DER PÄPSTE UND POETEN

Von Uwe Siemon-Netto

So unterschiedlich wie
die Weine sind auch die Besitzer der
Weingüter im Bordelais.
Hinter den mehr als 3500 Château-
Namen verbergen sich
kleine Klitschen und riesige Anwesen.
Eine Zeitlang war sogar ein
Papst hier Weinbergbesitzer. Nicht
weit von seinem Schloß
macht heute ein anderer illustrer
»Winzer« Schlagzeilen.

In den Augen der Franzosen gibt es nur zweierlei ernst zu nehmende Rotweinfreunde. Die einen geben dem üppigen »Burgunder« den Vorzug, die anderen schätzen den mehr verhaltenen Charme des »Bordeaux«, der mich an den dezenten Liebreiz einer Hanseatin im Faltenrock erinnert, einer Dame, deren einziger Schmuck eine Perlenreihe über dem Kaschmir-Pullover ist. So gesehen, verrät mein Keller ein Faible für den Faltenrock.

Unter den schlanken »Bordeaux«-Flaschen, die in meinem Keller ihrer Reife entgegenschlummern, ist aber eine der Inbegriff des Understatement, und ihr gilt meine besondere Zuneigung, weil sie unersetzlich ist. Sie trägt nicht das Etikett des Château Margaux oder des Château Haut-Brion, war jedoch fast so teuer wie der Wein eines weltberühmten Schloßgutes. Ihr Inhalt stammt aus dem Garten hinter dem Haus des Herrn Gérard Guérin. Er starb vor zwei Jahren, und seither werden innerhalb der Stadtgrenzen von Bordeaux keine Reben mehr angebaut.

Gérard Guérin, ein Immobilienhändler, trotzte einer üblen Entwicklung, an der auch seine eigene Branche schuld war: Seit der Jahrhundertwende wurden in der Hafenstadt viele hundert Hektar vom besten Rebland der Welt gedankenlos zugebaut, bis nur noch hinter dem Haus Nummer 62 an der Rue Dépé Weinstöcke wuchsen. Es war das Haus des Monsieur Guérin. Sein Garten war knapp zweitausend Quadratmeter groß, also eher für Schnittlauch und Radieschen, Erd-, Stachel- und Johannisbeeren angelegt. Aber Gérard Guérin pflanzte die Rebsorten Cabernet-Sauvignon und Merlot und auch noch ein wenig vom dunklen Malbec. Er pflegte die Weinstöcke nach der Art der vornehmsten Châteaux im Bordelais und tötete Unkraut nicht chemisch ab, sondern pflügte es unter, damit sich Humus bilden konnte.

Zudem düngte er nur mit Mist aus Schafsrosinen und Kuhfladen, der Mischung, die Winzern schon immer ideal erschien. Natürlich hielt sich Guérin deswegen keine eigenen Tiere wie in Pauillac das Château Lafite-Rothschild, das zu diesem Zweck eine ganze Herde besitzt; er kaufte jährlich ein Dutzend Kubikmeter bei Schäfern und Rinderzüchtern ein.

Maschinen für die Weinlese gibt es seit den sechziger Jahren. Sie schütteln die Rebstöcke, schlagen auf die Zweige und sammeln die Trauben auf einem Förderband ein. Die Maschinen arbeiten so schnell, daß ein ganzer Weinberg zum idealen Reifezeitpunkt abgeerntet werden kann. Auf dem Weinberg des Château Lafite-Rothschild ist das Monstrum schon im Einsatz, während man auf Château Margaux auf die teureren Pflücker noch nicht verzichten will

Kleine Winzer im Bordelais machen heute nur noch selten selber Wein, sieht man einmal von Exzentrikern ab wie dem Friseur und Krämer Jacques Cazeau in St-Julien im Médoc, einem äußerst aktiven Zeitgenossen. Mal steht er in seinem Geschäft, wo er zwischen Angeln und Saatgut, Lakritzstangen und Puder gegen Flöhe dem Landvolk die Köpfe schert. Mal sitzt er als Schatzmeister am Vorstandstisch des Jagdvereins, dessen Mitglieder vornehmlich Krammetsvögel (Wacholderdrosseln) erlegen, die auf dem Flug von Belgien und Holland nach Nordafrika von den Weinfeldern die reifen Beeren stehlen; sie sind, mit vollem Bauch gebraten, eine Köstlichkeit.

Oder er kupiert in seinem 1100 Quadratmeter großen Weingarten, den er Domaine de Castaing nennt, die Schößlinge. Ein solcher Mann bringt seine Trauben selbstverständlich nicht zur Genossenschaft, wo sie weiterverarbeitet werden, sondern keltert persönlich wie ein großer Schloßherr.

Gérard Guérin hielt es wie der Barbier. Auch er ließ seinen selbstgemachten Wein zwei Jahre lang im Faß reifen. Dann zog er ihn auf durchschnittlich 1200 Flaschen, und bevor er sie teuer an einige exklusive Restaurants verkaufte und an Pariser Touristen, die sie gern zu Weihnachten verschenkten, versah er sie mit Etiketten, auf denen folgendes zu lesen war: »Domaine de Domino, Bordeaux, 62, Rue Dépé«. Darunter stand »Appellation Graves contrôlée«, und das bedeutete, daß sein Garten amtlich als vollwertiges Weingut anerkannt war.

»Appellation Graves contrôlée« ist die Herkunftsbezeichnung eines riesigen Anbaugebietes links der Garonne. Es erstreckt sich von Langon im Südosten des Départements Gironde über rund fünfzig Kilometer bis zum Flüßchen Jalle nördlich von Bordeaux, das damit eindeutig ein Teil dieser Region ist. Der Name Graves rührt von dem Kiesboden, der den Weinen dieses Gebietes und des Médoc im Norden von Bordeaux eine besondere Qualität verleiht. Der Kies entwässert die Felder, speichert Wärme und gibt sie den Wurzeln der Rebstöcke weiter, so daß ihre Trauben acht bis zehn Tage früher reif sind als in anderen Teilen des Bordelais. Die hier

Allan Hare (links), Manager bei der »Financial Times«, ist Neuling unter den Weingutsbesitzern. Um so stolzer präsentiert er sich vor den neuerworbenen Rebflächen mit dem roten Saft seiner Trauben. Die Selbstinszenierung von

Philippe de Rothschild, Herr über das berühmte Château Mouton-Rothschild, ist da schon gelassener. Er regiert sein Imperium vom Bett aus, wo er auch empfängt oder seine Gedichte verfaßt (siehe Seite 137)

besonders robusten Pflanzen verdanken ihre Kraft dem Umstand, daß der karge Boden die Wurzeln gezwungen hat, auf der Suche nach Wasser immer weiter in die Tiefe zu wachsen. *La vigne doit souffrir,* sagen die Winzer, die Rebe müsse leiden, um stark zu werden.

Außer dem roten »Graves« gibt es auch einen weißen, der in Deutschland viel bekannter, aber leider nicht so elegant ist. Ein roter aus dieser Gegend ging als erster Bordeaux-Wein in die Weltliteratur ein. Am 10. April 1663 notierte der englische Tagebuchschreiber Samuel Pepys nach einem Besuch in der *Royal Oak Tavern* in London: »... und hier trank ich einen französischen Wein namens Ho Bryan; er hatte den bemerkenswertesten Geschmack, dem ich je begegnet bin.« Pepys meinte einen »Haut-Brion«, dem 1855 das Adelsprädikat »Premier Grand Cru classé« verliehen wurde (siehe S. 142). Das Château Haut-Brion liegt in Pessac, einem Vorort von Bordeaux. Früher hatte es einmal eine Weile Napoleons Außenminister Talleyrand gehört, seit mehr als einem halben Jahrhundert ist ein prominenter US-Bürger dort der Gutsherr: Douglas Dillon, der unter John F. Kennedy Finanzminister war.

Die Familie Dillon zeigt einen gesunden amerikanischen Expansionsdrang, so hat sie auch die Konkurrenz aufgekauft, das Château La Mission Haut-Brion. Von dessen früheren Besitzern hatte einer die Stirn, dem nach seinem Wein dürstenden Napoleon ausrichten zu lassen: »Wenn der Kaiser ›La Mission‹ zu trinken wünscht, möge er gefälligst persönlich kommen.« Das ehemalige Klostergut, dessen subtiler Wein manchmal sogar den seines berühmteren Nachbarn an Qualität übertrifft, ist von den im Bordelais bemerkenswert borniert Verkehrsplanern arg malträtiert worden. Mit Fernstraßen und Eisenbahngleisen vierteilten sie das noble Anwesen wie einen armen Sünder des Mittelalters.

Vor weiteren Zumutungen barbarischer Entscheidungen der Administration dürfte das Gut nun, da es in amerikanischer Hand ist, geschützt sein. Die Dillons stoppten solchen Unfug und kauften freiwerdende Parzellen in der Nachbarschaft des Château auf, ließen die darauf stehenden Scheußlichkeiten sprengen und Reben pflanzen.

Ich wünschte, ein anderer ruhmreicher Nachbar von Haut-Brion folgte seinem Beispiel. Rund ums Château Pape Clément sieht's finster aus. Das Gut war im Jahre 1300 von Bertrand de Got, dem damaligen Erzbischof von Bordeaux, gegründet worden, einem lebenslustigen Geistlichen, der auf dem Schloß in Gegenwart Philipps des Schönen ein fröhliches Fest mit vielen liebreizenden Damen gefeiert haben soll. Fünf Jahre später wurde aus dem fidelen Kirchenfürsten jener Papst Clemens V., der den Heiligen Stuhl von Rom nach Avignon verlegte. Nun sollte man meinen, daß eine solch ehrwürdige Stätte, die übrigens schon zu Römerzeiten wegen ihres Brunnens berühmt war, dessen eisenhaltiges Wasser angeblich Magenschmerzen heilte, einen passenden Rahmen hätte.

Aber da rosten Autowracks, sind die Zäune ungepflegt, und

Der Wein von Château Haut-Brion ging im 17. Jahrhundert als erster Bordeaux-Wein in die Weltliteratur ein. Heute gehört das Gut Douglas Dillon, der unter John F. Kennedy Finanzminister war. Die Zahl der amerikanischen und sogar japanischen Weingutsbesitzer nimmt im Bordelais ständig zu, was die konservativen Familien mit Unbehagen erfüllt. Sie versuchen – wie auf Château Lanesson die Familie Bouteiller (rechts) oder auf Château de Ricaud Alain Thienot (ganz oben) – die Traditionen zu bewahren

es herrscht eine Mischung von Hinterhof- und Schrebergartenatmosphäre mit Hühner- und Kaninchenställen und viel sozialem Wohnungsbau.

Es ist unfaßlich, wie wenig Sinn die Verantwortlichen im Bordelais, vielfach Zugereiste, für das noble Produkt haben, von dem die Gegend seit Römerzeiten famos lebt, wie bereits den Schriften des gallischen Präfekten und Poeten Ausonius (etwa 310 – etwa 395) zu entnehmen ist, eines Mannes, der auch über die Mosel allerlei zu melden hatte. »Der Ruhm unserer Weine ist in Rom nicht geringer als in unserer Stadt«, schrieb er, womit er Lucaniacus meinte, das heutige St-Emilion, dessen berühmtestes Schloßgut, das Château Ausone, seinen Namen trägt, weil es ihm gehört haben soll.

St-Emilions Wein wurde im England des 14. und 15. Jahrhunderts *The King of Wines* genannt und war demzufolge auch *The Wine of Kings*. Am Londoner Hof wurde er bei Krönungsfeiern, Hochzeiten und Prinzentaufen getrunken, und als Eduard II., der ja zugleich Herzog von Aquitanien war, der Kleinstadt 1312 gewisse Privilegien gewährte, ließ er sich diese mit 900 Liter »klarem und reinem Wein« entgelten. Später, als sie längst französisch war, nannte Ludwig XIV. ihren Rotwein sogar »Nektar der Götter«. Gottlob wurde St-Emilion, das eine halbe Autostunde östlich von Bordeaux liegt, nicht von der Barbarei betroffen, die Bordeaux und seine Peripherie heimgesucht hat. Das Anbaugebiet St-Emilion umfaßt 5000 Hektar. Und genausoviel Rebland – 350 Châteaux und 250 kleinere Güter – ist in diesem Jahrhundert in und um Bordeaux verschwunden. Sie wurden von den krebsartig wuchernden Vororten der Großstadt geschluckt, die der Winzer André Lurton mit einer schwachsinnigen Kreatur vergleicht, die ihre eigenen Gliedmaßen frißt.

Lurton ist der Bürgermeister der Gemeinde Grézillac im Anbaugebiet Entre-Deux-Mers, wo die Weißweinfelder den Eindruck einer See mit sanft rollenden, grünen Wogen vermitteln (siehe Seite 36). Er besitzt etliche Weingüter, von denen eines, das Château Roche-Morin im Graves, Montesquieu gehört hatte. Seit vier Jahren koordiniert Lurton im Auftrag der Landwirtschaftskammer der Gironde den Kampf gegen den »systematischen Mord am besten Rebland der Welt«, wie er das Verhalten von Bauspekulanten, Betonfabrikanten, Kieshändlern, desinteressierten Beamten und törichten Kommunalpolitikern nennt.

Das Problem ist folgendes: Das über seine Grenzen wuchernde Bordeaux braucht Beton. Um den herzustellen, ist Kies nötig. Dieser wurde früher aus den Flußbetten der Dordogne und der Garonne gewonnen, wo auch heute noch viele Millionen Tonnen liegen. Aber dabei wurden die Fische beim Laichen gestört, was nicht nur Frankreichs Grüne, die *écologistes,* auf den Plan rief, sondern auch die zahlreichen Sportangler, die so aggressiv auf ihre Rechte zu pochen verstehen, daß selbst die Kommunistische Partei speziell für sie eine Massenorganisation geschaffen hat. Die Angler setzten durch, daß verboten wurde, Kies aus den Flüssen zu gewinnen. Die Unternehmer fanden schnell Ersatz. Wo nach einer Erbteilung Weinfelder mit Kiesboden verkauft wurden, boten sie pro Hektar das Fünffache des Wertes, den das Grundstück für den Weinbau gehabt hätte. Leider ist ein Verkauf zu solchen Bedingungen kurzsichtig, denn das durch den Abbau des Kieses steril gemachte Land wird nie wieder Geld bringen, während gut bestellte Rebfelder Jahr für Jahr, Generation für Generation Gewinne abwerfen.

Seit 1972 entstanden auf diese Weise im Graves-Gebiet 105 Kiesgruben mit einer Gesamtfläche von 525 Hektar und im Médoc 101 Gruben, die insgesamt 480 Hektar groß sind. Inzwischen haben André Lurton und Gleichgesinnte durchgesetzt, daß Bulldozer auf Böden mit der Marke »Appellation

contrôlée« nichts mehr zu schaufeln haben. Aber nach wie vor, so sagt er, gehen im Jahr zwischen 100 und 200 Hektar potentielles, wenngleich nichtbepflanztes Rebland verloren, und dies in einer Zeit, in der die Franzosen zwar immer weniger Wein trinken, dafür aber immer höhere Qualität verlangen, was zur Folge hat, daß die Nachfrage nach den hochwertigen Bordeaux-Gewächsen steigt, während sich kaum jemand für den billigen Landwein aus dem Midi interessiert. Es ist zumindest in den Gemeinden des Graves-Gebietes schwierig, den Neusiedlern, Arbeitern zumeist, und den von ihnen gewählten Kommunalpolitikern diese Zusammenhänge zu erklären. »Was interessiert mich Ihr Geschwätz? Ich kann mir Ihren teuren Wein sowieso nicht leisten«, wird André Lurton auf Bürgerversammlungen entgegengeschleudert. Darauf antwortet er dann: »Die Deutschen können sich auch nicht alle Mercedes oder BMW leisten, und doch wissen sie, daß die Qualität dieser Autos der Wirtschaft ihres Landes nützt.« Solche elementaren Erkenntnisse muß man den Menschen im oberen Médoc nicht erst vermitteln. Médoc ist gewissermaßen das Spiegelbild von Graves. Es liegt nördlich von Bordeaux zwischen dem Atlantikstrand und der Girondemündung.

Ein irischer »Bordeaux«-Liebhaber verglich die Médoc- und Graves-Weine einmal mit Glanz- und Mattabzügen derselben Fotografie. Der brillante »Médoc« ist der glänzende, und es ist im Médoc unvorstellbar, daß man dem Wein nicht alles Gute wünschte, selbst denen vom »Château Lafite-Rothschild« oder »Mouton-Rothschild«, »Château Latour« oder »Château Margaux«, Millionärsgetränken also, die schon beim Erzeuger weit über hundert Mark die Flasche kosten und dann noch viele Jahre liegen müssen, ehe sie getrunken werden können.

Hier, wie in St-Emilion und dem benachbarten Anbaugebiet Pomerol, kennen die Menschen schon seit vielen Jahrhunderten den Wert ihres Weines.

Es gibt in Europa nur wenige Gegenden, in denen die Welt noch so beschaulich und harmonisch ist wie in diesem verschlafenen Landstrich zwischen Blanquefort und Soulac-sur-Mer, einem Landstrich, bei dessen Dorfnamen – Margaux, Listrac, St-Julien, Pauillac, St-Estèphe – Weinliebhaber aufhorchen. Dort gibt es noch Schloßherrn wie Jean-Eugène Borie vom Château Ducru-Beaucaillou, der seinen Arbeitern, wenn sie krank werden, nicht nur einen freiwilligen Ausgleich zwischen Lohn und Sozialversicherung zahlt, sondern das Personal auch bis ans Lebensende gegen einen symbolischen Mietzins in gutseigenen Häusern wohnen läßt. Männer wie er kaufen den Deputatwein für ihre Leute – pro Person 56 Liter im Monat – auch nicht billig im Midi ein, sondern versorgen sie aus eigener Produktion. »Wie sollten sie sonst das respektieren, was sie herstellen?« fragt er.

Es ist auch nicht so, daß diese guten Sitten mit der Generation des mittlerweile 65 Jahre alten Monsieur Borie aussterben würden. Die Söhne und Töchter von Winzern seines Schlages sind womöglich noch konservativer. André Lurtons Bruder Lucien, dem das Château Brane-Cantenac bei Margaux gehört, hat seine zehn Töchter und Söhne fast altmodisch erzogen. Da weiß jeder, wo er im Salon beim Apéritif mit den Gästen zu sitzen hat, wann wer sprechen darf und wann nicht, und es ist deutlich spürbar, daß die Kinder, auch die älteren, dies für völlig richtig halten und später fortsetzen werden.

Dieser konservative Grundton im Médoc bedeutet nicht, daß dort kein Platz für Exzentriker wie den Barbier Cazeau oder für Paradiesvögel wie den 85 Jahre alten Baron Philippe de Rothschild ist, einen Mann, der einen Wein von unvergleichlicher Opulenz macht und für ihn in einem jahrzehntelangen

Kampf das Prädikat »Premier Grand Cru classé« errungen hat. Der Herr über das Château Mouton-Rothschild in Pauillac ist mehr als ein Winzer und Firmenchef. Er ist Doktor der Naturwissenschaften und ein begabter Theatermann, ein genialer Übersetzer, der die Bühnenstücke von Christopher Fry aus dem Englischen ins Französische übertragen hat. Er ist auch ein Mäzen, der seit 1945 jedes Jahr von einem anderen Künstler ein Flaschenetikett entwerfen läßt, zum Beispiel von Jean Cocteau (1947), Salvador Dalí (1958), Henry Moore (1964) oder Marc Chagall (1970).

Mit verständnisvollem Schmunzeln nehmen die Menschen des Médoc zur Kenntnis, daß Rothschilds Arbeitsplatz sein breites Bett ist, das er mit seinen Hunden teilt, dem Labrador Radscha, der nur Englisch versteht, und der Promenadenmischung Jacques Tati, der nur auf französischsprachige Befehle reagiert. Auf diesem Bett, das er erst abends zur Stunde des Apéritifs verläßt, sind große Werke entstanden; auf diesem Bett konzipierte er unter anderem sein exquisites Weinmuseum. Für dieses Museum hat er in aller Welt Kunstwerke zusammengetragen, die einen Bezug zum Wein haben.

Rothschild trinkt, wenn er im Ausland ist, nur deutsche Weißweine, und er gehört zu den ersten prominenten Franzosen, die nach dem Krieg für Versöhnung plädiert haben. Dies ist nun eine Vokabel, die im Bordelais und namentlich im Médoc viel Gewicht hat, wie die vielen ehemaligen deutschen Kriegsgefangenen, die dort nach dem Krieg geblieben sind, immer wieder bestätigen.

Intoleranz würde sich auch nicht mit einer Landschaft vertragen, deren Menschen nicht nur Borie und Lurton, Signoret und Martin heißen, sondern eben auch Barton, Johnston, Kruse, Kressmann und Eschenauer, weil sie Nachkommen der Chartrons sind, jener protestantischen Weinhändler, die

---

Der Wein

Er wird geboren
Dann lebt er
Doch stirbt er nicht
Im Menschen lebt er weiter

Gottes Werk
Die Natur in Symbiose
Kraft menschlicher Seelen
Mit seiner Entstehung verflochten

Schicksal aus Humus und Saft
Die Macht seiner Schöpfer
Einer schönen Hoffnung Versprechen
Geht der Wein, in Glas gekleidet, dahin
Magischer Träger einer Botschaft

Bemalte Etiketten
Die Kunst großer Meister
Jeder steuert zu allem bei
Von der Erde und dem Himmel her
Echo einer innigen Widmung

So gehn die Jahre
Und so gedeihen
Das Werk
Das Leben

Der Wein

Philippe de Rothschild, 1982

---

im 18. Jahrhundert aus England, Irland, Deutschland, Holland und Skandinavien ins Bordelais gekommen waren und in dieser katholischen Gegend trotz ihres protestantischen Glaubens bald den Ton angaben.

Ihre Weinkeller sind dieselben, in denen schon ihre Vorfahren ihr Exportgut lagerten, dieselben, die im 16. Jahrhundert von Kartäusermönchen angelegt worden waren. Sie gaben dem Quai des Chartrons ihren Namen und damit auch den anglikanischen und evangelischen Einwanderern, die sich dort niederließen. Der Schriftsteller François Mauriac mochte die Leute aus den Chartrons nicht. Einer seiner ersten Romane ist ein wahres Pamphlet gegen sie: »Die Söhne der großen Häuser sind gewissermaßen auswechselbar. Alle korrekt gekleidet, alle vom selben Schneider, alle sportlich und ab fünf Uhr nicht mehr im Büro, alle freigestellt von den gewöhnlichen Gesetzen zivilen Umgangs, souverän in der Entscheidung, einen zu grüßen oder nicht zu grüßen, unbestechlich nach allen Seiten Verachtung austeilende Wesen.« Er wirft ihnen vor, daß sie zu französischen Familiennamen englische Vornamen tragen, also Percy Lartigue oder Willy Larousselle heißen. Und in der Tat erzählte mir ein Mitglied dieser »Kaste«, daß in seiner Familie für männliche Nachfahren nur die Namen James oder Charles in Frage kämen. Laut Mauriac sind diese jungen Leute arrogant, und die Erwachsenen tragen wegen der Schwierigkeit, das Monokel vor dem linken Auge nicht zu verlieren, ein stupides Gesicht zur Schau. Monokel tragen die Chartrons heute zwar nicht mehr, den Menschentyp gibt es aber immer noch. Er trägt keine Gehröcke, keine Cuts und keine seidenen Zylinderhüte mehr, doch hat er weder Bluejeans noch T-Shirts akzeptiert. Der Kastengeist ist nicht mehr das, was er zu Mauriacs Zeit war. Aber er besteht dennoch fort. In den Kellern mit den berühmten Kreszenzen des Médoc, der Graves und von St-Emilion werden noch immer große Diners gegeben. Und sie enden sicher nie mit fröhlichen Trinkliedern...

Einen von ihnen besuchte ich unlängst in seinem altmodischen Kontor am Quai des Chartrons Nummer 97. Er heißt Jean-Henri Schyler-Schroeder. Seine Vorfahren waren 1739 aus Hamburg gekommen und hatten in demselben Haus, in dem er heute wirkt, das Handelshaus Schroeder & Schyler & Cie. gegründet. Die Woche über bleibt Schyler in Bordeaux, am Wochenende freilich ist er auf seinem Weingut Château Kirwan in Margaux. Es hatte ursprünglich einem irischen Einwanderer gehört. Jean-Henri Schyler spricht Deutsch und Englisch und Dänisch, letzteres, weil er nunmehr in der vierten Generation dänischer Generalkonsul ist. In seinen Kellern liegen zehn Millionen Liter Wein, teils Schloßabzüge, teils Massenwein, der bei ihm verschnitten wird.

Die Klosterkeller von Jean-Henri Schyler sind wie der bemerkenswerte Rebstock an der Place de la Victoire in der alten Innenstadt Symbole Bordeleser Kontinuität.

Dieser Rebstock ist, da es den Garten des kleinen Winzers Guérin nicht mehr gibt, der letzte in Bordeaux, aus dessen arg verschrumpelten Beeren gelegentlich noch Wein gekeltert wird. Niemand verdient daran Geld; die Landwirtschaftskammer pflegt ihn nur aus experimentellen Gründen, denn der Weinstock ist 250 oder 300 Jahre alt, stammt also aus einer Zeit, in der die Reblaus die Winzer noch nicht gezwungen hatte, welsche Pflanzen auf immune amerikanische Wurzeln zu propfen.

Er ist ein knorriger Baum, dessen Äste an windigen Tagen in der ersten Etage über der Pharmacie de la Victoire an die Fenster der Zahnärzte Wehner und Nolchaker klopfen. Jemand hat einen hohen Blechschirm um seinen Stamm gewickelt, damit der letzte Rebstock im Zentrum von Bordeaux nicht durch gehobene Hundebeine stirbt. □

MIT DEM GLAS IN DER HAND VON FASS ZU FASS

Eine Reise in die Weinkeller des Médoc
Von Arne Krüger

Wer Bordeaux-Weine in Bordeaux kennenlernen will, wird in den feinen Restaurants der Stadt kaum auf seine Kosten kommen. Die klangvollen Namen stehen oft nicht auf den Weinkarten, weil sie zu teuer sind. Also muß man sich auf den Weg zu den Erzeugern machen. Eine Tour d'horizon startet am besten gleich vor den Toren von Bordeaux. Hinter den letzten Häusern, Supermärkten und Tankstellen im Westen beginnt die Region Graves mit ihren renommierten Weingütern Haut-Brion und La Mission Haut-Brion, Pape Clément und Domaine de Chevalier. Aber größer und landschaftlich attraktiver als die Region Graves ist der Médoc, dessen südlicher Teil Haut-Médoc genannt wird. Ich schlage vor, das Weingebiet Graves hinter sich zu lassen und gen Norden die Rue Parempuyre entlangzufahren.

Erste Station ist der Ort Ludon. Sie sind jetzt knapp 15 Kilometer gefahren und könnten die erste Probe im Château La Lagune machen, dessen Weine auch auf unseren Weinkarten einen hervorragenden Platz haben. La-Lagune-Weine gehören zur Union der »Grands Crus« und das schon seit 1855, als man Weine erstmals klassifizierte.

Auf La Lagune wird man Sie freundlich empfangen; ein vorheriger Anruf ist aber bei jedem Gut ratsam. Denn Guts- oder Lagerverwalter *(régisseurs du château* bzw. *maîtres de chai)* sind nicht immer verfügbar, und einen der beiden sollten Sie schon sehen. Oft ist auch die Dame des Hauses bereit und weinkundig genug, Ihre Fragen zu beantworten. Wie überall im Bordelais gibt es hier wegen des hohen Grundwasserspiegels keine tiefen Kellergewölbe, sondern nur ebenerdige Lagerhäuser.

Nicht ganz so groß wie der Nachbar La Lagune ist das Château Agassac; es hat aber ebenfalls hervorragende Weine. Während La Lagune eher im Stil eines breit hingelagerten Landhauses gebaut ist, präsentiert sich Agassac als ein Schmuckstück mit spitzen Türmen, eines der schönsten Gebäude auf der ganzen Rundreise.

Auf dem Wege nach Labarde kommt man am Ort Macau vorbei, wo das Château Cantemerle (wörtlich Amselgesang) liegt, ein entzückendes kleines Haus; hier spricht man sogar Deutsch. Cantemerle-Rotweine finden sich auch auf unseren Weinkarten.

Das nächste Gut, Château Siran, besitzt kein stolzes Schloßgebäude, aber die Menschen sind besonders freundlich und die Weine erstklassig. Die Familie Miailhe hat im ganzen Bordeauxgebiet zahlreiche Besitzungen, so trifft man immer wieder auf diesen Familiennamen.

Ein prächtiges Weinschloß ist das Château Giscours. Pierre Tari, seine Frau und seine Schwester sind herzerfrischend freundliche Gastgeber. Die Weine sind exzellent, und man darf in den Quasi-Kellern mit dem Glas in der Hand von Faß zu Faß schlendern und bekommt mit der Pipette Kostproben. Auch die jüngeren Giscours-Weine haben Fülle und bereits sympathische Trinkreife, was sonst erst nach mindestens fünf und mehr Jahren der Fall ist.

Labarde gehört schon zum weiteren Umkreis des Städtchens Margaux. Die Weingüter in dieser Region legen großen Wert darauf, das Zauberwort »Margaux« auf ihren Etiketten zu präsentieren. Historischer Mittelpunkt der Gegend ist das Château Margaux, ein Juwel der Bordeleser Architektur in einem groß angelegten Garten, mit »Kellern«, deren Ausdehnung und Pracht denen der Rothschild-Güter ähnlich sind. Der Zugang zum Schloß, das hinter hohen Eisengittern liegt, ist nicht so einfach. Man muß schon ein begründetes Interesse vorweisen, um die Weine vor Ort probieren zu dürfen, ähnlich ist es auch bei den Rothschilds.

Leichter zu erobern sind die Güter Château d'Issan – im englischen Stil erbaut und mit freundlichem Empfang – und

Château Prieuré-Lichine, wo entweder der Besitzer Alexis Lichine oder der Verwalter Monsieur Bourgeois die Führung übernimmt. Der Russe Alexis Lichine spricht mehrere Sprachen. Er hat in Amerika gelebt und ist ein bekannter Buchautor.

Sehr prächtig, im Stil der reichen Loire-Schlösser, ist auch Château Cantenac-Brown, dessen Weine schon seit 1855 zur Elite gehören. Im Gemeindedreieck von Labarde, Cantenac und Margaux könnten Sie gut einen ganzen Tag bleiben, die berühmten Weinschlösser stehen hier außerdem in Sichtweite.

Zu den feinsten Adressen gehören Margaux, Palmer und Brane-Cantenac; zu den gastfreundlichsten Häusern zählen Prieuré-Lichine, Durfort-Vivens, Rauzan-Gassies und vor allem das Gut Malescot-Saint-Exupéry der Familie Zuger. Sie kaufte es der Familie des »Kleinen-Prinz«-Autors Saint-Exupéry ab und brachte das Anwesen zu hoher Blüte. Malescot, wie man es kurz nennt, gehört seit 1855 zum Weinadel, die Jahrgänge 1955, 1959, 1961 (!), 1970 und 1975 sollte man im eigenen Keller haben. Die Familie Zuger spricht Deutsch, und sie freut sich ebenso über Besuch wie auf ihrem Nebenweingut der Marquis d'Alesme-Becker. Außerdem lohnt es sich, einen Abstecher zum Nachbar-Château Lascombes mit seinem großen Hofgarten und dem kleinen See zu machen.

Zehn Kilometer westlich von Margaux liegt Moulis. Das dortige Château Maucaillou gehört inzwischen einem Konzern. Der hat sich auf ausländische Besucher eingestellt, man präsentiert hier hauptsächlich jüngere Jahrgänge. Vor St-Julien prunkt das Château Beychevelle mit Sphinxen und sehr alten Bäumen im Park. Von der Schokoladenseite des Schlosses führen lang abfallende Rasen und Terrassengärten zur Gironde. Verwalter ist der ehrwürdige Henri Martin, dem selbst noch das Château Gloria gehört. Ein relativ kleines Haus neben den gewaltigen Besitztümern, aber in guten Jahren mit feinem Wein, der sich lange lagern läßt.

Genauso prächtig wie Beychevelle ist das Château Ducru-Beaucaillou. Monsieur Borie, der Besitzer, freut sich, wenn seinen Weinen echtes Interesse entgegengebracht wird. Sie können keine großen Mengen bei ihm kaufen, aber man erhält seine Weine über Importeure auch bei uns. Sie fehlen auf fast keiner Weinliste.

In dieser Gegend liegt ein weltberühmtes Weingut neben dem anderen, und die Wahl unter den Gütern, wo Besucher besonders freundlich empfangen werden, fällt schwer. Unser nächstes Ziel ist Léoville-Las-Cases, das Gut von Paul Delon, wobei man beachten muß, daß es durch Erbteilung drei Léoville-Weingüter gibt: Las Cases, Barton und Poyferré. Las Cases ist der Star unter ihnen, und seine Weine gehören zur Weltklasse.

Von St-Julien ist es nur ein Katzensprung nach Pauillac, jenem alten Fischerdorf, in dessen kleinem Hafen schon seit langem kein größeres Schiff mehr angelegt hat. Dafür kommen Invasionen von Reisebussen aus aller Welt, denn hier haben die Rothschilds ihre Weingüter. Die Châteaux heißen Lafite, Mouton-Baronne-Philippe und Clerc-Milon. Diese Güter gehören verschiedenen Zweigen der Familie, aber sie liegen alle auf einem Hügel. Die Keller dieser Schlösser können nur im Gänsemarsch durchwandert werden, es gibt ein Weinkunst-Museum, und alles kostet Eintritt und viel Geduld beim Warten. Unkomplizierter ist es da schon bei den weniger spektakulären Weingütern, wie bei den benachbarten Châteaux Pichon-Longueville-Comtesse-de-Lalande und Pichon-Longueville-Baron (wieder aus Erbteilung entstanden), Batailley, Pontet-Canet und vor allem Lynch-Bages, das der Familie Cazes gehört. Bei den Cazes darf man mit einer gastfreundlichen Weinprobe rechnen, wenn man sich

vorher angemeldet hat. Der Garten ist so beeindruckend wie die Weine, die auch bei uns eine bedeutende Rolle spielen. Die nächste Perle in der Kette ist der Ort Saint-Estèphe, die letzte Station dieser Médoc-Reise. Im Château Cos d'Estournel mit seinen Pagoden läßt man sich den Wein am besten von Bruno Prats kredenzen, einem charmanten, weitgereisten Mann, der auch in anderen Regionen noch Güter besitzt.

Auf Château Montrose werden Sie möglicherweise säurebetonte, härtere Weine erleben, als Sie es bisher auf dieser kleinen Reise gewohnt waren. Montrose-Weine lassen sich dafür länger lagern als die der anderen Güter. Auch die Weine von Monsieur Gasqueton im Château Calon-Ségur gehören zu dieser Gruppe.

Für eine solche Rundfahrt sollte man sich zwei oder drei Tage Zeit nehmen. Hotels sind im Médoc allerdings rar, so daß man das Abendessen wohl doch wieder in Bordeaux einnehmen wird. Und warum dann nicht stilgerecht bei Jean-Marie Amat im *Le Saint-James* mit Blick über das glitzernde Bordeaux. □

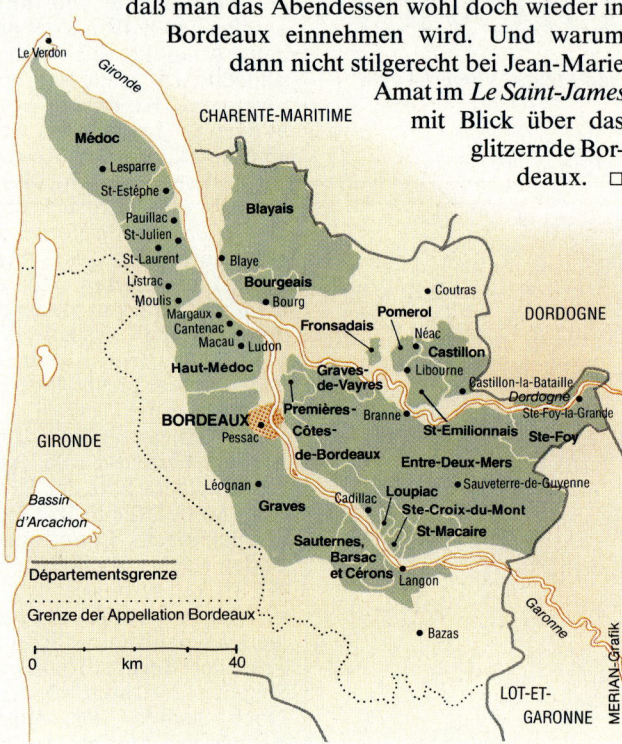

Die Weinregionen im Bordelais

Liste der empfohlenen Châteaux

Château	Ort	Tel.
La Lagune	Ludon	Tel. 56/30 44 07
Cantemerle	Macau	Tel. 56/30 42 03
Siran	Labarde	Tel. 56/88 34 04
Giscours	Labarde	Tel. 56/88 34 02
d'Issan	Cantenac	Tel. 56/88 70 72
Prieuré-Lichine	Cantenac	Tel. 56/88 36 28
Cantenac-Brown	Cantenac	Tel. 56/88 70 76
Malescot-Saint-Exupéry	Margaux	Tel. 56/88 70 68
Marquis d'Alesme-Becker	Margaux	Tel. 56/88 70 68
Maucaillou	Moulis	Tel. 56/58 17 92
Beychevelle	St-Julien	Tel. 56/59 23 00
Ducru-Beaucaillou	St-Julien	Tel. 56/59 05 20
Léoville-Las-Cases	St-Julien	Tel. 56/59 25 26
Lynch-Bages	Pauillac	Tel. 56/59 19 19
Cos d'Estournel	St-Estèphe	Tel. 56/44 11 37
Montrose	St-Estèphe	Tel. 56/59 30 12
Calon-Ségur	St-Estèphe	Tel. 56/59 30 27

Auskünfte

Informationen über das gesamte Bordelaisgebiet erhalten Sie im *Maison du Vin*, 1, Cours du 30-Juillet, 33075 Bordeaux cédex, Tel. 56/48 18 62.
Auskünfte über Besichtigungen, Führungen und Weinproben im Médoc bekommen Sie im *Maison du Tourisme et du Vin de Médoc*, La Verrerie, 33250 Pauillac, Tel. 56/59 03 08.

Kleines Wein-Brevier

Von Helga Wingert-Uhde

Im Bordelais«, schreibt der Weinexperte Hugh Johnson, »gibt es keine zwei Weine, die gleich wären, und dennoch besitzen sie alle zusammen eine unverwechselbare Identität«. Drei Dinge tragen zu ihrem einzigartigen Charakter bei: das wechselhafte und doch ausgleichende Klima des nahen Atlantik; die unterschiedlichen Standorte auf »warmen« Kiesböden oder »kühler« Lehmerde und eine hochkultivierte Rebenzucht, deren Ursprung bis in die Römerzeit zurückgeht. Alle Weingüter im Bordelais setzen ihre Weine aus mehreren Traubensorten zusammen und erzielen dadurch deren ganz spezifisches Flair. (Der Begriff *château* bedeutet hier nichts anderes als Weingut.)

Der »Château Pétrus« zum Beispiel besteht zu 95 Prozent aus dem Saft der Rebsorte Merlot, die in Pomerol auf lehmigem Grund und Boden wächst. Ihr Anbau ist mit Risiken verbunden, denn sie blüht sehr früh und reagiert äußerst empfindlich auf Frost und Regen, die großen Schaden anrichten können. Doch gerade das milde Aroma des Merlot, das an Brombeeren erinnert, der hohe Zuckergehalt seiner Beeren, dazu ein geringer Anteil der lebhaften Cabernet franc-Rebe, und schließlich die Reifung in Eichenholzfässern – das alles macht den »Château Pétrus« zu einem einzigartigen Erlebnis. Von ganz anderer Art sind die süßen Weißweine aus Sauternes. Der berühmteste dieser *vins liquoreux* ist der »Château d'Yquem«. Er besteht zu 20 Prozent aus Sauvignon blanc, einer Traube mit feinem Stachelbeeraroma und guter Säure und zu 80 Prozent aus Sémillon, einem ganz besonderen Saft: Diese Traubensorte ist nämlich anfällig gegen den Schimmelpilz Botrytis cinerea, der schon manche Ernte ruinierte. Kommt er jedoch zur rechten Zeit, wenn die frühen Herbstnebel von den Ufern der Garonne aufsteigen, dann beschert er Edelfäule und einen großen Jahrgang, einen Wein, der dick und süß, zart und cremig schmeckt, einen leichten Nuß- und Honigakzent besitzt.

Der Cabernet-Sauvignon, die Traube des Médoc, ist die vielseitigste unter den Rotweintrauben. Auf warmen, trockenen Böden, auf Kies und grobem Sand, bringt sie mit Sicherheit einen erstklassigen Wein hervor. Die kleinen, dunklen Beeren reifen spät, geben dem Wein eine leuchtende Farbe und rassiges, trockenes, feinblumiges Aroma. Je mehr Cabernet-Sauvignon ein Wein enthält, desto langsamer reift er heran, desto wertvoller wird er. Zu den erlauchten Weinen des Médoc zählt auch der »Château Latour« aus Pauillac. Er enthält 75 Prozent Cabernet-Sauvignon, 15 Prozent Cabernet franc, acht Prozent Merlot und zwei Prozent gerbstoffreichen Petit Verdot, der ihm, wie die Experten versichern, »ein kräftiges Rückgrat« verleiht. Saint-Emilion, hochkarätiges Weingebiet am rechten Ufer der Dordogne, heimst unter allen Spitzenregionen Frankreichs die meisten Auszeichnungen ein. Weine aus Saint-Emilion, als deren Krönung »Château Ausone« und »Château Cheval-Blanc« gelten, sind zum Teil kraftvoller als die des Médoc, sie enthalten weniger Gerbstoff und reifen schneller »zu warmer, wunderbarer Süße« heran (Johnson). Die besten Saint-Emilion-Weine kommen von den steilen Hängen, den *côtes*, und den Kiesböden des nordwestlichen Plateaus.

Château Pétrus, Château d'Yquem, Château Latour und Château Ausone, das sind große Namen! Wenn sie auf einem Etikett stehen, kann man sicher sein, das Beste vom Besten zu trinken. Dennoch, es gibt eine verwirrende Vielzahl von Bordelais-Weinen, die erheblich billiger und doch hochklassig sind. Wenn man sie entdecken will, braucht man Erfahrung, Ausdauer, Glück und den Ratschlag eines Fachmannes.

»Die besten Weine sind diejenigen«, sagt Paul Bocuse, einer der großen Meister und Neuerer der französischen Kochkunst, »die aus einem Weingut stammen, dessen Name auf dem Etikett allein schon ein Zeichen von Qualität ist«. Eine goldene Regel, die für den weinseligen Wahrheitssucher einen Haken hat. Um sie anzuwenden, müßte er nämlich alle Weingüter des Bordelais kennen, und davon gibt es Tausende, allein gut 3500 Châteaux.

Deshalb ist die Faustregel eines Bremer Weinexperten recht hilfreich. Sie lautet: »In einem großen Jahr kann kein Wein aus dem Bordelais wirklich schlecht sein.« Dieser Punkt ist relativ einfach zu klären. Unbestritten ist: Das Jahr 1978 bescherte eine gute Ernte; Jahrgang 1980 dagegen brachte nur einige gute leichte Weine und, wie es heißt, »wenig Aufregendes«. 1981 ergab feine und ausgeglichene Weine. Aus dem Jahr 1982 stammen einige große, aber auch durchschnittliche Weine, über die Kenner nicht viel Worte verlieren. Das Jahr 1983 war hervorragend, wirklich sensationell bleibt aber nach wie vor der Jahrgang 1961.

Médaille d'Or au Concours
général agricole de PARIS 1978 **2**

GRAND VIN DE BORDEAUX **3**

1976 **4**

Château Beauval **A**

BORDEAUX SUPERIEUR

APPELLATION BORDEAUX SUPÉRIEUR CONTRÔLÉE **B**

ROUGE FRUITÉ **5**

Mis en bouteille à F 33480/297 (Par)
DURAND, NÉGOCIANT A BORDEAUX - FRANCE **C**

DURAND Frères **6**
Fondée en 1812

DISTRIBUE PAR M. VAN ROY
IMPORTATEUR BRUXELLES TEL. 1212 **7** **8** e 75 cl **D**

11% vol **D**

Cette bouteille porte le Nº 1234 **9**
et doit être servie chambrée sur les
viandes rouges, les gibiers et les Fromages **10**

Musteretikett eines Bordeaux-Weines
mit den vorgeschriebenen und erlaubten Informationen
(Erläuterungen in der rechten Spalte)

Leider genügt es nicht, nur den Namen eines Weingutes zu kennen, denn wie hoch die Qualität eines solchen Château einzuschätzen ist, bestimmen keine festen Normen, sondern traditionelle, oft willkürlich gesetzte Kriterien – ein einheitliches Prüfsystem wie in der Bundesrepublik gibt es in Frankreich nämlich nicht.
Immerhin, sämtliche französischen Weine werden in vier Kategorien eingeteilt: Den untersten Rang belegt der *Vin de consommation courante*, ein Konsumwein, dessen Herkunft im dunkeln bleiben darf. Es folgt der *Vin de Pays*, der Landwein, dessen Ursprungsgebiet genannt werden muß. Die nächste Stufe ist der *Vin Délimité de Qualité Supérieur (V.D.Q.S.)*, der aus Regionen stammt, die zwar über eine bestimmte Eigenart und

Tradition verfügen, der aber nicht so erlesen ist, daß er den Anforderungen der vierten Kategorie genügen könnte, der *Appellation d'Origine Contrôlée (A.O.C. oder kurz A.C.)*.
Die Appellation (Herkunftsbezeichnung) umfaßt Traubensorten, Verarbeitungsmethoden und Alkoholgehalt. Mit ihr verbunden ist eine Beschränkung der Ertragsmenge (die jährlich neu festgelegt wird), im Durchschnitt auf 40 Hektoliter pro Hektar Land. Für Spitzenweine liegt die Obergrenze bei 35 Hektolitern pro Hektar. (Als Vergleich: Wer einen Vin de Pays als Ziel hat, darf 80 Hektoliter pro Hektar keltern.) Bei Weinen aus dem Bordelais gilt im übrigen: Je genauer das Etikett die Herkunft eines Weines lokalisiert, um so höher ist
(Fortsetzung Seite 142)

(Fortsetzung Seite 142)

Gesetzlich vorgeschriebene Angaben (rot)
(Nach der EG-Richtlinie für Qualitätsweine aus definierten Anbaugebieten = »Vins de qualité produits dans des régions déterminées« = V.Q.P.R.D.)

A Name von Château, Clos, Domaine oder Handelsmarke

B Herstellungsgebiet, durch Appellation d'Origine Contrôlée gekennzeichnet (A.O.C.); qualitative Steigerung von allgemeinen Angaben (z. B. *Bordeaux, Bordeaux Supérieur, Bordeaux rosé oder clairet*) über die Anbauregionen (z. B. *Médoc, Graves, St-Emilion*) und die Gemeinden (z. B. *Pauillac, St-Julien, Margaux*) zu den Klassifizierungen der Güter (z. B. *Premier Grand Cru classé* oder *Cru Bourgeois Supérieur exceptionnel*)

C Name und Anschrift des Abfüllers. Wenn der Wein nicht auf einem Château abgefüllt wurde, muß die Gemeinde vermerkt werden; hier verschlüsselt durch die Postleitzahl, die für Castelnau-de-Médoc/Moulis steht. Angabe des Produktionslandes nur für den Export.

D Alkoholgehalt (noch nicht verbindlich) und Mengenangabe

Erlaubte Zusatzinformationen (schwarz)

1 Vignette des Weinguts (*Vins de Table* dürfen keine Baulichkeiten zeigen)

2 Offizielle Jahrgangsurkunde oder Klassifizierung des Weinguts (im EG-Rahmen nur die des Concours général agricole de Paris zugelassen)

3 Die Bezeichnung *Grand Vin* ist erst ab *Supérieur*-Klassifizierung erlaubt und dann mit Angabe des Anbaugebietes (z. B. Bordeaux, Bourgogne, Loire)

4 Jahrgang (bei Vermerk einer Urkunde obligatorisch)

5 Angaben zu Farbe und Ausbau

6 Historischer Vermerk zum Weingut oder zur Handelsfirma

7 Angaben über den ausländischen Importeur

8 Die Flasche ist geeicht

9 Numerierung der Flasche (ohne Kontrollfunktion)

10 Hinweise für die Lagerung und das Servieren

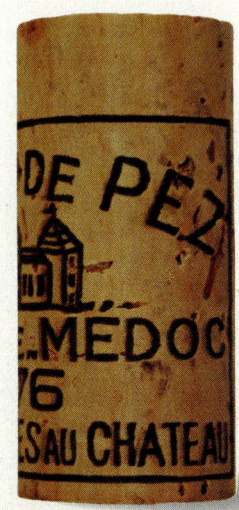

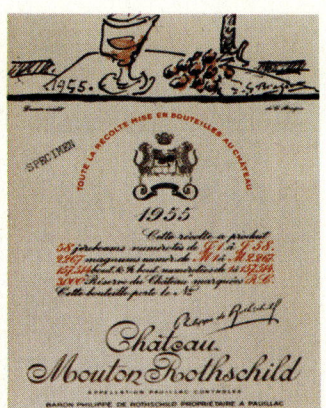

Auch Georges Braque entwarf ein Rothschild-Etikett

auch sein Niveau einzuschätzen. Und: Die Appellation bezieht sich immer aufs Weingut, nicht auf den Wein. Das einfachste Rangabzeichen, das ein Tropfen der gehobenen Klasse aus dieser Region tragen kann, ist die Appellation »Bordeaux«. Jeder Winzer im Bordelais, der die zugelassenen Traubensorten verarbeitet, einen bestimmten Alkoholgehalt erzielt und den Ernteertrag auf die satzungsgemäße Höchstgrenze beschränkt, kann seinen Wein so nennen. Roter »Bordeaux« muß zehn Prozent Alkohol enthalten, »Bordeaux Supérieur« 10,5 Prozent. Ein weißer »Bordeaux« hat 10,5 Prozent, ein weißer »Bordeaux Supérieur« 12,5 Prozent Alkohol. Solch eine Appellation »Bordeaux« gilt bereits als Qualitätswein, zählt jedoch nicht zur Luxusklasse der *crus*. Sie beginnen bei den »Petits Châteaux«, die früher »Cru Artisan« und »Cru Paysan« hießen, steigern sich zu den noch edleren »Crus Bourgeois« und gipfeln in den weltberühmten »Crus classés«.

Die erste Klassifizierung französischer Weine stammt bereits aus dem Jahr 1855. Der Anlaß war die Weltausstellung in Paris. Im Auftrag Kaiser Napoleons III. sichteten die Weinmakler von Bordeaux ihre Geschäftsbücher und stellten eine Rangfolge der einzelnen Weingüter auf. Grundlage der Ein-

schätzung war der jeweilige Marktwert ihrer Erzeugnisse über mehrere Jahrzehnte hinweg. Der Preis eines Weins gilt auch heute noch als wichtigstes Kriterium für seine Güte.

Damals hatten lediglich Weine aus dem Bordelais, speziell aus den Anbaugebieten Médoc, Sauternes und Graves einen überregionalen Ruf. Daher kommt es, daß sämtliche auserwählten Güter in dieser Region liegen. 62 Châteaux erhielten 1855 den Titel »Grand Cru classé«, unterteilt in fünf Stufen. Diese Klassifizierung gilt noch immer, mit einer einzigen Änderung: 1973 stieg Château Mouton-Rothschild vom Cru zweiter zum Cru erster Klasse auf. Seither gibt es fünf »Premiers Grands Crus classées«. Diese Aristokraten sind: Margaux, Mouton, Lafite, Latour und Haut-Brion.

Im Jahre 1932 stellten die Makler von Bordeaux eine zweite Rangliste auf. Sie gilt ausschließlich für das Médoc und nennt 444 »bürgerliche Gewächse«, die »Crus Bourgeois«, sortiert in drei Abteilungen, nämlich in »Cru Bourgeois«, »Cru Bourgeois supérieur« und »Cru Bourgeois supérieur exceptionnel«. Um die Verwirrung komplett zu machen, vergab 1966 das Syndicat des Crus Grand Bourgeois et Crus Bourgeois du Médoc an hundert Güter die Titel »Cru Bourgeois«, »Cru Grand Bourgeois« und »Cru Grand Bourgeois exceptionnel«. Auch die anderen Regionen setzten Sonderregelungen durch: 1959 erhielten in der Region Graves 15 Châteaux den Rang eines »Cru«. Seit 1955 besitzt auch das Gebiet Saint-Emilion eine eigene Klassifizierung, die zu allem Überfluß noch einige Male überarbeitet wurde. Ihre Bezeichnungen reichen vom schlichten »Saint-Emilion« über »Saint-Emilion Grand Cru classé« bis hin zum »Saint-Emilion Premier Grand Cru classé«.

Wenn Sie auf einen Blick erkennen wollen, was es mit einem bestimmten Bordeaux-Wein auf sich hat, dann müssen Sie also die Appellation d'Origine, die Herkunftsbezeichnung, im Kopf haben, ebenso die Ranglisten der einzelnen Regionen und die guten Jahrgänge. Aber damit ist es noch nicht getan. Den zur Zeit teuersten und damit wohl auch besten unter den roten können Sie mit diesen Anhaltspunkten allein nicht aufspüren: Der »Château Pétrus« trägt nämlich weder Rang noch Titel,

wurde bisher in keine Gewächsklasse eingestuft. Auf dem Etikett steht nur die Bezeichnung »Pomerol«.

Ähnlich verhält es sich mit dem »Château Mouton-Rothschild«, der ebenfalls zu den edelsten Weinen der Welt zählt und seine Etiketten jedes Jahr von einem anderen bekannten Künstler entwerfen läßt. Er verzichtet vornehm auf die Nennung des Hochadelsprädikates »Premier Grand Cru classé« und vermerkt als Herkunft schlicht »Appellation Pauillac contrôlée«. □

Anbauregionen im Bordelais / *Appellations Contrôlées*	Weinart
Médoc *Médoc* und *Haut-Médoc (St-Estèphe, Pauillac, Moulis, Listrac, St-Julien, Margaux)*	rot
Graves *Graves, Graves-Pessac, Graves-Léognan* *Graves Supérieures*	rot weiß
Sauternes *Sauternes, Cérons, Barsac*	weiß
Sainte-Croix-du-Mont *Sainte-Croix-du-Mont*	weiß
Loupiac *Loupiac*	weiß
Saint-Macaire *Côtes-de-Bordeaux-Saint-Macaire*	weiß
Premières Côtes de Bordeaux *Premières Côtes de Bordeaux*	rot, weiß
Entre-Deux-Mers *Entre-Deux-Mers, Entre-Deux-Mers-Haut-Benauge* *Bordeaux, Bordeaux Supérieur*	weiß rot
Graves-de-Vayres *Graves-de-Vayres*	rot, weiß
Sainte-Foy-la-Grande *Sainte-Foy-Bordeaux*	rot, weiß
Saint-Emilionnais *Saint-Emilion, Lussac-Saint-Emilion Montagne-Saint-Emilion, Saint-Georges-Saint-Emilion Puisseguin-Saint-Emilion, Parsac-Saint-Emilion* *Bordeaux Blanc*	rot weiß
Pomerol *Pomerol, Pomerol-Néac, Lalande-de-Pomerol*	rot
Fronsadais *Canon-Fronsac, Fronsac*	rot
Castillon *Bordeaux-Côtes-de-Castillon* *Bordeaux Blanc*	rot weiß
Bourgeais *Bourg* *Côtes de Bourg, Bourgeais*	rot weiß
Blayais *Premières Côtes de Blaye* *Côtes de Blaye, Blayais*	rot weiß

Die Romanistin Marina Tetzner macht in Frankreich immer neue Entdeckungen. Für uns durchstreifte sie Aquitanien. MERIAN-Lesern gibt sie hier ihre ganz speziellen Tips.

ANREISE

Mit dem Auto zwei Tage

Der Flug von Hamburg oder Berlin nach Bordeaux dauert rund drei Stunden, die Fahrt im Wagen gut zwei Tage. Ein Flug in den Südwesten Frankreichs lohnt sich besonders für Urlauber, die in Hamburg, Berlin oder München in die Lufthansa- oder Air France-Maschine nach Paris steigen können. Die französischen Inlandstarife liegen deutlich unter den deutschen. Ein erfahrenes Reisebüro kombiniert daher den »Flieg- und Spar-Tarif« der Lufthansa oder den »Visite-Tarif« der Air France mit den Tarifen der französischen Inlandsgesellschaft Air Inter und bietet den Flug von Hamburg nach Bordeaux und zurück für rund 900 Mark, an einigen wenigen Terminen sogar für 600 Mark an (das Normalticket kostet 1500 Mark). Autofahrer müssen berücksichtigen, daß die französischen Autobahnen gebührenpflichtig sind.

UNTERKÜNFTE

Verblichene Hotelpracht

Bei der Auswahl der Hotels ist der rote Michelin-Führer, der jedes Jahr neu aufgelegt wird, ein guter Ratgeber. Auf seine Angaben ist absolut Verlaß, er verzeichnet das Luxushotel wie zum Beispiel das *Les Prés d'Eugénie* (40320 Eugénie-les-Bains, Tel. 58/58 19 01, siehe auch S. 106 »Michel Guérard«) ebenso wie die einfache Unterkunft. Eine Ahnung von der Pracht und dem glanzvollen Vergangenheit des mondänen Badelebens am Ende des vergangenen Jahrhunderts geben die großen alten Hotels in Biarritz. Im *Hôtel du Palais* sind in der Eingangshalle die königlichen und kaiserlichen Logiergäste auf Marmortafeln verewigt. Im *Château d'Ilbarritz* in Bidart steht in dem drei Stockwerke hohen Saal eine der größten Orgeln Frankreichs. Der adelige Bauherr, der das wuchtige Gebäude um die Jahrhundertwende auf einem Felsen über dem Atlantik errichten ließ, hatte einen ausgeprägten Sinn für Orgelmusik. Heute lädt der Nachfahre regelmäßig zu Orgelkonzerten mit anspruchsvollem Programm und entscheidet nach Sympathie, wen er als Hotelgast aufnimmt; Übernachtung mit Halbpension ab 90 Mark, Küche und Service sind von wohltuender Individualität.

Ferien auf dem Bauernhof

Wer's lieber rustikal hat, bekommt von der Fédération Nationale des Logis de France (23, Rue Jean-Mernoz, 75008 Paris) ein ausführliches Verzeichnis der Bauernhöfe, auf denen Gäste willkommen sind. Und wer mit Pferd und Wagen durchs Périgord ziehen will, der erhält Informationen vom Service Loisir Accueil, Office Départementale du Tourisme de la Dordogne (16, Rue Wilson, 24000 Perigueux, Tel. 53/53 44 35).

Familienurlaub

Die Atlantikküste ist ein ideales Ziel für Familien mit Kindern, die den Sommer im Ferienhaus am Meer verbringen wollen. Zwischen Bordeaux und Biarritz liegen auf einer Breite von 15 Kilometern einige tausend dieser Selbstversorger-Unterkünfte. Für Familien mit Kleinkindern ist der Küstenabschnitt mit den dahinterliegenden Salzseen ein herrliches Bade- und Planschrevier. Das Baden im Meer ist nämlich an einigen Stellen der Küste nicht ungefährlich. An manchen Sommertagen baut der Wind eine langgezogene Dünung auf, die sich dann am Ufer in meterhohen Wellen bricht. Die Ferienhaus-Angebote an der Küste reichen vom primitiven Bretterverschlag bis zu riesigen Urlaubsvillen mit Spül- und Waschmaschine. Häuser, die für weniger als vier Personen ausgeschrieben sind, genügen mitteleuropäischen Komfortansprüchen nicht. Die Wochenmieten für ein Vierpersonenhaus beginnen bei 650 Mark (HS). Acht überregionale Vermittler (Scharnow, ITS, ADAC, Interhome, Lüthgen [3403 Friedland 5], Dr. Wulf's Ferienhausdienst [5160 Düren] und Jacq [7640 Kehl am Rhein]) bieten Ferienhäuser an der Atlantikküste an, jeder hat rund 30 Häuser im Katalog.

SPORT

Wandern · Reiten · Angeln · Radtouren

Ein paar hundert Wanderrouten führen durch Flußtäler, über sanfte Hügel und weite baumbestandene Ebenen. Nach wenigen Stunden Fußmarsch trifft der Wanderer immer auf einen idyllischen Landgasthof. (Auskunft: Comité National des Sentiers de Grande Randonnée, 92, Rue Clignancourt, 75883 Paris cédex 15.) Für ausgedehnte Reittouren eignen sich die uralten Hirtenpfade, die sicher in die Landschaft eingetreten sind, und die Wallfahrtswege, auf denen fromme Pilger jahrhundertelang ins spanische Santiago de Compostela zogen. (Auskunft: Association de Tourisme Equestre, 16, Rue Wilson, Périgueux, und das Syndicat d'Initiative [im folgenden mit S.I. abgekürzt] in Bayonne.) Angler finden in den sauberen Gewässern der Region ein Revier, wie es in Südeuropa sonst nur noch die entlegenen Landstriche Jugoslawiens bieten: In den Flüssen und Bächen sind Forelle, Lachs und Zander, in den klaren Naturseen Hecht, Brasse und Rotauge heimisch. (Auskunft und Angellizenz in jedem dörflichen Angelladen.) Radfahrer informieren sich über den französischen Nationalsport beim regionalen Verkehrsverband (Comité Départemental de Tourisme) und werden überreich mit Kartenmaterial und Hinweisen eingedeckt. Und wer auch das zum Aktivurlaub rechnet: Biarritz ist der Wallfahrtsort für Bridge-, Black Jack- und Roulettespieler.

Schwimmen und Surfen

An der Atlantikküste sollte man wegen der gefährlichen Strömungen nur an beaufsichtigten Stellen schwimmen. Auch außerhalb der FKK-Strände (größtes FKK-Gelände Europas in Montalivet) trifft man auf viel »oben ohne«, so genau nimmt man das hier nicht. Seglern, Wasserski-Fahrern und Surfern bieten sich geradezu ideale Bedingungen. Für fortgeschrittene Surfer ist die Bucht von Biskaya besonders interessant.

FESTE

Stierkampf und Pelota

Im Périgord: Theaterfestspiele finden im Juli auf dem mittelalterlichen Marktplatz von Sarlat-la-Canéda statt. (Informationen im S.I., Place de la Liberté, Tel. 53/59 27 67.)
An der Atlantikküste: Inter-

nationales Jazzfestival in Andernos und Bordeaux (S. I., Bordeaux 8, 12, Cours du 30-Juillet, Tel. 56/44 28 41.) Musikfestspiele im Mai *(mai musical).* (S. I. Bordeaux) Stierkämpfe, *Courses landaises,* Pelota-Wettkämpfe, Stelzenrennen, Marathonlauf der Hautes Landes. (Genaue Orte und Daten erfragen bei S. I., Mont-de-Marsan, 22, Rue Victor-Hugo, Tel. 58/75 84 40.) **Im Baskenland:** Schinkenmarkt in Bayonne (3 Tage

(baskische Kraft- und Geschicklichkeitsspiele) im August. (S. I., Place de l'Eglise, Tel. 59/38 71 78.)

NATURSCHUTZ- GEBIETE

Ein Vogelparadies

Aquitanien hat zwei große Naturschutzgebiete, die einen Besuch lohnen. Der Parc Régional des Landes de Gascogne reicht von der Bucht

Canal d'Huchet im Département Landes

vor Ostersonntag), großes Stadtfest in der ersten Augustwoche mit vielen Veranstaltungen, u. a. *Gala comico-taurin* (Stierkampf mit Liliputanern), *Courses de vaches* und *Corridas;* im September *Festival de Musique en Côte Basque* mit berühmten Interpreten (S. I., Place de la Liberté, Tel. 59/ 59 31 31; für die Corridas: Cercle Taurin Bayonnais, 5, Rue du 49ème, 64100 Bayonne. Das Büro besorgt auch den Kartenvorverkauf). Anglet: Festival der Karikaturisten im August. (S. I., 1, Avenue Chambre-d'Amour, Tel. 59/03 77 01.) Biarritz: Internationales Bridge-Turnier im August/September. (Comité de Tourisme et de Fêtes, Square d'Ixelles, Tel. 59/24 20 24.) Saint-Jean-de-Luz: Jeden Sonntag in der Saison *Courses de vaches* und Pelota-Spiele. (S. I., Place Maréchal-Foch, Tel. 59/26 03 16.) Saint-Palais: Fest der starken Männer

von Arcachon bis zu den dunklen Kiefernwäldern der Landes. Das 206 000 Hektar große Gelände wird auf ganzer Länge von der Eyre durchzogen, einem meist sanft dahinströmenden Fluß. Im Dorf Commensacq werden Kanus und Kajaks für eine der schönsten Flußpartien Frankreichs vermietet. Bei Le Teich in der Nähe von Arcachon befindet sich ein 70 Hektar großes Vogelschutzgebiet, eine von kleinen Seen durchsetzte Landschaft, die an einer der wichtigsten Zugvogel-Routen liegt. 240 Vogelarten, darunter seltene Enten, Wildgänse, Schwäne, Störche und Reiher, machen dort zweimal im Jahr Rast. 75 Vogelarten lassen sich regelmäßig für längere Zeit nieder, brüten und ziehen ihre Jungen groß. Rund 46 000 Hektar groß ist der Nationalpark der Pyrenäen, der sich hundert Kilometer lang an der französisch-spanischen Grenze

entlangzieht, damit freilich zum größeren Teil außerhalb Aquitaniens liegt. Im unberührten Hochgebirge, einem Landstrich mit dichten Wäldern, Wasserfällen, Wildbächen und versteckten Bergseen, haben sich Tiere gehalten, die aus dem dichtbesiedelten Europa fast völlig verschwunden sind: Steinböcke, Marder, eine seltene Gemsenart, Auerwild und weiße Rebhühner. Im Dickicht der Wälder leben noch etwa dreißig Bären, und gelegentlich kreisen über den Berggipfeln Bart- und Gänsegeier, die größten Vögel des Kontinents, die in Europa sonst nur noch in den Gebirgsregionen auf Sizilien und in Mazedonien zu sehen sind. (Auskunft: Association des Amis du Parc, 20, Rue Samonzet, 65 000 Pau, und Parc National des Pyrénées-Occidentales, Route de Pau, 65 013 Tarbes.)

Eine Bummeltour mit dem Auto

Autofahrer, die auf einer gemütlichen Tour Aquitaniens Landschaft genießen wollen, beginnen am besten in Les-Eyzies-de-Tayac mit einer Fahrt durchs Tal der Vézère und Dordogne bis Saint-Emilion (viel Zeit für die kurvenreiche Straße und die zauberhafte Landschaft nehmen!). – Ab Arcachon dann die Küste entlang bis zum Etang de Biscarosse durch die lichten Kiefernwälder der Landes. Die Dune du Pilat ist mit rund 114 m Höhe die höchste Wanderdüne Europas. Man sollte unbedingt hinaufklettern und die Aussicht genießen! Ab Bayonne sollte man über die von Napoleon angelegte Route impériale des Cimes (D 22) nach Cambo-les-Bains fahren und einen Abstecher zur Villa Arnaga machen, die sich der zu seiner Zeit weltberühmte Dramatiker Edmond Rostand (1868–1918), Autor des »Cyrano de Bergerac«, im baskischen Stil mit großen Gartenanlagen bauen ließ (ge-

Deutsche Bunker auf der Dune du Pilat

öffnet 1. 5.–30. 9. von 10–12 Uhr und von 14.30–18.30 Uhr, in der 2. Aprilhälfte und im Oktober nur von 14.30–18 Uhr). Von der Villa reicht der Blick bis zu den Pyrenäen. Dann weiter über die malerischen Baskendörfer Aïnhoa, Sare und Ascain mit den typischen Labourd-Fachwerkhäusern. Sie sind strahlend weiß gekalkt, die Balken leuchtend rot oder grün gestrichen. Gehen Sie zur Mittagszeit auf den kleinen Friedhof von Arcangues (südlich von Biarritz an der D 755), wegen des herrlichen Blicks auf Pyrenäen und Meer, der traumhaften Stimmung und der Grabsteine in Scheibenkreuzform mit dem baskischen Hakenkreuz.

HÖHLEN

Zurück in die Steinzeit

Die berühmteste Höhle der Welt, die Grotte von Lascaux, liegt in der Nähe des kleinen Ortes Montignac in der Dordogne (siehe S. 66 und 148). Aber es gibt natürlich noch andere sehenswerte Höhlen, wie beispielsweise um Les Eyzies herum. Mehr als 20 Höhlen mit einmaligen prähistorischen Malereien wurden hier entdeckt. Wer sich für die Prähistorie interessiert, sollte drei von ihnen unbedingt besich-

tigen: die Grotte de Rouffignac, ein großräumiges Höhlensystem mit Strichzeichnungen und Tiergemälden; die Grotte des Combarelles mit 300 einander zum Teil überlagernden Malereien; Bara-Bahau mit Ritzzeichnungen, die vermutlich älter als 20 000 Jahre sind und die die Wissenschaftler als die ersten tastenden Versuche des Menschen sehen, sich künstlerisch zu artikulieren.

ESSEN

Wo Madame kocht

Gehen Sie ruhig in den kleinen Dorfgasthof, wo Madame kocht, die Kinder servieren und Monsieur hinter der Theke steht; essen Sie, was Ihnen empfohlen wird:

Die Kathedrale von Bayonne

Das ist im allgemeinen sehr gut. Grundsätzlich gilt: je mehr Franzosen in einem Restaurant, desto besser die Küche!

Hier eine kleine, gewiß unvollständige Auswahl von sehr guten Restaurants.

Bordeaux: *Dubern* (42, Alleés de Tourny, Tel. 56/48 03 44), *La Tupina* (6, Rue Porte-de-la-Monnaie, Tel. 56/91 56 37), *Le Périgord Saint-Jean* (202, Cours de la Marne, Tel. 56/91 42 80).

Libourne: *L'Etrier* (20, Place Decazes, Tel. 56/51 13 59).

Magescq an der N 10: *Relais de la Poste* (Tel. 58/57 70 25) und *Le Cabanon* (Tel. 58/57 71 51).

Mont-de-Marsan: *Darroze* (in Villeneuve-de-Marsan, Grand' Rue, Tel. 58/58 20 07).

Sarlat-la-Canéda: *Saint-Albert* (Place Pasteur, Tel. 53/59 01 09).

Caudon-de-Vitrac: *La Ferme* (Tel. 53/29 33 2 35).

St-Girons-Plage: *Au Rescapé* (am Strand, Tel. 58/42 93 09).

SEHENSWÜRDIG-KEITEN

Schlösser

Mit dem Begriff *château* bezeichnen die Franzosen die Herrenhäuser der großen Weinbau-Domänen ebenso wie historische Schlösser. Das Château La Brède ist beides: Domäne und gotisches Wasserschloß, ehemaliges Domizil Montesquieus. (Während der Mai-Musikfestspiele von Bordeaux werden in der Bibliothek des Schlosses Konzerte gegeben. 32 km südlich von Bordeaux. Besichtigungen: 1. 5.–30. 11. tägl. außer Di 14.30–17.30 Uhr, im März nur an Wochenenden von 14.30–17 Uhr.)

Ein Besuch des Château Fénelon lohnt nur noch wegen der sehr gut erhaltenen Befestigungsanlagen (15. Jh.) und der reizvollen Lage.

Die Wehrburg Château Beynac (13. Jh.) liegt malerisch auf einem Felsen, 150 m über der Dordogne. Sie birgt ei-

nen großartigen Ständesaal mit schöner Gewölbedecke aus Kastanienholz. Herrlicher Blick von der Terrasse und den Burgzinnen. (1. 3.–15. 11. täglich von 10–12 Uhr und von 14.30–18 Uhr.)

Das Renaissanceschloß Bourdeilles, zwischen Brantôme und Périgueux, besticht durch seine liebevolle Möblierung aus dem 16. Jh. (15. 6.–15. 9. tägl. 9–11.30 und 14–18 Uhr, 16. 9.–14. 6. tägl. außer Di zu denselben Zeiten.)

Hautefort ist die wichtigste Schloßanlage des Barock in Südfrankreich. Nach einem Brand im Jahre 1968 wurde sie hervorragend restauriert. (Führungen Palmsonntag bis 1. 11. tägl. 9–11.30 und 14–18.30 Uhr, sonst nur So 14–17 Uhr.)

Interessante Museen

Fast jeder Ort im Südwesten Frankreichs hat sein eigenes Museum. Besonders sehenswert sind folgende:

Bordeaux: Das Musée d'Aquitaine zeigt die Geschichte der Gesamtregion von den allerersten Funden (s. a. Abb. S. 147) bis zur Gegenwart. (20, Cours d'Albret, tägl. außer Di, So und an Feiertagen 14–18 Uhr.) In der Münzprägeanstalt von Pessac (Etablissement monétaire) wird seit 1973 das französische Kleingeld geprägt (109 E, Chemin de la Voie Romaine, im Industriegebiet. Führungen, außer an Feiertagen, Mo und Mi 14, 14.15 und 14.30 Uhr, Do 9, 9.15 und 9.30 Uhr, letzte Julibis erste Septemberwoche geschl., Personalausweis mitnehmen!) Das Centre Jean Moulin ist das Museum der antifaschistischen Widerstandsbewegung des Zweiten Weltkrieges. (Place Jean-Moulin, geöffnet außer an Wochenenden und Feiertagen tägl. von 14–18 Uhr.)

Bei Pauillac im Médoc: Musée du Vin im Château Mouton-Rothschild (Besichtigung nur nach Voranmeldung Tel. 56/59 22 22).

Les-Eyzies-de-Tayac: Im

Nationalmuseum für Vorgeschichte (Musée National de Préhistoire) ist eine einzigartige Sammlung von Gebrauchsgegenständen aus grauer Vorzeit ausgestellt. (Tägl. 9–12 und 14–18 Uhr, außer Di und an Feiertagen.)

Bayonne: Musée Bonnat, eine aus einer Privatsammlung hervorgegangene Gemäldegalerie von europäischem Rang. Im »kleinen Louvre« von Bayonne hängen Bilder fast aller großen Meister: Botticelli, Raffael, Leonardo, Michelangelo, Veronese, Rembrandt, Hals, Rubens, El Greco, Goya, Turner. (Rue Jacques-Laffitte, geöffnet 10–12 und 14–18 Uhr, außer Di und an Feiertagen.) Musée Basque, das einzige Museum, das ausschließlich und umfassend über die Basken informiert, über deren Geschichte, Kunst, Brauchtum und Folklore. (Rue Marengo, tägl. außer an Sonn- und Feiertagen von 9.30–12.30 und 14.30–18.30 Uhr im Sommer, 10–12 und 14.30–17.30 Uhr im Winter.)

Biarritz: Das Musée de la Mer zeigt in zahlreichen Aquarien nicht nur die Welt unter Wasser (Robbenfütterung tägl. 17 Uhr), sondern auch das Leben der Fischer von Aquitanien. (Esplanade du Rocher de la Vierge, geöffnet vom 1. Juli bis 14. Sept. tägl. 9–19 Uhr, 15. Sept. bis 30. Juni tägl. 9–12 und 14–18 Uhr.)

AUSKÜNFTE

Französisches Verkehrsbüro, Kaiserstr. 12, 6000 Frankfurt, Tel. 069/75 20 29; *Délégation Régionale au Tourisme,* 24, Allées de Tourny, 33000 Bordeaux, Tel. 56/44 48 02; *Office du Tourisme de Bordeaux,* 12, Cours du 30-Juillet, 33080 Bordeaux cédex, Tel. 56/44 28 41, sowie die örtlichen *Syndicats d'Initiative.* □

Die Informationen und Preisangaben dieses Beitrags stammen vom Herbst 1984.

Landschaft

Das Aquitanische Becken liegt im Kern nicht höher als 100 m. Périgord und Pyrenäenvorland erreichen dagegen gut 400 m. Lediglich der Süden Aquitaniens ist gebirgig: Von der Küste steigt die Pyrenäenkette bis zum Palas mit 2974 m an. Die erdgeschichtliche Entstehung des Beckens vollzog sich etwa so: Nach der Hebung des Zentralmassivs (vor gut 300 Mio. Jahren) wurde das vorgelagerte Meer zum Sedimentationsgebiet. Im Erdmittelalter entstanden mächtige Kalksteinschichten, die heute das Périgord prägen. Durch die Alpidische Gebirgsbildung (vor rund 50 Mio. Jahren) entstanden im Südwesten die Pyrenäen. Das dazwischenliegende Becken (bis 9000 m tief) wurde zunehmend mit Abtragungsschutt aufgefüllt und bildete später die Grundlage für die Sumpf- und Heideflächen des Landes. Während der Eiszeit, die vor etwa 500 000 Jahren begann, wich der Ozean durch die Bindung des Wassers in den Eisschilden viele Kilometer zurück. Seit ihrem Ende vor rund 12 000 Jahren dringt das Meer wieder nach Osten vor.

Klima

Im Flachland bewegt sich die *Lufttemperatur* im Sommer zwischen 13 und 26° C, im Winter zwischen 2 und 9° C. Die *Wassertemperatur* beträgt in der Badesaison je nach Strömungsverhältnissen 18 bis 22° C.
Die *Sonne* scheint im Jahr etwa 2000 Stunden (in Norddeutschland 1600 Stunden), im Sommerhalbjahr sind es um 55% (40%) des überhaupt möglichen Sonnenscheins.
Die Verteilung des *Niederschlags* folgt einem einfachen Schema: Im Einflußbereich der Pyrenäen werden 1300 bis 1500 l/m² registriert; im Tiefland um die Garonne sinkt dieser Wert auf 700 l/m² und durch Steigungsregen vor dem Zentralmassiv klettert er dort wieder auf gut 1000 l/m².

Landwirtschaft

Etwa jeder sechste Erwerbstätige ist in der Landwirtschaft beschäftigt. Während die landwirtschaftliche Nutzfläche (rund 40% der Region) ständig ausgedehnt wird, nimmt die Zahl der Höfe (rund 95 000) laufend ab. Klein- und mittelbäuerlicher Besitz ist typisch: Etwa zwei Drittel der Höfe haben weniger als 20 ha. Wegen der unterschiedlichen Böden und zur Risikominderung gegen extreme Wetterlagen herrscht eine *Polykultur* vor. Hauptsächlich werden angebaut: Mais, Weizen, Gemüse, Obst und Tabak. Auch die Viehwirtschaft (Zuchtvieh und Geflügel) spielt eine wesentliche Rolle. *Wein* wird zum weit überwiegenden Teil im Département Gironde, dem Bordelais, angebaut, sowohl im Domänenbetrieb wie auch in bäuerlicher Mischwirtschaft.
Wald zieht sich durch ganz Aquitanien (rund 43% der Fläche), jedoch ist mehr als ein Drittel, etwa 6000 km², in den Landes konzentriert. Im 19. Jh. wurden die Moor- und Heideflächen durchgreifend drainiert (Aufbrechen der Ortsteinschicht) und weitflächig aufgeforstet. Nachdem die Bedeutung des Waldes für die Holz- und Harzgewinnung heute zurückgegangen ist und den ökologischen Gefahren der Monokultur entgegengewirkt werden soll, wird eine Diversifizierung durch Landwirtschaft (Mais und Viehzucht) angestrebt.

Industrie und Tourismus

Aquitanien hatte im 19. Jh. kaum Anteil an der Industrialisierung, was auch am Mangel an Bodenschätzen lag. Erst in der Nachkriegszeit wurden Erdgas- und Erdölvorkommen entdeckt. Während die Bedeutung des Erdöls gering ist, entwickelte sich mit der Förderung aus dem größten Erdgasfeld Frankreichs bei Lacq (jährlich rund 5 Mrd. m³) ein chemischer Industriekomplex zwischen Pau und Orthez (Produktion von Äthylen, Acetylen, Butan, Schwefel; außerdem ein Aluminiumwerk auf der Basis eines Gaskraftwerks). In ganz Aquitanien existieren insgesamt etwa 4000 Industriebetriebe, in denen ungefähr ein Viertel aller Erwerbstätigen arbeitet. Durch den Mangel an industriellen und gewerblichen Arbeitsplätzen liegt auch die Erwerbsquote vergleichsweise niedrig: Nur gut ein Drittel aller Einwohner ist berufstätig (in der Bundesrepublik 46%).
Die Erfolge der Dezentralisierungspolitik sind bescheiden, da Aquitanien in Europa eine ungünstige Randlage besitzt. Der Anteil Aquitaniens an Frankreichs Fremdenverkehr liegt weit unter 10%. Von den etwa drei Millionen Touristen stammt ein Viertel aus der Bundesrepublik.

Städte

Die Siedlungsstruktur wird durch eine Vielzahl landwirtschaftlicher Märkte bestimmt. Lediglich ein Dutzend Orte hat neben den Verwaltungssitzen der fünf Départements mehr als 10 000 Einwohner.
Das herausragende Zentrum ist *Bordeaux,* dessen Ballungsraum mit 640 000 Ew. ein knappes Viertel der aquitanischen Bevölkerung umfaßt und an 5. Stelle in Frankreich steht.
Bordeaux ist nach wie vor der kulturelle (Museen, Theater, Universität und Hochschulen) und wirtschaftliche (Verwaltung, Industrie verschiedener Sparten, Messe) Mittelpunkt des südwestlichen Frankreich. Als internationaler Handelsplatz hat es aber seit dem Verlust der französischen Kolonien in der Nachkriegszeit an Bedeutung verloren: Der Güterumschlag des Hafens, zu etwa zwei Dritteln ein Empfangshafen, ist unter die 10-Mio.-t-Grenze gesunken. ◻

Größe und Bevölkerung Aquitaniens

Aquitanien	Fläche 42 133 km²*)	Einwohner 2,7 Mio.**)				
Département		**Anteil**	**Veröndg. gegenüber dem Max. im 19. Jh.**	**Städtische Bevölkerung**		**Dichte**
				1876	**heute**	
Dordogne	9184 km²	15%	− 28%	19%	42%	41 Ew./km²
Gironde	10 726 km²	42%	+ 57%	54%	76%	106 Ew./km²
Lot-et-Garonne	5358 km²	11%	− 18%	31%	56%	55 Ew./km²
Landes	9236 km²	11%	− 7%	22%	49%	31 Ew./km²
Pyrénées-Atlantiques	7629 km²	21%	+ 18%	37%	70%	70 Ew./km²

*) 7,8% des festländischen Frankreich (Schweiz: 41 293 km²)
**) 4,9% der französischen Bevölkerung (Schweiz: 6,4 Mio. Ew.)

Stätten der Vorzeit

Südwestfrankreich gehört zu den vor- und frühgeschichtlich besonders interessanten Gebieten Europas. In Combe-Capelle bei Montferrand wurde das Skelett eines Mannes entdeckt, der um **34000 v. Chr.** lebte. In *Cro-Magnon* (Gemeinde Les Eyzies-de-Tayac) fand man 1868 in einer Höhle fünf etwa 30 000 Jahre alte Skelette. Nach dem »Alten Mann« von Cro-Magnon wurde eine europäische, altsteinzeitliche Homo-sapiens-Rassengruppe benannt. In *Lascaux* (Gemeinde Montignac) stießen Forscher 1940 in einer 140 m tiefen Höhle auf Malereien aus der Zeit um **15 000 v. Chr.** Die Tier- und Maskentänzerdarstellungen zählen zu den bedeutendsten Zeugnissen der frühen Kunstgeschichte ebenso wie die *Venus von Laussel*, die in einem Vézère-Nebental entdeckt wurde.

Venus von Laussel –
Ähnlichkeit mit der Venus
von Botticelli?

Kelten und Römer

Um **500 v. Chr.** setzte von Osten her die keltische Einwanderung ein. Unter Caesar eroberten die Römer **58–51 v. Chr.** Gallien. Aquitanien, zunächst Name des südwestlichen Gallien, insbesondere des von iberischen Stämmen bewohnten Gebiets zwischen Pyrenäen und Garonne, wurde unter Augustus zur Bezeichnung einer *römischen Provinz,* die dann von den Pyrenäen bis zum Liger (Loire) und von der Atlantikküste bis zu den Cevennen reichte. Im **4. Jh.** wurde die Provinz dreigeteilt: In Aquitania prima, den Nordosten, Aquitania secunda mit der Hauptstadt Burdigala (Bordeaux), den Nordwesten, und Aquitania tertia oder Novempopulana, den Süden. Bordeaux war schon damals Mittelpunkt eines Weinanbaugebiets und ein wichtiger Weinhandelsplatz. Im 4. Jh. wurde die Stadt auch Bischofssitz. Während der Völkerwanderung erlebte Aquitanien stürmische Zeiten. Nach der Herrschaft der Wandalen und Ostgoten kam das Gebiet **Anfang des 6. Jhs.** an die Franken, die es zeitweise an die Sarazenen, die von Süden her vorstießen, verloren.

Aquitanien im Mittelalter

Karl der Große (768–814), gewann Aquitanien im **8. Jh.** für das Frankenreich zurück. Das **11. und 12. Jh.** war eine kulturelle Blütezeit des Landes (romanische Kunst, Troubadour-Lyrik). Die Pilgerzüge ins spanische Santiago de Compostela zum Grab des Apostels Jakobus d. Ä., dem neben Rom und Jerusalem bedeutendsten Wallfahrtsort der Christen, durchquerten Aquitanien auf mehreren *Pilgerstraßen*. Gläubige aus Nord- und Westeuropa kamen mit Schiffen zur Gironde und zogen von dort zu Fuß weiter. Kirchen und Klöster entlang der Pilgerstraßen erinnern an diese Zeit. Im **9. Jh.** entstand aus der Grafschaft Poitou das Herzogtum Aquitanien, für das sich im **10. Jh.** der Name *Guyenne* einbürgerte. Es wurde zunehmend unabhängiger von Frankreich. Eleonore von Aquitanien (um 1122–1204) erbte das Herzogtum 1137 und heiratete König Ludwig VII. von Frankreich. Nach der Annullierung der Ehe vermählte sie sich 1152 mit dem Herzog der Normandie Heinrich von Plantagenet, der **1154** König von England wurde. Durch die Verbindung beider Herrschaften entstand das *Angevinische Großreich,* das von der Nordgrenze Englands bis zu den Pyrenäen reichte.

Im *Hundertjährigen Krieg* zwischen England und Frankreich **(1339–1453)** wurde Aquitanien zum Grenzland und Kampffeld. Die *Bastiden,* Garnisonstädte an der alten Grenze, erinnern an diese Zeit. Im Frieden von Brétigny bei Chartres verzichtete König Eduard III. 1360 auf die französische Krone und erhielt dafür die Souveränität über den Südwesten Frankreichs. Der nach einem Jahrzehnt von neuem aufbrechende Krieg endete schließlich 1453 ohne formellen Friedensvertrag, nachdem das aquitanische Gebiet von den Franzosen besetzt worden war.

Frühe Neuzeit

Im Oktober **1572** kamen in Bordeaux 2500 Hugenotten ums Leben, als der Gouverneur Montferrand die Pariser Bartholomäusnacht nachahmte. 1582–85 war der Schriftsteller und Philosoph Michel de Montaigne Bürgermeister der Stadt. Aus Sarlat stammte sein Freund Étienne de La Boétie (1530–1563), Verfasser des gegen Tyrannei und Monarchie gerichteten Buches »Über freiwillige Knechtschaft«. Auf Schloß La Brède bei Bordeaux wurde 1689 Charles de Secondat, Baron de La Brède et de Montesquieu geboren, der zu einem der einflußreichsten Schriftsteller und Staatstheoretiker der französischen Aufklärung wurde. Er starb 1755 in Paris. Auch nach dem Ende der englischen Herrschaft blieb Bordeaux England bis ins 17. Jh. wirtschaftlich eng verbunden. Im **18. Jh.** wuchs die Bedeutung der Stadt als Hafen durch den französischen *Kolonialhandel*. Pelze, Holz, Zucker, Rum, Kaffee, Kakao und Gewürze kamen aus Kanada, Louisiana, West- und Ostindien. Auch am Sklavenhandel waren Bordelesen beteiligt. **Ende des 18. Jhs.** wurde Bordeaux Großstadt. Wie schon im Mittelalter blieb der *Weinhandel* auch jetzt wirtschaftliche Grundlage der Stadt.

Von der Revolution zur Gegenwart

In der *Französischen Revolution* war Bordeaux zeitweilig ein politischer Schwerpunkt. Von hier kamen die *Girondisten,* die liberale Gruppe in der Nationalversammlung, die mit den radikalen Jakobinern das Königtum stürzte, dann jedoch **1793** von diesen abgelöst und verfolgt wurde. Im **19. Jh.** verlor Bordeaux seinen führenden Rang als Hafenstadt an Marseille, das von der Erweiterung des Kolonialbesitzes in Afrika und vom Suez-Kanal profitierte. Im Dezember **1870** wurde *Bordeaux Sitz der Regierung,* im Februar 1871 trat hier die Nationalversammlung zusammen, die den Frieden mit Deutschland genehmigte. **1914** und **1940** wurde die Stadt wiederum für kurze Zeit französischer Regierungssitz. Im 19. und 20. Jh. wurde der Port autonome de Bordeaux mit mehreren Vorhäfen an der Gironde ausgebaut.

Nach ersten Anfängen im 18. Jh. erfolgte in der zweiten Hälfte des 19. Jh. die Aufforstung der Landes. Ausgedehnte Kiefernwälder entstanden auf den trockengelegten Sumpf- und Heideflächen. **1961** wurde die *Wirtschaftsregion Aquitanien* geschaffen, die weitgehend das spätmittelalterliche, mit England verbundene Gebiet umfaßt. Auch im Fremdenverkehr lebt die alte Bezeichnung Südwestfrankreichs wieder auf. □

DIE FALSCHE HÖHLE VON LASCAUX

Die Entdeckung der Höhlen von Lascaux im Jahre 1940 führte zu heftigen Diskussionen um die »Echtheit« ihrer verblüffend frisch und modern wirkenden Felsbilder. Virtuose, z.T. zyklische Darstellungen von Pferden, Wildrindern, Hirschen, Steinböcken, Wisenten und Wildkatzen bedecken – unter bewundernswerter Ausnutzung von Unebenheiten und Farbverschiebungen im Malgrund – Wände und Decken der insgesamt gut 100 m langen Gänge. Unterirdische Gewässer hatten diese in vorgeschichtlicher Zeit zu saalartigen Räumen oder »Domen« ausgewaschen.

Akribische Untersuchungen der vielfach übereinander liegenden Malschichten ergaben bald, daß den Gemälden in dieser phänomenalen Kunstkammer in 140 Meter Tiefe ein Alter von 17000 Jahren zu attestieren ist. 1948 wurde die Höhle für das Publikum geöffnet; jedermann konnte sich nun angesichts des wunderbaren Tierreigens in das Jungpaläolithikum zurückversetzen – das hier seinen Ehrentitel »Morgenröte der Zivilisation« erhielt.

Das Wunder hielt der allgemeinen Begeisterung jedoch nicht lange stand: Anfang der sechziger Jahre diagnostizierte man an den Felsbildern die sogenannte »grüne Krankheit«, den zerstörerischen Befall von Pilzen, Bakterien und Algen, ausgelöst durch die Menge der schaulustigen, wissensdurstigen Besucher. Ihr tausendfacher Atem veränderte das Klima der Höhle so stark, daß die schädlichen Organismen die ihnen gemäßen Lebensbedingungen fanden. Einige Zeit später trat auch die »weiße Krankheit« auf: ausschwitzende Calcitkristalle, die einen schleierartigen Belag auf den Gemälden bildeten. Um die einzigartigen Kulturzeugnisse zu retten, wurde die Höhle 1963 unwiderruflich für die Öffentlichkeit geschlossen, eine komplizierte Behandlung der Bilder mit Antibiotika eingeleitet und das Innenklima auf die notwendige Temperatur von 13° C mit 98% Luftfeuchtigkeit und 1% Kohlendioxid gebracht.

Die beispielhafte Zusammenarbeit von zahlreichen Forschern, Behörden und Privatleuten rettete die jungpaläolithischen Wandbilder. Darüber hinaus konnte ein kühner Plan in die Tat umgesetzt werden: die detailgetreue Nachbildung des wichtigsten Teils der Höhle, des *Saales der Stiere*.

Nach penibler fotogrammetrischer Vermessung und Berechnung – wofür jeweils Horizontal- und Vertikalschnitte durch das Wandrelief im Abstand von 25 cm gezeichnet wurden – konnte eine entsprechende Nachbildung der Wandprofile aus Sperrholz angefertigt werden. Diese Grobdarstellung der Höhle wurde mit Kunststoffblöcken ausgefüllt, aus denen die Wissenschaftler in Handarbeit die feineren Modellierungen der Wände herausarbeiteten. Dabei orientierten sie sich an Stereografien, die bereits 1966 zu Dokumentationszwecken angefertigt worden waren.

Nach einem Latexanstrich wurde dem Modell eine feuerfeste, etwa 4 mm dicke Kunstharz-Glasfaserschicht aufgespritzt. Wie die Originalhöhle beschichtete man an bestimmten Stellen die Wände des Modells mit farbigen Erden oder Sand oder färbte sie ein. Nun war die Modellhöhle für die Applikation der Bilder vorbereitet. Die Firma Kodak-Pathé hatte eigens für das Lascaux-Projekt im Auftrag der Musées de France in ihrem Pari-

ser Forschungszentrum ein spezielles Abziehbild-Verfahren entwickelt, das es ermöglichte, die nur ein paar Tausendstel mm dünne, gelatinehaltige Emulsionsschicht der originalgroßen Fotos aller Gemälde (Format 18 × 24 cm) – ohne den sonst üblichen Papierträger – auf die Wand zu bringen. Jede noch so dünne Papierschicht hätte unweigerlich größere Verzerrungen hervorgerufen. Mit Hilfe von unzähligen Meßpunkten wurde nun Foto für Foto an der richtigen Stelle aufgetragen. Das Ergebnis, die Kopie des Saals der Stiere, schickte man sogleich auf die Reise: 1982 war das mobile Schaustück im Hildesheimer Roemer-Pelizaeus-Museum vielbewunderter Mittelpunkt einer Sonderausstellung.

Noch eindrucksvoller zeigt sich moderne und perfekte Technik im Dienst der Kulturgeschichte an »Lascaux II« – der 1983 eröffneten Höhlenkopie in unmittelbarer Nähe des Originals. In einem aufgelassenen Steinbruch wurden sowohl der 28 m lange, etwa 10 m breite und 5 m hohe Saal der Stiere als auch seine schlauchartige Verlängerung, das sogenannte Axiale Divertikel, in Beton nachgeformt, mit äußerster Sorgfalt bis ins winzigste Detail imitiert und täuschend echt »bebildert«.

Achtzig Prozent der Lascaux-Malereien sind auf diese Weise wieder sichtbar geworden. Über den Wert von Kunst-Imitationen darf man unterschiedlicher Ansicht sein, aber Lascaux II ist zweifellos eine technische Glanzleistung – und ein faszinierendes Instruktionsobjekt. Schließlich soll hier nichts »Echtes« vorgetäuscht werden; vielmehr soll das getreue Abbild der geschlossenen Höhle Vermittler sein – zwischen unserer Zeit und einer, wie man hier sieht, gar nicht so grauen Vorzeit. (Siehe auch Seite 66.) *Maria Elisabeth Straub*

Auch nach der Schließung der alten Höhle von Lascaux (ganz oben: Saal der Stiere) pilgern immer noch Touristenscharen an den 17 000 Jahre alten Wandmalereien vorbei – freilich an Kopien. Eine originalgetreue Zweithöhle wurde aus Holzspanten und Kunststoff (bzw. Beton) nachgebaut, die Reproduktionen der Malereien fixierte man mit Spezialfotopapier an den millimetergenau nachmodellierten Wänden

Im MERIAN-Brevier wird auf die Planquadrate der MERIAN-Karte sowie auf Texte und Fotos verwiesen.

Abbaye d'Arthous: Überreste einer 1160 gegründeten Prämonstratenserabtei am Pilgerweg nach Santiago de Compostela. *Musée archéologique.* (M II)

Abbaye de Cadouin: Gegründet im 12. Jh., im Hundertjährigen Krieg stark zerstört (Kapitelsaal aus der Gründungszeit, bilderreicher Kreuzgang der Spätgotik/ Renaissance aus dem 15./16. Jh.). (G VI)

Abbaye La Sauve-Majeure: Reste einer im 11. Jh. gegründeten Benediktinerabtei. Romanische Kirchenruine des 12./16. Jhs. (Apsis, Kapitelle); *St-Pierre* (13. Jh.; Fresken des 13./16. Jhs.). (H IV)

Agen: Kollegiatkirche *St-Caprais* (11./12. Jh.; Chor und Querschiff roman., got. Langhaus). *Jakobinerkirche* (13. Jh.; zweischiffig ohne Apsis). *Musée d'Agen* (in einem Renaissanceschloß; Goya-Gemälde, Porzellan, impressionistische Werke, Marmorstatue einer griechischen Aphrodite: Vénus du Mas). *Pont Canal* (19. Jh.; Kanalbrücke über die Garonne). Südl. in **Moirax** *Notre-Dame-de-Moirax* (roman. Anlage aus dem 11. Jh., got. Einwölbung; Tafelwerk des 17. Jhs.). (J VI)

Aire-sur-l'Adour: *Ste-Quitterie-du-Mas* (errichtet an der Stelle eines gallo-römischen Heiligtums aus dem 1. Jh.; erbaut im 7./8. Jh.; got. Tympanon mit Jüngstem Gericht; in der Krypta merowingischer Sarkophag mit bibl. Szenen der Spätantike). *Hôtel de Ville* im ehemaligen bischöflichen Palais des 16./17. Jhs. (L IV)

Arcachon: Bis ins 19. Jh. unbedeutendes Fischerdorf, seither Aufschwung durch Fremdenverkehr und Austernzucht im Bassin d'Arca-

chon (um 20000 t jährlich). *La Ville d'hiver* (Villenviertel des 19. Jhs.; seinerzeit Anlage Bordeleser Kaufleute). Östl. ein Vogelreservat (Parc ornithologique). (H II, S. 18, 124)

Cap-Ferret bei Arcachon: Chapelle de l'Herbe

Bayonne: Bereits gallisch-römische Siedlung; seit dem Mittelalter befestigt; Aufschwung im 17./18. Jh. als Stützpunkt von Seeräubern. Von den Befestigungsanlagen erhalten *Château Vieux* (13. Jh.) und *Château Neuf* (15. Jh.), die Wälle *Remparts de Vauban* (17. Jh.) und *Porte de Mousseroles* (18. Jh.). Kathedrale *Ste-Marie* (got. aus dem 13. Jh., nach Bränden umfangreiche Umbauten bis ins 16. Jh.; Nordturm erst aus dem 19. Jh.; farbige Fenster aus dem 16. Jh., Kreuzgang des 14. Jhs.). Um die Kathedrale herum alte Gassenviertel von Grand Bayonne (Petit Bayonne sind die neueren Viertel außerhalb der ursprüngl. Ummauerung). *Musée basque et de la tradition populaire* in einem ehem. Kloster des 16. Jhs.; bedeutendste Gemälde- und Grafiksammlung Aquitaniens im *Musée Bonnat* (Botticelli, Rubens, Rembrandt, El Greco, Goya). (M I, S. 48, 76)

Bazas: *Porte Gisquet* (Tortürme des 15. Jhs., zu den Ruinen der Befestigungsanlagen führend). Kathedrale *St-Jean-Baptiste* (erbaut im

13. Jh. anstelle eines roman. Heiligtums, im 16./17. Jh. umgebaut, Dreiecksgiebel vom Anfang des 18. Jhs.; Portal aus dem 13. Jh. mit umfangreichem Skulpturenprogramm). (J IV)

Beaumont: Bastide des 13. Jhs. *Porte Luzier* als letzter Rest der mittelalterlichen Mauer. *Kirche* von der Wende des 13./14. Jhs. (G/H VI)

Bergerac: *Maison du Vin* in einem Kloster des 12./17. Jhs.; *Musée du tabac* im Rathaus (Geschichte des Rauchens seit dem 15. Jh.); got. *Kirche* (restauriert, zwei Gemälde des 14. Jhs.). Südl. *Château de Monbazillac* (in got. Bautradition im 15. Jh. erbaut; Museum zum Druckereiwesen und zur Weinkultur). (G V)

Beynac-et-Cazenac: *Burg* (14./15. Jh., Fresken im Oratorium). In der Umgebung:

Bazas: Markt vor der Kathedrale St-Jean-Baptiste

Château Les Milandes (15. Jh., Renaissance), *Château de Maqueyssac* (18. Jh.), *Manoir de Eayrac* (15./16. Jh.). (G VII, S. 60)

Biarritz: 28000 Ew. Im Mittelalter bis zum 17. Jh. wichtige Walfangstation. Nach Ausrottung der Tiere in der Biskaya wirtschaftlicher Niedergang zu einer unbedeutenden Fischersiedlung. Erneuter Aufschwung als Badeort seit Mitte des 19. Jhs. *Musée de la Mer* (Aqua-

rien mit Meeresfauna). (M I, S. 42, 48)

Blasimon: Überreste der ehem. Abteikirche *St-Maurice* (Turm aus dem 15./16. Jh.; Portal mit reicher Skulpturenausstattung). (H IV)

Blaye: Befestigungsanlagen und Kirche des 17. Jhs. (G III)

Bordeaux: Mit 200000 Ew. (in der Ballung 650000 Ew.) das wirtschaftl. und kult. Zentrum Südwest-Frankreichs. In röm. Zeit Provinzhauptstadt; Blütezeit im Mittelalter unter engl. Herrschaft. Im 18. Jh. großangelegter Stadtumbau (Befestigungen geschleift und alte Bausubstanz abgerissen). Vom *Pont de Pierre* (1822; 17 Bögen) Aussicht auf die *Grand' Façade* (Front entlang des Westbogens der Garonne. An der Place de la Bourse (Anlage des 18. Jhs. von J. u. J. A. Gabriel) *Hôtel de la Bourse* (schmiedeeiserne Gitter, Giebelreliefs) und Zollgebäude *Hôtel des Douanes. Grand Théâtre* (18. Jh.; Architekt V. Louis; korinth. Kolonnade, Skulpturen, Lüster aus Bergkristall, Deckengemälde von 1918). *Hôtel de Ville* im ehem. erzbischöfl. Palais des 18. Jhs. (Treppenanlage, Täfelung). Altstadt *Vieux Bordeaux* mit mittelalterlichen Zügen. *Porte Cailhau* (15. Jh.; letzter Überrest eines Palastes, heute mit *Musée du Vieux-*

Bordeaux), Porte des Salinières (18. Jh.), *Grosse-Cloche* (Torbau des 13./15. Jhs.; Stadtglocke). *Palais Gallien* (Fragmente eines ehem. großen Amphitheaters aus dem 3. Jh. für 15000 Besucher). Kirchen: Kathedrale *St-André* (13./14. Jh.; got. Bau auf roman. Grundriß; englische Einflüsse; Figurenportale, Chorgestühl des 17. Jhs., Kanzel des 18. Jhs.; hinter dem Chor die freistehende *Tour Pey-Berland), St-Michel* (14./15. Jh.; spätgotisch; Barockorgel; Krypta mit mumifizierten Leichnamen; Aussicht über die Stadt vom freistehenden Tour St-Michel), *St-Pierre* (14./15. Jh.), *St-Seurin* (11.–14. Jh., Fassade des 19. Jhs., Figurenportal, spätgot. Hochaltar, in der Krypta des 12. Jhs. Sarkophage und Reliquienschreine), *Ste-Croix* (12./13. Jh.).
Museen: *Musée des Beaux-Arts* (Gemälde des 19./20. Jhs.), *Musée d'Aquitaine* (Geschichte, Kunst, Volkskunde der Region, umfangreiche prähistorische Sammlung), *Musée des Arts Décoratifs* (in einem Palais des 18. Jhs.; Kunstgewerbe, Porzellan), *Musée des Arts Contemporains* (moderne Skulpturen und Gemälde), *Musée de l'Histoire naturelle* (umgeben vom Botanischen Garten), *Musée de la Marine* (Hafengeschichte Bordeaux', Schiffsmodelle). Im Vorort Pessac die *Cité Fruges* (Gebäude von Le Corbusier). (G/H III und Nebenkarte, S. 24, 31, 32)

Brantôme: *Abtei* (gegründet im 8. Jh.; heutiges Aussehen aus dem 14. und 18. Jh.; freistehender Turm des 11. Jhs. auf schroffem Felsen; Relieftafeln des 17. Jhs.). (F V)

Cadillac: Ummauerte Bastide des 13./14. Jhs.; *Befestigung* weitgehend erhalten (Porte de la mer, Uhrturm). *Kirche* (15./16. Jhs., Retabel des 17. Jhs.; Grabkapelle der Herzogsfamilie mit Mausoleum). *Château des Ducs d'Epernon* (Anfang des 17.

Villa Arnaga in Cambo-les-Bains

Jhs.; nach Zerstörung während der Revolution wieder aufgebaut; heute Sitz der Winzerzunft). (H IV)

Cagnotte: Roman. Kirche; Kenotaph, Sarkophagwanne des 5. Jhs., Holzsarkophag. (M II)

Cambo-les-Bains: *Villa Arnaga* (erbaut zu Beginn des 20. Jhs. in baskischer Tradition; Kombination verschiedener Stilrichtungen). (M I)

Chancelade: *Kloster* mit roman. Kirche des 12. Jhs. (im 16. Jh. im Renaissancestil umgeformt); *Museum* (liturg. Geräte, Plastiken, Gemälde). Roman. Kapelle *St-Jean*. (F V/VI)

Château Beynac: Fels bereits früh befestigt; frühmittelalterl. Burg des 12. Jhs. 1214 zerstört. Neuerbaute hochmittelalterl. Wehrburg während des Hundertjährigen Krieges von Bedeutung an der Dordogne-Grenze zwischen engl. und französ. Aquitanien. Seit der Französ. Revolution aufgelassen (heute Restaurierung). Got. Kapelle mit Freskenresten des 15. Jhs. (G VII, S. 60)

Château Biron: Burganlage auf einem Felssporn; erster Bau aus dem 12. Jh., im 15. Jh. erneuert und erweitert. Kapelle (16. Jh., Untergeschoß seinerzeit Pfarrkirche der Ortschaft, Obergeschoß Schloßkirche). (H VI)

Château de Bonaguil: Umbau einer kleineren Schloßanlage in mittelalterl. Bautradition zu Ende des 15. Jhs.; Befestigungsring mit Rundtürmen. (H VII, S. 60)

Château de Bourdeilles: Älterer Teil aus dem 13. Jh. (heute Ruine), neuerer Teil aus dem 16. Jh. (reiche Renaissance-Ausstattung). (F V, S. 61)

Château de Castelnaud: Erste Anfänge im 12. Jh., heutige Anlage aus dem 13./14.

Château Les Milandes

Jh.; im Hundertjährigen Krieg zerstört (in jüngster Zeit Restaurierung). Weite Aussicht über das Dordogne-Tal. (G VII, S. 14)

Château Fayrac: 15./16. Jh.; Mischung einer mittelalterl. Verteidigungsanlage und eines Lustschlosses der Renaissance. (G VII, S. 15)

Château Fénelon: Burganlage aus dem 14./15. Jh.; zwei Mauerringe, wuchtiger Baustil mit Pechnasen. (G VII, S. 60)

Château Hautefort: Erste Anlage aus dem 12. Jh.; heutiger Bau aus dem 17. Jh. (nach Brand jüngst restauriert) mit älteren Teilen (Wehrgang 16. Jh., Kastanienholzkuppel auf dem Westturm). Zugbrücke und befestigtes Tor. (F VII, S. 61)

Château Les Milandes: Erbaut zu Ende des 15. Jhs. im Übergang vom Mittelalter zur Renaissance. Bis in die siebziger Jahre Sitz eines internat. Kinderzentrums, begründet von der ehemaligen Revuetänzerin J. Baker. Ausstattung mit Stilmöbeln. Magnolienpark. (G VII)

Château de Montfort: Ursprünglich als Burg im 12. Jh. erbaut; im Hundertjährigen Krieg mehrmals zerstört und wieder aufgebaut; heutige Bauten aus dem 15./16. Jh. (im 19. Jh. restauriert) im Stil eines Lustschlosses. (G VII, S. 61)

Château de Roquetaillade: Erbaut zu Beginn des 14. Jhs. Starke Rundtürme, Gewölbesäle. (J IV)

Château d'Yquem: Spätmittelalterliches Herrenhaus, im 17./18. Jh. umgebaut. In der Umgebung mehrere Weingüter mit Châteaux des 18./19. Jhs. (H III/IV)

Domme: Markthalle und Kirche

Cos d'Estournel: Herrenhaus des 19. Jhs. in orientalisierendem Stil. (F II)

Dax: 20000 Ew. Bereits in röm. Zeit wichtiger Thermalbadeort. Im Ortszentrum die *Fontaine Chaude* (nahebei ein toskanisch anmutender Säulenbogen). Kathedrale *Notre-Dame* (17. Jh.; Portal des 13. Jhs. als Rest der Vorgängerkirche); *St-Paul-les-Dax* (roman. Chor aus dem 12. Jh., Turm aus dem 15. Jh.; Relieffries). Im *Hôtel de St-Martin d'Agès* ein Regionalmuseum (Kunst, Brauchtum). (L II)

Domme: Zahlreiche alte Häuser in dieser Bastide vom Ende des 13. Jhs. (Lage auf einem steil abfallenden Felsplateau). *Stadtmauer* teilweise, drei Türme ganz erhalten. *Alte Markthalle, Maison du Gouverneur* (16. Jh.); *Kirche* im 17. Jh. nach alten Plänen wiedererrichtet. *Tropfsteinhöhlen* unter dem Ort. (G VII)

Dune du Pilat: Rund 7 km lange und um 114 m hohe Wanderdüne (die höchste Europas). Langsame Versetzung am östlich anschließenden Kiefernwald zu beobachten. (H/J I/II, S. 18, 124)

Espelette: Typischer baskischer Ort. Im ehem. Schloß heute das *Rathaus;* alte *Bürgerhäuser; Kirche* (12. Jh.), Friedhof mit baskischen Grabmälern. Westl. in **Itas-**sou Kirche des 17. Jhs. (geschnitzte Emporen, Deckenbemalung). (M I)

Etangs: Küstenparallele Seen, teilweise bereits verlandet. Ursprünglich mit Verbindung zum Meer, infolge Strandversetzung durch Nehrungen abgeschnitten und durch breite Dünengürtel heute rund 4 km landeinwärts liegend. Beispiele: Lac d'Hourtin-Carcans (G VII). Etang de Casaux et de Sanguinet (J II), Etang de Biscarosse et de Parentis (J II). Bassin d'Arcachon (H II) noch mit seichter Verbindung zum Meer.

Excideuil: *Kirche* (ursprünglich 12. Jh., nach Bränden im 16. Jh. wiederhergestellt; Altaraufsatz und Pietà des 17. Jhs.; Portal reich ornamentiert). *Schloßruine* (erbaut im 11. Jh.; erhaltene Reste aus dem 14./15. Jh.). (F VI)

Les Eyzies-de-Tayac: Dorf mit *Wehrkirche* des 11. Jhs.; *Burg* in halber Höhe in den Felsen gebaut (12. Jh., im 16. Jh. im Renaissancestil verändert). Hier das *Musée National de Préhistoire* (umfangreiche Sammlungen aus den Ausgrabungen der Umgebung; Steinzeitkultur und -kunst, Werkzeuge aus Bronze- und Eisenzeit, Reliefstein; Skulptur eines Urmenschen). *Musée de la spéléologie* (Höhlenforschung). In der Umgebung mehrere Höhlen: Östlich *Font-de-Gaume* (120 m lang; 200 Tierdarstellungen, meist polychrom, u. a. Bisonfries; um 17000 Jahre alt), *Les Combarelles* (500 m lang; gut 300 Ritzungen, großenteils

Stilisierte Statue des Cromagnonmenschen über Les Eyzies

mehrfach übereinander; viele Tierarten dargestellt; entstanden um 15000 v. Chr.), *Abri du Cap-Blanc* (Pferdefries, zu den frühesten Kunstwerken zählend);

nordwestlich: *Gorge d'Enfer* (Lachs-Relief; Tierpark), altsteinzeitliche Siedlungsplätze unter Überhängen in *Laugerie-Basse* und *-Haute;* südlich; *La Mouthe* (120 m lang; Tierritzungen). Neben den prähistorischen Höhlen weitere Tropfsteinhöhlen, z. B. *Le Grand Roc, Carpe-Diem.* (G VI, S. 66)

Hossegor: Doppelort mit **Capbreton** (bereits im 10. Jh. Fischerhafen; von dort aus Atlantikfischerei). Heute wichtiger Badeort an der Côte d'Argent. (L I, S. 38)

Jumilhac-le-Grand: Schloß aus dem 14. Jh., im 16./18. Jh. umgebaut. Schloßkapelle. (E VI)

Labastide-d'Armagnac: Englische Bastide des 13. Jhs. Arkadenplatz; got. Kirche des 15. Jhs. (Pietà des 16. Jhs.; vergoldeter Altar aus dem 17. Jh.). (K IV)

Grotte de Lascaux: Entdeckt 1940; über 100 m lang. Wandfresken (mono- und polychrom) entstanden um 15000 v. Chr.: Bisons, Steinböcke, Hirsche, Rentiere, Raubkatzen, Nashörner. – Höhlenklima durch Hunderttausende Besucher verändert, deswegen Höhle 1963 geschlossen. Rekonstruktionshöhle Lascaux II 1983 eröffnet. (G VII, S. 66, 148)

Lescar: Kathedrale *Notre-Dame* (12. Jh., stark umge-

Côte d'Argent: Strand bei Hossegor

stört im 16. Jh.). Mehrere alte Häuser in der Altstadt, u. a. *Logis St-Front* (15./16. Jh.), *Maison du Pâtissier* (16. Jh.), *Maisons de Bord de l'Eau*, Mühle. *Musée du Périgord* (in einem ehem. Kloster; prähistorische Kunst und Archäologie, Landesgeschichte, Brauchtum). (F VI, S. 63)

La Réole: *St-Pierre* (ehem. Klosterkirche aus dem 12./13. Jh.; im 17. Jh. nach Hugenottenkriegen wiederhergestellt. Roman.-got. Apsis. Nordportal des 14./15. Jhs., Kapitelle). *Kloster* aus dem 18. Jh. (Kreuzgang, schmiedeeiserne Gitter und Tore). *Hôtel de Ville* (12. Jh., im 15./16. Jh. zur heutigen Form umgestaltet). (H IV)

Rouffignac: Kirche (16. Jh.; Vorhalle, gedrehte Säulen, Empore). Südl. die *Grotte de Rouffignac* mit prähistorischen Wandfresken. Nördl. *Château de l'Herm* (Ruinen eines Baus aus dem 15. Jh.). (G VI)

Sabres: Kirche aus dem Mittelalter, im 16. Jh. umgebaut. Typisches Dorf des Landes. Freilichtmuseum *Ecomusée* (Ökologie des Waldes; Weiler mit Holzhäusern, Bauwerke aus der Region, Wassermühle). Nordöstl. bei **Luxey** weiteres Freilichtmuseum (Harzgewinnung und -verwertung, alte Handwerksbetriebe). (K III)

Saint-Amand-de-Coly: Befestigte Kirche aus dem 12. Jh. (Umbauten im 13. Jh.; ehemals umgebende Klosterbauten nicht erhalten; hoher Portalspitzbogen). (F VII)

Saint-Emilion: Kleinstadt, entstanden aus einer Eremitage des 8. Jhs.; seit dem 11. Jh. befestigt. *Eglise monolithe* (Felsenkirche mit hochgot. Portal; im 9. Jh. ursprünglich Mönchsklausen, Ausbau bis in das 12. Jh.; Reliefs, Sarkophage; überirdisch ein Glockenturm des 14. Jhs.). Nahebei die beiden Felskammern der Einsie-

delei (mit got. Kapelle überbaut). *Kollegiatskirche* (Langhaus roman. aus dem 12. Jh., Chor und Querhaus got. aus dem 14.–16. Jh.; Wandmalereien des 12./13. Jhs.; got. Kreuzgang des 14. Jhs.). *Murs des dominicains* (Ruinen eines Klosters aus dem 13. Jh.), *Couvent des Cordeliers* (Klosterruine; Kreuzgang des 14./15. Jhs. erhalten). *Château-du-Roi* (Donjon der ehem. Burg aus dem 13. Jh.). Roman. und got. Häuser am Marktplatz. (G IV, S. 4, 128)

Saint-Ferme: Abteikirche eines ehem. Benediktinerklosters: roman. Bau des 12. Jhs., im 17. Jh. stark verändert (szenische Kapitelle). (H IV)

Sainte-Foy-la-Grande: Bastion und Templerturm aus dem 13. Jh.; Arkadenplatz und mittelalterliche Häuser. (G V)

Saint-Jean-de-Côle: Prioratskirche des 11./12. Jhs. *Château de la Marthonie* (15. Jh., ein Flügel aus dem 17. Jh.). (E VI)

St-Jean-Pied-de-Port an der Nive

Saint-Jean-de-Luz: Ehemals Piratenstützpunkt, später Basis für Walfangflotten; heute Fischereihafen (Thunfisch) und Seebad. *St-Jean-Baptiste* (ursprünglich roman., im 14./15. Jh. got. erneuert, im 18. Jh. verändert. Dreigeschossige Galerie, gemalte Holzdecke, Orgel des 17. Jhs., Altaraufsatz des 17.

Jhs.). *Maison de Louis XIV* (17. Jh., seinerzeit Palais des Sonnenkönigs). *Maison de l'Infante* (Wohnhaus der Infantin von Spanien vor ihrer Heirat mit Ludwig XIV.). Jenseits der Nivelle **Ciboure:** *St-Vincent* (16. Jh., Hochaltar aus dem 17. Jh.). *Fort de Socoa* (17./18. Jh.). (M I, Titel, S. 42, 52)

Saint - Jean - Pied - de - Port: Oberstadt mit Mauern des 15. Jhs., Unterstadt mit Ummauerung des 17. Jhs. *Notre-Dame-du-Pont* (Tor durch

Sarlat: Place de la Liberté, überragt von St-Sacerdos

den Kirchturm). *Zitadelle* (17. Jh.). (N II, S. 76)

Saint-Léon-sur-Vézère: Roman. Kirche des 10./11. Jhs. auf gallo-röm. Fundamenten. *Château Clérans* (16. Jh.). (G VI/VII)

Saint-Macaire: *St-Sauveur* (Apsiden 12. Jh., Schiff 13.

Jh., Turm 14. Jh.; Apsisfresko des 14. Jhs.). Mittelalterl. Stadtbild (Häuser des 13./14. Jhs., Arkadenplätze). (H IV)

Saint-Sever: Arkadenplatz mit Kirche (11. Jh., nach Zerstörung im 16. Jh. stark verändert; Apsiden, Kapitellschmuck). *Abbaye des Jacobins* (im 17. Jh. roman. adaptiert; Kreuzgang). Häuser des 18. Jhs. (L III)

Sarlat-la-Canéda: In gallo-röm. Zeit unbedeutender Flecken, Aufschwung im 8. Jh. durch eine karoling. Klostergründung; seit dem frühen 14. Jh. Bischofssitz; seit dem 17. Jh. ohne größere Bedeutung. Großangelegte Restaurierung in den 60er/70er Jahren, seither Fremdenverkehr. Stadt umgeben von einem Boulevard-Ring auf den ehem. Festungswerken. Kathedrale *St-Sacerdos* (auf den Fundamenten eines karolingischen Baus zunächst Abteikirche des 12. Jhs., diese im 16. Jh. erweitert und umgebaut; romanischer Glockenturm erhalten; klassizistisches Portal; Orgel und Chorgestühl des 17. Jhs.; Kapitelsaal des 14. Jhs. mit Kreuzrippengewölbe). *Chapelle des Pénitents Bleus* (12. Jh., im 17. Jh. umgestaltet). *Chapelle des Pénitents Blancs* (17. Jh.; Museum christl. Kunst). *Lanterne des Morts* (roman. Turm aus dem 12. Jh., unbekannter Zweck). Ehem. *bischöfliches*

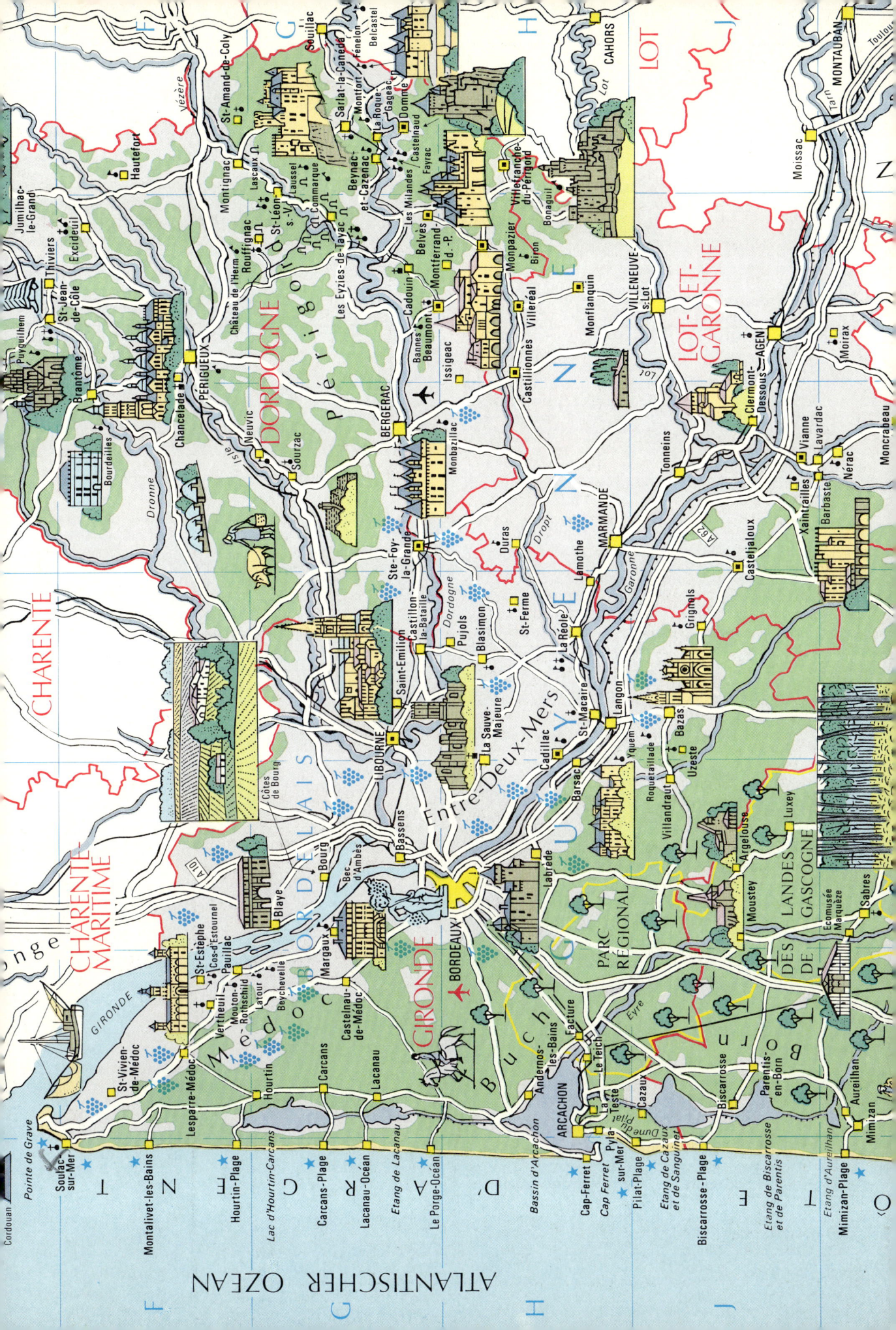

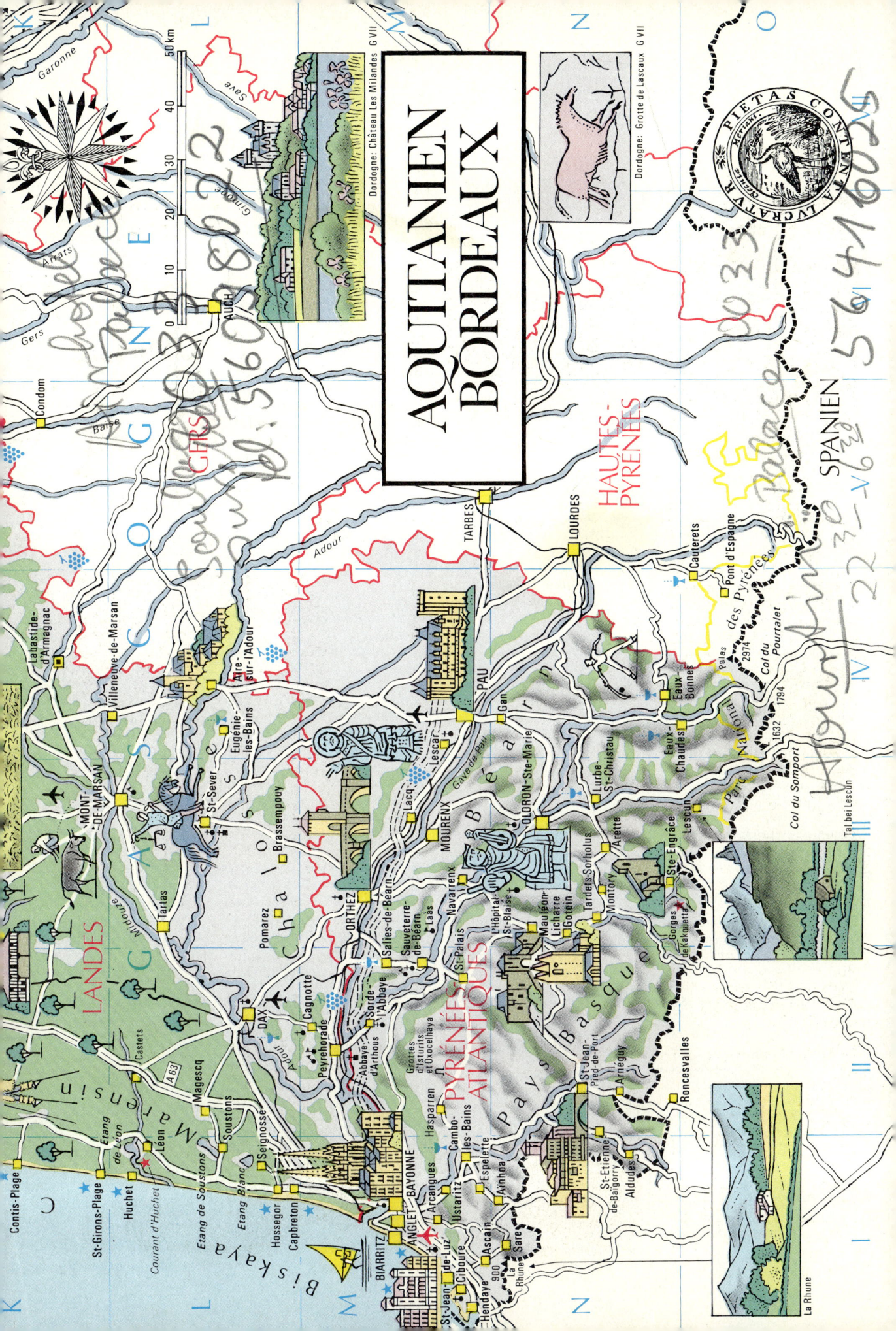

AQUITANIEN BORDEAUX

Dordogne: Château Les Milandes G VII

Dordogne: Grotte de Lascaux G VII

PIETAS CONTE
MERIANF.
GENII
LVCRATVR ATLANTIC

HAUTES-PYRÉNÉES

SPANIEN

50 km
40
30
20
10
0

Garonne
Save
Save
Gimone
Arrats
Gers
AUCH

Condom
Baïse

CHRS

Adour
TARBES

LOURDES

Cauterets
Pont d'Espagne
Palas
2974
Col du Pourtalet
des Pyrénées

Labastide-d'Armagnac
Villeneuve-de-Marsan
Aire-sur-l'Adour
Eugénie-les-Bains
PAU
Gan
Lescar
Eaux-Bonnes
Eaux-Chaudes
1632
1794
Bielsa

MONT-DE-MARSAN
St-Sever
Brassempouy
Lacq
MOURENX
OLORON-Ste-Marie
Lurbe-St-Christau
Arette
Col du Somport
Tal bei Lescun

Tartas

Pomarez
ORTHEZ
Sauveterre-de-Béarn
Laas
Navarrenx
L'Hôpital-St-Blaise
Tardets-Sorholus
Mauléon-Licharre
Gotein
Montory
Ste-Engrâce

LANDES

Marensin
Castets
Magescq
Soustons
DAX
Cagnotte
Salies-de-Béarn
St-Palais
Gorges de Kakuetta

Contis-Plage
St-Girons-Plage
Huchet
Etang de Léon
Léon
Seignosse
Peyrehorade
Sorde-l'Abbaye
Abbaye d'Arthous
Grottes d'Isturits et d'Oxocelhaya
St-Jean-Pied-de-Port
Arneguy
Aldudes
Roncesvalles

Etang de Soustons
Etang Blanc
Hossegor
Capbreton
BAYONNE
Arcangues
Ustaritz
Cambo-les-Bains
Hasparren
Espelette
Ainhoa
St-Etienne-de-Baïgorry

Biskaya
BIARRITZ
ANGLET
St-Jean-de-Luz
Ciboure
Ascain
Sare
Hendaye
Rhune 900

PYRÉNÉES ATLANTIQUES

Pays Basque

La Rhune

staltet; Kapitelle, Chorgestühl des 17. Jhs., Mosaiken
des 12. Jhs., Grabsteine aus
dem 15./16. Jh.). (M IV)

Libourne: Im 13. Jh. als Bastide gegründet (aus dieser
Zeit wenig erhalten). Arkadenfronten am Marktplatz;
Rathaus. (G IV)

Mauléon-Licharre: *Hôtel
d'Andurain* (17. Jh.); sechsek-
kige Kapelle (als Chor einer
Kirche im 15. Jh. erbaut).
Südl. in **Gotein** eine Kirche
des 16. Jhs. (Vorhalle mit
Wetterdach, dreiflügeliger
Glockenturm). Östl. *L'Hôpi-
tal-St-Blaise* mit Hospiz am
Pilgerweg nach Compostela;
Kirche des 12. Jhs. (mude-
jare Stilelemente). (N III)

Monpazier: Idealtyp einer
rechtwinklig angelegten Bastide. Gegründet im 13. Jh.;
im Hundertjährigen Krieg
Schauplatz vieler Gefechte;
im 16. Jh. Reformations-
kämpfe und einer der Haupt-
orte des Bauernstandes im
Périgord zu Anfang des
17. Jhs. Arkadenfronten um
den Zentralplatz; *St-Domini-
que* (13. Jh.); Nebeneinander
verschiedener Stilepochen.
(H VI, S. 102)

Mont-de-Marsan: In der
Rue des Arceaux Häuser
des 18. Jhs. *Tour Lacataye*
(Rest eines 14. Jh. er-
bauten Schlosses; Museum
mit Skulpturen regionaler
Künstler. Im Juli Magdale-
nenfest mit Stierkämpfen.
(L III)

Montignac: *Grotte de Lascaux* (siehe dort). Südwestl.
in **Le Thot** ein prähistori-
sches Kunstzentrum (Fotos,
Filme zur prähistorischen
Kunst in Frankreich). (F VII,
S. 66)

Navarrenx: Festungsmauer
des 16. Jhs., im 17. Jh. durch
Vauban ausgebaut. *Tour
Herrère* aus dem 15. Jh.
(M III)

Nérac: *Château de Nérac*
(Renaissance des 16. Jhs.;
Museum mit gallo-röm. Fun-

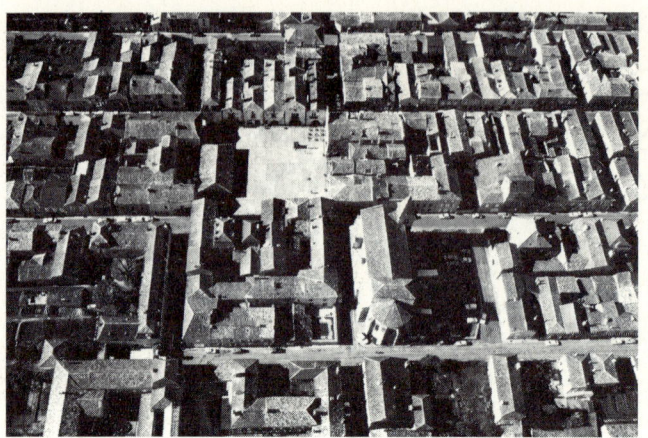
Geometrische Struktur der Bastide Monpazier

den). *St-Nicolas* (18. Jh.).
Got. *Pont-Vieux.* Altstadt.
Nordwestl. **Barbaste:** ro-
man. Brücke, festungsartige
Wassermühle. Nördl. Ba-
stide **Vianne:** guterhaltene
Ringmauer und Tortürme.
(J/K V)

Oloron-Sainte-Marie: *Ste-
Marie* (ehem. Kathedrale
des 12. Jhs., Chor aus dem
14. Jh., roman. Portal mit
drei Tympana, Relief- und
Skulpturenschmuck, Tripty-
chon). *Ste-Croix* (11. Jh.,

Pau: Schloß

Kuppel des 13. Jhs. mit maurischen Einflüssen, im 19. Jh.
restauriert; Kapitelle, vergol-
detes Retabel aus dem 18.
Jh.). *Tour de Grède* als Überrest des ehem. Schlosses.
(N III)

Orthez: *Tour Moncade*
(Bergfried des ehem. Schlosses aus dem 13. Jh.). Befe-

stigte Brücke aus dem
13./14. Jh.; mehrere Häuser
des Spätmittelalters. *St-
Pierre* (mittelalterl. Bau, im
15. Jh. umgestaltet). (M III)

Pau: 90 000 Ew. *Château*
(erste Ursprünge im 12. Jh.,
Backsteintürme mit Pech-
nasen aus dem 14. Jh.; verändert im 15./16. Jh.). Im
Schloß das *Musée National*
(Mobiliar des 19. Jhs., Wand-
teppiche aus Flandern), das
Musée Henri IV (Bildsamm-
lung und Gebrauchsartikel
aus der Zeit Heinrichs IV.)
und das *Musée Béarnais*
(Handwerk, Geschichte und
Folklore der Region). *Parlement de Navarre* (18. Jh., ein-
geschlossen ein alter Kirchturm). *Musée des Beaux-Arts*
(Gemälde aus der Region,
Werke des 16.–20. Jhs.,
Münzsammlung). *Boulevard
des Pyrénées* (Aussicht).
(M IV, S. 76)

Périgueux: 40 000 Ew. Besiedelt bereits in kelt.-röm. Zeit;
durch Germaneneinfälle
mehrfach schwer zerstört;
im Frühmittelalter zunächst
Kloster, später Entwicklung
zu einer Stadt. Zwei Siedlungs-
muster: röm.-geradli-
nig um die ehem. Kathedrale
St-Etienne, mittelalterl.-un-
geplant um die heutige Kathedrale St-Front. *St-Front*
(11. Jh., nach Brand im 12.
Jh. neu errichtet als Kuppel-
kirche; griech. Kreuzgrund-
riß nach dem Vorbild San
Marcos in Venedig und da-
mit unter byzantinischem
Einfluß; im 19. Jh. restauriert und dabei orientalisie-
rend umgestaltet. Glockenturm aus dem 12. Jh., angren-
zend ein got. Kreuzgang
mit merowingischen Sarko-
phagen; Inneres ohne
Schmuck). *St-Etienne-de-la-
Cité* (11./12. Jh., im 16. Jh.
durch Hugenotten zerstört,
bis zum 17. Jh. Kathedrale,
von den ursprünglich fünf
Jochen zwei erhalten; reich-
ornamentiertes Bischofsgrab
des 12. Jhs.). Reste der gallo-
röm. Siedlung: Ruinen des
Amphitheaters (rund 20 000
Plätze; während der Germaneneinfälle befestigt; heute
Parkanlagen), *Tour de Vé-
sone* (Kultraum eines Rund-
tempels), Fundamente einer
Villa des 1. Jhs. *Tour Mata-
guerre* (Rest der ehem. Stadtbefestigung des 14. Jhs.),
Château Barrière (Ruine eines Schlosses auf den Fundamenten der röm. Stadt-
mauer; erbaut im 12. Jh., zer-

Byzantinische Laternenkuppeln von St-Front in Périgueux

BORDEAUX

1 Grand Théâtre B III
2 Hôtel Bonnafé B III
3 Hôtel de la Bourse B IV
4 Hôtel Boyer Fonfrède B IV
5 Hôtel des Douanes B IV
6 Hôtel Laubardemont B IV
7 Hôtel Pichon B III
8 Hôtel Saige (Präfektur) B III
9 Hôtel de Ville
   (ehem. Palais Rohan) C III

Kirchen:

10 Notre-Dame B III
11 St-André mit Tour Pey-Berland C III
12 St-Louis A III/IV
13 St-Michel C IV
14 St-Pierre B IV
15 St-Seurin A II
16 Ste-Croix D V

17 Lycée Montaigne C IV
18 Maison du Vin B III
19 Monument des Girondins B III

Museen:

20 Galerie des Beaux-Arts C III
21 Musée d'Aquitaine C III
22 Musée des Arts Contemporains A IV
23 Musée des Arts Décoratifs C III
24 Musée des Beaux-Arts C III
25 Musée de l'Histoire naturelle A III
26 Musée de la Marine B IV
30 Musée du Vieux-Bordeaux
   (Porte Cailhau) C IV

27 Orangerie A III
28 Palais Gallien A II

Stadtbefestigung:

29 Grosse-Cloche C IV
30 Porte Cailhau C IV
31 Porte Dijeaux B III
32 Porte des Salinières C IV
33 Tour des Anglais C III

FRANKREICH

Titel weiterer MERIAN-Hefte

Land um Paris – Versailles und Île de France 7/59
Paris 12/83
Lothringen 9/68
Straßburg und das Elsaß 7/80
Französische Alpen, Savoyen und Dauphiné 9/67
Monaco Côte d'Azur 5/81
Provence 7/73 (5/86)
Tal der Loire 7/79
Normandie 5/67
Bretagne 8/82
Languedoc-Roussillon 2/71
Die Gascogne und das Baskenland 9/65
7/66 Bordeaux

ATLANTISCHER OZEAN
Golf von Biskaya
MITTELMEER

Legende:

sehenswerte Kirche
Kloster
Burg Schloß
Ruine
Bastide
Badeort
Thermalbad
Höhle
Flughafen, Flugplatz
Weinbau

HAUTE-VIENNE
LIMOGES
Châlus
Nontron
ANGOULÊME
Charente
SAINTES
ROYAN
Saint

GARONNE
QUAI DE QUEYRIES
QUAI DES CHARTRONS
PONT DE PIERRE
PLACE DE LA BOURSE
DOUANE
QUAI LOUIS XVIII
COURS DE VERDUN
JARDIN PUBLIC
ESPLANADE DES QUINCONCES
ALLÉES DE TOURNY
COURS DE L'INTENDANCE
RUE SAINTE CATHERINE
CRS. CLÉMENCEAU
CRS. ARISTIDE BRIAND
PL. DE LA VICTOIRE
PL. DE LA RÉPUBLIQUE
COURS D'ALBRET
PL. GAMBETTA
RUE JUDAÏQUE
RUE FONDAUDÈGE
CRS. DE VERDUN
CRS. DE LA MARNE
CRS. VICTOR HUGO
PL. ANDRÉ MEUNIER
CRS. DE LA LIBERATION
CRS. DE LARGONNE
CRS. MARÉCHAL JUIN
PL. DE TOURNY

Palais (15./16. Jh.; got. und Renaissance-Elemente). *Maison de La Boétie* (16. Jh.). *Présidial* (ehem. Justizgebäude des 16. Jhs.). Place de la Liberté mit *Ste-Marie* (säkularisierte Kirche des 14. Jhs.), *Hôtel Chassaing* (16. Jh.), *Hôtel de Ville* (17. Jh.), im Sommer Kulisse für Theateraufführungen. Zahlreiche Häuser des 14.–17. Jhs.; in verwinkelten Gassen mehrere Stadtpalais, u. a. *Hôtel de Malville* (16. Jh.; Renaissanceportal), *Hôtel Selve de Plamon* (14./15. Jh.), *Hôtel de Gisson* (16. Jh.; Treppenturm), *Hôtel St-Clair* (15. Jh.). Nördl. *Chapelle Notre-Dame-de-Temniac* (einschiffige romanische Wallfahrtskirche des 12. Jhs.). (G VII, S. 63, 66)

Sauveterre-de-Béarn: *Pont de la légende* mit Wehrturm. *Kirche* (11./13. Jh.; roman. Portal und Pfeiler, got. Kreuzgewölbe). *Burgruine* mit Donjon des 12./13. Jhs. Östl. *Château Laàs* (17. Jh.; Kunstsammlung: Schnitzwerk, Mobiliar, Gemälde). (M II)

Sorde-l'Abbaye: Reste der mittelalterlichen Ummauerung. *Abteikirche* des ehem. Benediktinerklosters (galloröm. Mosaikfragmente; mosaikgeschmückte Gräber nahebei). Westl. *Peyrehorade*: *Château Montréal* (16. Jh.), Ruinen des *Château d'Aspremont*. (M II)

Soulac-sur-Mer: Antiker Hafen Novio Magnus im 6. Jh. durch Sturmflut vernichtet. Mittelalterliche Siedlung damals wichtiger Pilgerhafen. *Notre-Dame-de-la-Fin-des-Terres* (11./12. Jh., roman., Chor got. aus dem 14. Jh., im 14. Jh. durch Wanderdünen bedroht, 1844 aufgegeben und versandet, in jüngster Zeit wieder freigelegt und ohne Querschiff restauriert. Nordwestl. in der Girondemündung Leuchtturm *Phare de Cordouan* (Sockel aus dem späten 16. Jh., Turm aus dem 18. Jh.). (F I, S. 38)

Villa des 19. Jhs. in Soulac-sur-Mer

Vertheuil: Roman. Abteikirche (Kreuzgewölbe des 15. Jhs.); Klosterbauten aus dem 18. Jh. (F II)

Regionalnamen

Aquitanien/Aquitaine: Im vorchristlichen Gallien etwa die Landschaft zwischen den westlichen Pyrenäen und der Gironde/Garonne. Als römische Provinz Erweiterung bis fast zur Loire. Seit dem 5. Jh. zum Westgotenreich gehörend und durch Erbteilungen in Territorialherrschaften zersplittert. Im 8./9. Jh. als fränkisches Königreich größte Ausdehnung von Nantes über Auxerre bis nach Nizza. Im Mittelalter als Herzogtum Guyenne auf das westliche Pyrenäenvorland, den Unterlauf der Garonne und das Gebiet nördlich der Dordogne bis nach Limoges verkleinert. Seit 1961 Bezeichnung der südwestfranzösischen Wirtschaftsregion (5 Départements).

Béarn: Abgeleitet vom Namen der gallo-römischen Stadt Beneharnum (heute Lescar). Im Mittelalter selbständige Grafschaft, seit dem 17. Jh. zur französischen Krone gehörend. Heute der östliche Teil des Départements Pyrénées-Atlantiques.

Bordelais: Bezeichnung der Weinregion am Unterlauf von Garonne/Gironde und Dordogne. Wichtigste der 17 Anbauregionen: Haut-Médoc, Graves, Premières Côtes de Bordeaux, Sauternes Entre-Deux-Mers, St-Emilionnais, Pomerol, Fronsadais, Bourgeais, Blayais.

Côte d'Argent: 240 km langer Küstenstreifen von der Adour-Mündung bis zur Pointe de Grave an der Gironde-Mündung. Bis auf vereinzelte Badeorte wenig erschlossen; diese ohne längere Tradition, da Fremdenverkehr erst seit dem ausgehenden 19. Jh. – Überwiegend Sandstrände mit Dünenwällen (sog. Ausgleichsküste: durch küstenparallele Sandtrift ausgeglichene Strandlinie). (F–M I, S. 9, 18, 38)

Gascogne: Verballhornung von lat. *Vascones* (Basken).

Seit dem 8. Jh. eigenes Herzogtum; 1052 nach Aussterben der Herrscherlinie an das Herzogtum Guyenne gefallen. Heute Landschaftsbezeichnung für das Gebiet zwischen den Pyrenäen und der Garonne südlich von Langon.

Guyenne: Mittelalterlicher verballhornter Name für das Herzogtum Aquitaine. Heute Bezeichnung der Region südlich der Dordogne und am Unterlauf der Garonne.

Landes: Landschaftsbegriff für die Ebene zwischen Garonne/Gironde und der Linie Hossegor–Nérac. Zurückgehend auf den keltischen Begriff für »Heide«, die sie bis ins 19. Jh. auch war. Seither weitgehende Aufforstung mit Kiefern (rund 6000 km² Wald). Auch Name eines Departements im südlichen Teil der namengebenden Landschaft. (S. 38, 40)

Périgord: Name vom keltischen Volk der *Petrocorii* abgeleitet. Im Mittelalter eine Grafschaft im Gebiet der Oberläufe von Dronne und Dordogne. Dieses Gebiet wird heute nach der Waldbedeckung unterschieden in *Périgord Noir* (auch Bas-Périgord um Sarlat im Südosten) und *Périgord Blanc* oder *Vert* (auch Haut-Périgord um Périgueux im Nordwesten). (S. 54, 63, 66) □

Kalkgebirge der Pyrenäenkette bei Lescun